『人教版必修一至必修五』省市级科研课题『新课改背景下农村普通高中语文生态有效课堂教学实践与研究』成果

教师成长之路

——高中语文生态有效课堂教学研究与反思

罗华勇 著

西南交通大学出版社
·成 都·

图书在版编目（CIP）数据

教师成长之路：高中语文生态有效课堂教学研究与反思 / 罗华勇著. —成都：西南交通大学出版社，2017.8

ISBN 978-7-5643-5706-1

Ⅰ. ①教… Ⅱ. ①罗… Ⅲ. ①中学语文课 – 课堂教学 – 教学研究 – 高中 Ⅳ. ①G633.302

中国版本图书馆 CIP 数据核字（2017）第 211575 号

教师成长之路

——高中语文生态有效课堂教学研究与反思

罗华勇　著

责任编辑	梁　红
助理编辑	居碧娟
封面设计	严春艳
出版发行	西南交通大学出版社 （四川省成都市二环路北一段 111 号 西南交通大学创新大厦 21 楼）
发行部电话	028-87600564　028-87600533
邮政编码	610031
网　　址	http://www.xnjdcbs.com
印　　刷	成都勤德印务有限公司
成品尺寸	165 mm × 230 mm
印　　张	17
字　　数	276 千
版　　次	2017 年 8 月第 1 版
印　　次	2017 年 8 月第 1 次
书　　号	ISBN 978-7-5643-5706-1
定　　价	78.00 元

图书如有印装质量问题　本社负责退换

前　言

《教师成长之路——高中语文生态有效课堂教学研究与反思》是2014年申报立项的省市级教育科学规划一般课题“新课改背景下农村普通高中语文生态有效课堂教学实践与研究”[批准立项号：Gyjy（2014）56号、2015B015]的研究成果。

该书主要涉及课题研究总结的理论成果与课堂教学实践研究成果两大部分。

第一部分是课题研究的基本理念与原理，共有四个章节，第一章为生态课堂的基本概念及原理，主要包括国外研究情况、国内研究情况、研究生态课堂的目的和生态课堂的基本原理，重点阐述生态课堂教学研究理论以及国内外研究的现状。第二章为高中语文生态课堂的有效性，主要包括创设情境体现生态有效性、问题探究体现生态有效性、知识建构体现生态的有效性、课堂小结体现生态有效性和作文教学体现生态有效性四个部分，重点在生态课堂教学理论指导之下进行课堂实践操作总结。生态课堂教学最终还得立足课堂教学的有效性层面上来，以及如何才能达到生态课堂教学有效性的操作方式与步骤。第三章为语文生态课堂应该注意几个问题，主要包括明确“关系”问题、营造“和谐”课堂、肯定学生问题、激励学生释放能量问题，主要阐述在课堂教学实践过程中应该注意的基本问题，在课堂上如何正确处理师生关系，创造和谐宽松课堂氛围，激励学生潜能，让课堂变得生动且有效。第四章为生态课堂的表现方式，主要包括教师要多读书，设置高质量有兴趣的问题、抓住生态“四主”的核心问题，紧密围绕“学习目标”问题，激励和评价要多元化问题，学生想象力问题，课堂语言问题，教师的胸怀问题，重点阐述生态课堂教学应该具备的基本原则，紧紧围绕文本及教学目标，组织课堂教学。在此过程中，老师要加强自身学习，提升自己的教学理论及文化素养，改变自己的课堂教学方式及方法，让自己的课堂活动起来，让学生动起来，努力追求多元化的教学手段，丰富课堂教学语言，激发学生想象力与创造力，使学生有更大的收获。

第二部分共有五个章节，内容为依照生态课堂教学的具体要求与教学理念进行教育教学，在课堂实践教学研究过程中所撰写的教学反思、感悟与体会，涉及人教版普通高中语文课程标准实验教科书必修一至必修五。每一篇文章主要涉及学生在课堂上动口、动手、动脑的经典范例及简单课堂实录，同时还涉及自己的课堂教学反思。

总之，目前我将生态课堂教学实践研究所形成的基本理论、教学原理、教学方式与方法、生态课堂的宗旨、追求的目标、遵循的基本原则和教学模式呈现给各位同仁参考。如有不当之处，敬请给予批评指正，我将不胜感激。

罗华勇

2017 年 5 月 18 日

目　录

第一辑

第一章　生态课堂的基本概念及原理　002

一、国外研究情况　002

二、国内研究情况　002

三、研究生态课堂的目的　003

四、生态课堂的基本原理　004

第二章　语文生态课堂的有效性　008

一、创设情境体现生态有效性　008

二、问题探究体现生态有效性　008

第三章　语文生态课堂的注意事项　012

一、明确“关系”　012

二、营造“和谐”课堂　013

三、肯定学生　014

四、激励学生释放能量　015

五、课堂上尽量还给学生的主动权　016

第四章　生态课堂的行为表现　018

一、教师要多读书　018

二、设置高质量有兴趣的问题　018

三、抓住生态“四主”的核心问题　018

四、紧密围绕“学习目标”　018

五、激励和评价要多元化　019

六、学生的想象力　019

七、课堂语言　019

八、教师的胸怀　019

第二辑

第五章　人民教育出版社高中语文必修一　022

第一单元　022
造就伟大的人物，创造伟大的时代　022
朦胧与忧伤也是一种美　025
用心体验您的真情　028
母爱无限　031
第二单元　034
“利”是秦师退去的主因　034
任性的代价　037
优柔寡断是通病，当机立断是智慧　040
第三单元　045
英雄的灵魂在阳光下闪光　045
最难偿还的心灵欠债　050
花儿为什么开得这样艳？　053
第四单元　056
永远不忘记的那时刻　056
不一样的梦想，不一样的命运　061
实现飞天梦想的伟大时刻　064

第六章　人民教育出版社高中语文必修二　067

第一单元　067
在那荷叶飘香的季节　067
故都那飘缈的歌声　072
让语文课堂的生命绽放　076
第二单元　079
精心预设才能精彩　079
屈原，我为你而歌　082
我为美好的爱情歌唱　086
直面挫折，学会放弃　090
第三单元　094
群英聚会，畅抒幽情　094

乐观豁达情怀，造就精彩人生 097
人贵有志，坚持就是胜利 101
第四单元 103
抱定宗旨，端正学风 103
正义的呼唤，时代的呐喊 106
简约而不简单，彰显语文之美 108

第七章　人民教育出版社高中语文必修三 113

第一单元 113
月窟仙人缝缟袂，秋闺怨女拭啼痕 113
祥林嫂，是谁杀死你的？ 118
伟大的作品，神奇的宇宙 122
第二单元 126
迎难而上，超越自我 126
艰难繁双鬓，寂寞壮心惊 130
同在天涯，知音难寻 133
贵妃之死谁之过？ 138
第三单元 142
关注苍生，扶危济困 142
吾尝终日而思矣，不如须臾之所学 146
勿忘历史，居安思危 150
道之所存，师之所存 152
第四单元 156
你了解动物游戏的奥秘吗？ 156
我的未来不是梦 159
让兴趣成为你的主人 162

第八章　人民教育出版社高中语文必修四 166

第一单元 166
谁来替窦娥平反 166
要为自己的命运抗争 169
人文主义的英雄 173
第二单元 177

求取功名失利，成就文坛巨星 177
失意是幸福，洒脱更是福 181
伟大的人格魅力在哪里？ 185
浓浓家国情怀 189
第三单元 194
兼收并蓄，开拓创新 194
你与孩子之间的关系如何？ 198
尊严在于思想，灵魂在于追求 203
第四单元 206
以国家利益为重 206
高贵的民族气节，忠贞的爱国情怀 209
浓厚的家国情怀 213

第九章　人民教育出版社高中语文必修五 217

第一单元 217
高俅图谋害林冲，草料场前断敌魂 217
摆脱套子，认识自己 222
人伦社会之爱，自然诗性之美 226
第二单元 229
痴情乡土歌手，守卫心灵净土 229
老当益壮，宁移白首之心 232
用智慧驾驭潇洒的人生 236
让孝成为一种习惯 240
第三单元 244
治学须严谨 244
处处留心皆学问 247
中西文化各显其特色 251
第四单元 255
优美的建筑是件艺术品 255
尊重生物就是尊重自己的未来 258
科学的智者，生活的强者 262

参考文献 264

第一辑

第一章　生态课堂的基本概念及原理

一、国外研究情况

早在 1932 年美国教育学者华勒的《教育社会学》一书中就已提出，研究课堂生态系统，必须应用生态系统观点、方法全面考察课堂内过程、要素、特点、作用和相互关系，运用生态学观点构建和管理课堂；1988 年，联合国教科文组织提出了“为了可持续发展的教育”（ESD）一词；1992 年，在联合国环境与发展大会，联合国发表了《里约宣言》，在向各国政府发出的《21 世纪议程》中提出了“面向可持续发展而重建教育”的倡议。随后，绿色生态可持续发展教育的实践和探索在很多发达国家一直很活跃，它强调把学生的可持续发展教育与他们的生存环境紧密联系起来，尤其重视自然环境、社会环境、人文环境、身心环境对学生发展的影响。目前，国外学者的研究主要集中在教育生态结构方面，包括教育生态的锥体结构、宏观生态（学校、家庭、社区等生存环境）、微观生态（课程、教学、评价），以及教育行为生态（个体行为生态和集群行为生态）等，概括起来，国外绿色生态可持续发展教育基本特征是：起步较早、理论先行、政府重视。

二、国内研究情况

我国绿色生态教育可持续发展教育是从环境教育逐步演化而来。早在 1978 年，国务院就提出明确要求，“普通中学，要增加环境保护教学内容”；1990 年以后，国家教委要求普通中学开设环境教育选修课，出版了《环境保护》教材，并且将环境教育内容写入义务教育课程计划与学科教学大纲之中；2008 年，黄耀红博士在《高等教育研究》第 3 期发表以《走向课堂的生态和谐》为题的文章，指出，生态课堂应从“走向课堂生态和谐的哲学阐释”“机械宇宙论和现代课堂的教学病理”“课堂生态和谐的实践构建”三个方面解决问题；江苏省张家港市外国语学校陈玉驹老师在《试论语文生态课堂》中指出，语文教学的本质与学生的内涵是水乳交融的；曹晓老师的“语文生态教学之我见”（《中学语文教学参考》2013.12）指出，生态课堂立足于学生独立；河北省秦皇岛市抚宁县牛头岸学校的温秀凤老师在《农村环境下生态语文课堂的建构》中指出，生态课堂应该重点把握文本的“真、善、美”。我国学者的研究主要集中在生态意识、生态哲学、生态价值、生态伦理、生态文明、文化等方面。然而，尽管这些研究对建构学校教育生态环境来说有着重要的指导意义，但是大多数研究仍处于理论建构阶段，从实践层面上予以具体操作的研究还不多见。

就国内外众多研究成果而言，如华东师大杨士荣博士在《语文新课程生态课堂教学探索》中所说的一样：语文生态课堂教学一方面将语文作为开放的生态系统考察，把老师、学生、文本等要素看作课堂教学这个特殊系统中的相互因子；另一方面还把“生态”作为一种理想境界来追求，从教学环境、教学因素、教学过程等方面和各环节真正焕发师生的生命力。这些都与我们农村高中语文教学所追求的“生态有效课堂教学”相去甚远。因为《普通高中语文新课程标准》明确指出，强调“语文教学应积极倡导自主、合作、探究的学习方式”的课程基本理念。所以，我们今天所追求的是让学生扎实地进行语言实践，使学生在阅读，理解、表达中接受作者的思想、感悟语言的魅力，让学生在阅读、品味文本的过程中，听说读写能力也得到发展，情感得到熏陶，我们的语文课堂就会呈现出生态化发展的特点。

三、研究生态课堂的目的

我们研究生态课堂追求知识的鲜活性，将学生从压抑、沉闷的课堂气氛中解放出来，目的就是要提高课堂的效率，实现有效的教学。而我们所要实施的有效教学不论何时都离不开生态课堂，离开了生态课堂来实施有效教学就是一句空话。生态课堂与有效教学有着密切的联系。所以，要想进行有效教学必须遵循生态课堂的规律，让生态课堂的理念时刻贯穿在教学中，也就是以“活”和“和”贯穿教学的始终，把学生看成是正在发展着的鲜活生命，同时也顾及教师自身发展，使各要素之间形成和谐统一的氛围。这不仅要让学生快乐，还要让他们有最大收获。

生态课堂中的师生应是一种伙伴关系，没有专断、一言堂，相互信任，相互理解，相互合作。课堂是心扉敞开的场所，是师生心灵对话的舞台，是师生创造奇迹、激活各自潜能的时空，是向未知方向挺进、随时都可能邂逅美好的意外通道。生态和谐的语文课堂，弥漫着民主自由的空气，弥漫着幸福和快乐。

吴鼎福、诸文蔚的《教育生态学》(江苏教育出版社，1990 版)是我国第一部教育生态学著作。作者从教育和周围生态环境的相互作用入手，以教育系统为主轴，剖析教育的生态结构与生态功能，以教育的生态系统为横断面，然后扩展开去，建立起纵横交织的网络系统结构，从而集中地阐述其原理，揭示出教育生态的基本规律。依据这一理论，在教学实践过程中，我们审视过去的课堂教学发现，忽视了课堂的生态规律，才使课堂显得枯燥无味。经过反复实践与研究，我们认为，只有构建生态课堂，让学生在和谐、民主、自由的环境中学习，才能快乐、自由、身心愉悦地发展，以实现生命提升。无疑，学生在这样的课堂中能够畅所欲言、主动探究。因此，培养学生的学习兴趣，以及他们主动探究的能力、动手能力等，激发了他们的求知愿望，只有在这样的氛围中，学生得到的知识才是“活”的，而非死记硬背的“死”知识。本课题是在结合农村高中语文课堂实际而展开的，从实践的层面积极探索高中语文课堂改革，符合新课程改革需要，研究所形成的成果也将为今后的高中语文有效课堂改革提供较为系统而全面的方法与模式，具有较强的可操作性和实践性。

四、生态课堂的基本原理

(一)何为生态课堂

所谓生态课堂，是以学生为主体，以强调每一个学生的需求、欲望和意识，兼顾学生的个性发展，通过现代课堂教学手段，实现教学与学生发展的真正统一的课堂。它与传统课堂教学模式不同，生态课堂强调让学生健康成长，努力适应学生的个性发展，使其成为理想课堂，为学生的全面发展奠定基础。生态课堂，即尊重学生，突出学生的个性，使学生在课堂活动中积极主动。生态课堂的核心理念是尊重、唤醒、激励生命，追求的是有序、有情、有效、有趣。生态课堂是生活化的课堂，学生感兴趣的、想知道的、想错的，都可以在生态课堂里畅所欲言，在师生的共同努力下得到有效解决。

(二)生态课堂追求的目标

语文学习重在生活体验与感悟。因为语文课本中的大部分作品都来源于生活，所以，我们的课堂教学不能只有老师独立宣读，更多的还要让学生根据文本谈自己的感想与理解。因此，积极倡导生态课堂教学要以追求“四大解放”为宗旨：一是解放学生的口，让学生阅读，将文本读通、读透、读懂；还有就让学生说课文、说作者、说写作背景、说感悟等。二是解放学生的手，让学生动手画，画出课文结构或者思维导图；还有就是让学生写，写作者的写作方法、写作特色、写感想和体会等。三是解放学生的脑，让学生的头脑动起来，积极思考，针对课文中的难点与重点，可以与同学探讨，可以在课堂上与老师交流讨论；四是努力给学生提供充足的时间去阅读、去思考、去品味、去体验，积极探索创造和谐、宽松、自由的课堂氛围，让学生在学中研，在研中学，从而提升学生独立阅读和理解课文的能力。课后，还要鼓励学生走出校园，走进大自然了解生活的本质。这对深化农村普通高中语文生态有效课堂教学实践研究、体现教师和谐统一、促进教学相长、取得较好的教学效果具有积极意义。

（三）生态课堂遵循的基本理念

生态有效课堂教学严格按照新课标具体要求，积极遵循“四合四助”“五要五不要”“五多五少”的教学理念，旨在改变农村教育陈旧滞后的现状和教学行为，积极探索一种全新教学方式和方法，着力提高语文生态课堂教学的有效性。“四合四助”主要指，一是课前同学合作，相互协助，共同探究课文内容，提出有针对性的问题在课堂上进行讨论；二是课前师生合作，互助互补，要求教师课前备课时，将自己的教学设计交给学生看，征求学生的意见后修改教学方案；三是同事合作，相互协助，重点是采取集体备课的形式，征求大家意见完善和修改好教学方案；四是课堂上师生合作，提供辅助，要求教师课堂上多鼓励学生参与合作与交流，共同探究课文内容中的疑难问题，寻求最佳答案。所谓“五要五不要”，一要积极探索不要畏首畏尾，大胆创新，努力改变传统的教学方法，寻求适合学生的教学模式；二要实干进取，不要虚张声势，课堂要以讲求效率为宗旨，严禁作秀式教学方式；三要实事求是，不要弄虚作假；四要真实有效，不要夸张表演；五要大家认可，不要华而不实；“五多五少”，即一是课堂上多一些鼓励，少一些批评；二是多一些合作，少一些独断；三是多一些参与，少一些附和；四是课后要多一些交流，少一些自闭；五是课后要多一些学习，少一些盲目。

（四）生态课堂的教学原则

1.“三不讲”原则，即学生自主学习能够解决的问题教师不讲；学习小组合作交流能够解决的问题教师不讲；课堂上生成的问题在学生未讲之前教师不讲。教师要走下讲台，和学生平等对话，用自己在课堂上的语言、语气、眼神来期待、激励和调动学生，发挥教师在课堂上的组织、引导、点拨、激励作用。

2.“三动”原则，即动脑，动口、动手。所谓动脑，就要让学生在课堂充分利用文本认真思考，开动脑筋；动口就是要让学生主动说，表达自己的观点，培训学生的语言表达能力；动手包括写读后感、写反思与体会等，让学生在自主学习、合作交流、展示反馈、训练提高的课堂学习活动中培养自己的学习能力和良好习惯。

3.“三有”原则，即要有预习提纲和预习时间；教师要对学生预习情况有深入的了解和把握，把预习环节落到实处，着力培养学生自主学习的良好习惯。

4. 分组原则，即各班按学生的学习成绩和个性特点组建 4～6 人的学习小组，选定组长，编定序号。组织小组讨论交流，开展小组学习竞赛，引导学生参与小组活动，让每一位学生都能够在帮助别人的同时发展自己，在别人的帮助下提高自己，享受到合作的快乐，培养他们与人合作的良好习惯。

5. 自主学习原则，即课堂是学生学习的天地，更是学生展示的舞台，因此我们要非常重视学生的课堂展示活动，要充分调动全体学生积极参与演讲、质疑、演板、讲解、辩论等课堂展示学习活动。我们要求每节课上参与展示活动的人数不得少于本班学生的三分之一，每位学生每节课拥有三次展示机会，让学生在学习中学会把握机遇，在展示中发展自己提高自己，从而培养学生的自信心和积极上进的精神品质。

6. 反馈检测原则包括：a. 当堂反馈，即在学生课堂学习展示的基础上，教师点拨、归纳小结、学生当堂完成作业，力争“堂堂过关”；b. 章节过关测试，即教师在完成一个独立的教学单元后，用随堂测试的方法进行过关测试；c. 由年级组织周测试，让学生通过反馈测试，分析原因，明确得失，扬长补短，改进提高。

“六原则”不仅对师生教与学的时间作了规定，更重要的是突出了教师学生的课堂定位——教师只是课堂的组织者、参与者、引导者，学生才是课堂学习的主人。

所以，生态课堂教学是教学的基本形式，优质、高效的生态课堂教学是促进学生有效学习的基本前提，也是素质教育的重要保障。实现生态课堂教学的有效性，已成为当前课程改革的重要方向。因此，课堂教学是教师的生命线，课堂教学效率的高低会直接影响教师声誉与成败，同时也影响到学生成长。然而，语文生态有效课堂应是每一位教师所追求的，也符合当前教育改革发展的需要。教学中师生相互沟通，相互交流，彼此商讨，协同活动，共同分享知识、情感和智慧。学生是知识的探究者、知识的构建者。学生是生命的个体，教师要赏识、尊重与理解信任学生，对每一个学生平等对待、平等交往，树立正确的学生观，建立良好的师生关系。

第二章　语文生态课堂的有效性

生态有效课堂追求的是一种自由、和谐、民主的课堂氛围，强调教师是学生学习的合作者、引导者和参与者。教学过程是师生交往、共同发展的互动过程，体现的是师生共同参与、同学之间的合作意识。同时更加注重课堂主体性、情景的创设，问题的提出都有要针对性和有效性。在合作参与中以尊重学生为前提，提示语文本质，激发学生学习的积极性、多角度、多方位重视学生在课外探究，课内整合，体现生态课堂的有效性。这意味着教学即是人人参与，意味着平等对话，意味着核心要素“生态”及“有效”。如何确立语文生态课堂的有效性呢？本人重点引导课题组教师作了如下实践研究：

一、创设情境体现生态有效性

情境的创设，能激发学生的兴趣，对课堂的有效性起到举足轻重的作用。我通常采取引入课题、提出问题、生成新知、揭示语文本质来激发学生兴趣。但是必须服从课堂实际需要，有时在课堂的开头或课中，有时多处创设情境。但情境创设得控制好时间，通常在 3 分钟之内比较适宜，否则有冲淡主题之感。为了提高效率，情境创设可重复使用，但都必须有利于教学实效。因为创设情境的最终目的是为了提高课堂教学效果，便于课堂教学的开展。

案例 1：课题组彭璐老师的《念奴娇·赤壁怀古》课堂教学以“千古文章四大家，一门父子三词客”的谜底开启教学课堂，通过创设这样的情境，激发学生学习的兴趣；通过赤壁故事的考究，来引发学生对历史的思考；通过课堂阅读，拓展阅读课外教材，课后监测学生的背诵，充分体现了教学的有效性思考，是对课堂“生态”有效性的解读。

二、问题探究体现生态有效性

（一）目标要明确

要达到探究教学的有效性，首先要设置问题来启发学生。一般情况下，老师可以说“下面请大家思考这样的一个问题”或“请看这样的问题说明了什么。”其次，问题的给出要清楚醒目，表达要干脆，尽量不重复，也可用投影显示出来。

（二）要有思考时间

每一个问题的提出，都必须留有足够的时间让学生思考。学生思考时，老师尽量不作任何提示，以免干扰和束缚学生的思维。对于学生的回答，老师要及时作出评点。

案例 2：课题组彭继德老师的《咬文嚼字》课堂教学。老师在学生阅读理解课文的前提下，将全文分为三个问题：

1. 课文题目“咬文嚼字”的含义是什么？
2. 咬文嚼字的原因是什么？
3. 咬文嚼字的目的是什么？

学生在课堂上围绕教材寻找答案，同时在教学中引导学生如何立足于文本，找到文章的核心内容，归纳概括文本的主旨有着重要意义，这使得学生回到了课本之中，同时也训练了学生的阅读理解的能力，体现了该课的有效性和生态性。

彭老师在课堂上赋予学生更多自主活动、实践活动、亲身体验的机会，以丰富学生的直接经验和感性认识，宗旨在引导学生通过动口、动手与动脑，在亲自体验过程中获得发展。一节课的时间很有限，彭老师处理探究学习所用的时间与自主技能训练的时间正好相当，这是提高有效课堂的关键点。面对学生的个体差异所表现出的认知方式与思维策略的不同，以及认知水平和学习能力的差异，彭老师充分利用教材，同时也大胆地整合教材。这课堂教学更加说明了这一问题。

（三）知识建构体现生态的有效性

温故而知新，通过对已学知识的再度研究与讨论来生成新知识；还有就是采取知识演变和推理方法建构。根据已学知识，利用归纳与类比等合情推理手段来建构，得到新的体悟，也能自然地建构起新的知识；还有就是通过实例展示来建构，通过多个实例的展示，引导学生从中抽象概括出有关结论，这种新知生成方法比较直观，学生易于接受。

案例 3：课题组刘季老师的《张衡传》课堂教学。作为传记类文本，课堂教学中对题材的把握非常重要，刘季老师立足于三点：① 对作家的时代背景与作品进行介绍。② 传记类文本的类比教学。③ 文言文的阅读、诵读教学。通过了该课的教学，既对传记类文本有了认识，同时也对于文言文的字词积累有了形、声、义三个维度的了解，该堂课体现出了教学的实效性。

案例 4：课题组王雪梅老师的《陈情表》课堂教学。同样是文言文教学，王雪梅老师比较注重对学生阅读能力的探究：① 学生自读课文，抓字词读音。② 教师范读课文，学生辨识文句字词音节。③ 学生个别阅读，全体学生跟读，感知文章大意。④ 全班学生听经典配音诵读《陈情表》体悟文本的情感。从中加强对文章情感，文意的认知。⑤ 学生默读，对全文文意翻译及自修，进一步把握文本的主旨及价值。⑥ 学生齐读，抓文章的节奏，韵律，情感。⑦ 学生试着背诵性阅读，巩固所学知识。本节课，学生在阅读中领略了文学经典，对文本的内容及情感有了很好的体验。这就是对“生态”课堂的有效诠释。

（四）课堂小结体现生态有效性

俗话说：“编筐编篓，重在收口；描龙描凤，神在点睛。”的确，一个恰到好处的课堂小结能起到画龙点睛、承上启下、提炼升华、乃至发人深省的作用，它可以给学生留下难忘的记忆，激起学生对后续学习的渴望。课堂小结力争做到形式多样。长时间使用同一种形式的小结方式，学生容易产生审美疲劳，进而失去了小结应有的作用，所以应尽量避免形式单一的小结方式，可以采取概括总结式、交流心得式、发散引申式、串联归纳式、设置悬念式等。

案例 5：课题组黄琛老师的《曹操献刀》课堂教学。黄老师分析完了曹操借刀一节时问：刻画人物形象的手法还有什么？引领学生阅读课本，瞻顾已学知识，小结人物描写的方法：正面描写，侧面描写……课文分析到杀吕伯奢一家时，总结曹操的“座右铭”——“宁可我负天下人，不教天下人负我”，同时借助于名家品评三国，完成了学生对文章的开拓以及个性化阅读。课堂上学生参与率高，大约占用课堂 70%的时间，还原了以学生为主、以生态为核心的教学理念。

（五）作文教学体现生态有效性

讲解高考优秀作文例文，既可以帮助学生深悟有关写作的概念与原理，还能进行知识的迁移与拓展。

在引导学生审题、立意时，重点指导学生学会审题及作文的构思，即如何从材料中或者命题作文中挖掘出内在的东西，如何生发出有价值的重要条件，如何形成作文的精致结构，如何谋篇走笔成文等。在写作教学中，我还尽可能地创造机会，让学生多发表自己的见解，展示自己的思维与写作构想，积极鼓励学生进行多变的逆向思维，做到举一反三，触类旁通，以培养学生的发散性思维。

案例6：课题组李成文老师的《谈谈如何构思》课堂教学。李老师抓住了教学中写作的“图导思维法”：①看图猜谜，吸引学生的兴奋点。②学生谈谈写作的方法，交流写作心得。③教师展示“图导思维法”。④学生运用图导思维法解决问题，阅读，展示图画“蜘蛛”“天空”……⑤高考作文范例，图导高考作文。⑥看图说话，实际训练作文。

案例7：我的《逆向思维，写作的构思技巧》课堂教学。我先是通过图片来展示故事材料、动漫及谜语，充分挖掘学生在生活中的信息，指导学生在写作中如何立意及构思，从而提高学生的写作能力。

一学年来，我常常反思课堂研究教学目标是否达到、教学策略是否得当、学生主体地位是否得到足够的尊重、课程资源是否整合，对未预见言行是否处理得当，问题设置是否有意义、情境创设是否到位等教学内容、教学过程、教学效果。在实践研究过程中，我重视学生在课外探究，课内整合，常常会取得意外的效果，我认为这就体现了生态课堂的有效性。

第三章　语文生态课堂的注意事项

我一直关心语文课堂，但更关心语文课堂的教师。尽管语文教师在课堂中越发努力，但学生的学习成绩却不见提高，学习兴趣还与日俱减。这样的事实的确让人痛心不已。走出教室，公开课在不断地造就“名师”，说课、听课、评课成为评价教师的基本条件，课堂观察与课堂分析是教研活动的主流。可这些活动似乎并没有改变日常语文课堂的沉闷与低效。看来要改变课堂的现状，不仅需要一线教师在课堂中不断努力，更需要一线教师和关注课堂的人对课堂教学本身有更为深刻的理解，对课堂教学的发展方向有更为明晰的把握。

什么样的课才是一堂好的语文课，这是大家一直追问的问题。纵观这些年的教育改革，可谓精彩纷呈，先教后学也好，先学后教也好；以生为本也好，以师为本也好；育人也好，育分也好，在理论上都有一定的道理。可是我们课堂到底应该走向何方？我们语文课堂能否走向生态呢？

一、明确“关系”

生态课堂中的师生应是一种伙伴与民主关系。师生之间没有专断、霸权，师生相互信任相互理解，相互合作。叶圣陶说：“教是为了达到不需要教”，也就是说，教师的种种努力都是为了引导学生学会自主学习。在课堂教学中，教师要改变高高在上的传统观念，真正树立起一切为了学生，为了一切学生，为了学生一切的思想。学生在与教师的交往中逐渐成长，教师通过与学生沟通而进步，从而建立起“平等、民主、和谐的师生关系。

案例 1

特级教师黄厚江在教学《装在套子里的人》时有这样的精彩片段：

师：这（是否沙皇专制消灭了，别里科夫现象就没有了）倒是一个让人深思的问题。请哪位同学先谈谈自己的意见？

生：不能这么说。沙皇专制制度消灭了，还有其他的专制制度。

生：即使没有专制制度，但旧制度影响下产生的套中人也未必就会绝迹。

师：分析得不错。还有其他意见吗？

生：在我们今天，在我们的现实生活中就有许多“套中人”。

师：请具体讲一讲。

生：像我奶奶，觉得什么东西都是旧的好，凡事都要按照老规矩办，我看就是一个典型的套中人。

（有学生发笑）

师：请大家看看，这位同学的奶奶是不是一个套中人？

（学生讨论）

生：老师你说呢？

师：我想先听听你们的意见。好，大家不想发言。你们先表个态，我再说说我的意见。

（学生表态：有人认为是，有人认为不是，还有人不置可否）

师：我认为不是。我们首先应该明确，沙皇专制制度的消灭并不意味着就不再有套中人，但我们又必须把“套中人”和思想上有套子的人区别开来。因为套中人并不是一般意义上的守旧，而是一种特定的文学典型，也是生活中一类特定人的代表。大家回想一下他的性格特征就清楚了。他保守、反动，扼杀新思想。好，大家应该清楚什么样的人才能叫作“套中人”了，同时，也应该知道奶奶是不是套中人。

生：不是。

师：对，同学们应当把套中人和思想上有套子的人区别开来，还要善于抛弃自己思想上的套子。

反思：黄老师在教学中没有专断、霸权，而是和学生互信任相互理解，相互合作。非常巧妙地将学生提出的问题主动抛回给学生讨论，最后明确地将套中人和思想上有套子的人区别开来。黄老师在课堂上善于调动学生的积极性，采取平等的对话方式，使现场教师与学生的关系发展到最佳状态。

二、营造“和谐”课堂

一般而言，教师的准备往往只涉及文本内容，对课堂上出现的偶发事情不可能完全预料、预知。遇到这种情况，教师与学生在课堂上应该随机应变，处理好这种突发状况。师生相互沟通，相互交流，彼此商讨，协同活动，共同分享知识、情感和智慧，共同营造“和谐”课堂。

案例 2

特级教师李镇西教学《孔乙己》时有这样精彩的片段：

师：现在请同学们快来阅读一遍课文，把自己不懂的问题提出来，看谁提的问题最多。

（学生独自默读，思考，教师巡视）

男生 A：小说开头为什么要写鲁镇酒店的柜台“和别处不同”“是当街的一个曲尺型的大柜台”？

师：这位同学第一个提问了，很好。谁能解答这个问题？

男生 B：我想这是为了说明鲁镇独特的习俗，交代孔乙己生活的环境，这也属于环境描写吧！

师：对，我认为可以这样理解。

女生 A：老师，第一段为什么要说“这是二十多年前的事，现在每碗要涨到十文”？

师：好，谁来给她解释？

男生 C：这是为了说明物价上涨，人民生活水平下降了。

女生 B：不对，我想应该是间接说明孔乙己生活的年代，因为读者从小说后面的落款日期“1919 年”就可以大体推断出那是上世纪末发生的事。

师：好，出现不同看法了，同学们想想，哪个意见更有道理一些啊？

众生：后面一个意见有道理些。

师：对，我也同意后面一个意见。在这里，作者主要还是交代时间背景。

反思：课堂上学生究竟会问什么问题，会提多少问题，老师在课前很难预料到。这些问题以及问题的解答、讨论，都是在教学过程中自然而然地出现的。李老师首先是尊重学生，肯定学生所提出的问题，采用借力打力的方式组织学生共同商讨，共同分享问题解决的成果，让课堂变得生动与和谐。

三、肯定学生

在教学过程中，学生是知识的探究者、知识的构建者，是有生命的个体。他们有自己的知识经验、社会背景和情感体验。因此，教师要赏识学生，理解信任学生，对每一个学生平等相待，充分发挥期待效应，多采用激励式教育，对学生的点滴进步都给予充分肯定，不挫伤其积极性。

案例 3

我在上高三语文复习课《仿句》的片段：

师：要求大家仿写“墙角的花，你孤芳自赏时，天地就变小了”，下面是 A 同学板演时的教学过程——

大家都等着看“戏”。他先是站着，大概是感到自己别无退路，便严肃地思考起来。一分钟工夫，他回到了座位，留下这样的答案：“井底的蛙，你处于自卑的低处时，世界就变小了。”其笔迹有粗有细、有明有暗，可以看出他内心的不自信。

看着A的答案，我喜不自禁，想不到他发挥得如此出色！我故意问大家：“仿得如何？”大家齐声喊：“好！”随着我的掌声，大家也鼓起掌来。我接着说：“刚才A瞬间成功的体验，说明了什么呢？人的潜能是无穷的！我要对A说：‘你行，你真行！’”于是又是一阵掌声。

“同学们，我们再来看A的答案。”我说，“同样是井底之蛙，我们可不可以换一个角度来试试呢？谁能从正面来立意，仿写一句？”

顿了顿，我说：“我们还让A来仿写，怎么样？”大家都支持。这次A没有拒绝，毫不犹豫来到黑板前。只见他思考一会儿，然后写道：“井底的蛙，你跃升地面时，眼界就宽了。”

由于A仿写得比较顺利，课堂又出现了高潮。我顺势即兴发挥：“同学们，A的两个答案，给我们很重要的启示：同样是井底的蛙，如果作出不同的努力，就会达到不同的境界！我还得到一个更重要的启示：现在的A同学，就是一只‘从自卑的低处，跃升地面’的蛙！”教室里又响起掌声，A万分激动……

反思：高三语文教学常常是给学生题目做，然后提供标准答案让学生参考。但是，如果把教学看作一个极其细腻的过程，让师生在现场活动起来，产生种种联系，就会出现意外的“事件”。这样的“事件”会使课堂像旅游一样令人流连，像戏剧一样引人入胜。通过对A的两次表现的两次肯定、同学们的两次表扬，让学生找到自信，课堂变得活跃而有成效。

四、激励学生释放能量

教师要承认学生之间的差异，尊重差异，尊重同学，因材施教，转差促优。师生通过平等交往，真正使学生感受到个人的价值和尊严，从而最大限度地释放潜能。

案例4

刘祥老师教学《荷塘月色》时有这样的片段：

师：大家预习课文了吧？

生：预习了。

师：看了几遍？（生杂答。有说两遍，有说三遍，有说很多遍）很多遍？（问说“很多遍”的学生）你跟大家说说，你从这篇文章中读出了什么？

反思：刘老师在一开始，为什么要问学生“看了几遍”？实际上就是要了解学生课前的准备（预习、自学）情况，估算一下学生将会在课堂上释放出多大的能量。记得有一次魏书生在外面上课，因为不少学生没有预习课文，他便让学生现场自学很长时间，以积累能量。除了学生，其实教师更需要蕴蓄思维能量，认真地做好课前的准备，课堂上才能释放出巨大的能量。

五、课堂上尽量还给学生的主动权

所谓主动权，就是让学生在课堂上充分发挥才能与智慧。这种主动权是值得期盼的。当教师把提问的主动权交给学生时，意味着封闭的大门被打开了，于是课堂空间一下就变得明亮起来，学生的活力、创造力全部激活了。

案例 5

曹晓老师教学《钱学森》时有这样的片段：

师：同学们在预习过程中遇到什么疑难问题？

生 A：钱学森这个名字是什么意思？

（一阵哄笑）

师：（微笑）这个问题很有意思，可惜钱学森本人不在场。但是我们可以顾名思义，猜想一下这个名字的意思，看谁猜得最有道理！

生 B：父母希望他的学问多得像森林一样无边无际，所以叫钱学森。

师：有道理！钱学森确实是个有学问的人。

生 C：父母希望他像森林里的树一样茁壮成长，健康长寿！

师：也有道理！

生 D：希望将来学好多好多的知识，考上大学，挣好多好的钱，成为百万富翁，因为他正好姓钱。

（一阵哄笑）

师：你能大胆地说出自己的见解很好，可是钱学森是一个一心为钱的人吗？请同学们联系课文的内容讨论讨论。

生 E：显然不是，钱学森想用学到的知识报效祖国。

师：你善于根据课文内容来回答问题。

生 F：钱学森如果一心为钱的话，他就不会从国外回来。因为当时美国比我们中国富裕，我们中国一穷二白，而钱学森克服重重阻挠，还是回国了。

师：你能根据课文中的有关信息进行推断，这说明你很会学习！其他同学同意这个看法吗？

生G：我同意。不过，我对钱学森这个名字还有另外一种理解哩。他的父母希望钱学森长大成为祖国的栋梁之才，像森林里的大树一样默默无闻，虚怀若谷，无私奉献，哪里需要他，就到哪里去。

师：事实上，钱学森正是像他所说的这样的人，钱学森的名字跟钱学森的为人是一样的，可以说是“名”副其实！

从上述几位老师的教学情况分析，只有把主动权交给学生，课堂才显得有生气，气氛才活跃，学生才会在课堂上自由发挥智慧。这就是生态课堂所追求的根本。但是，凡是抱着生态课堂理念的语文教师，主观上畏惧这种主动权的老师，他们往往把教学中的主动权看成是消极结果，是辩论场，是无故放纵，达不到课堂所追寻的教学目的，因而不希望其以增量的形式出现，并力求控制主动权。而生态课堂，绝不是“难免遇到”而是“经常遇到”意外的发生，确实可能出现课堂难以控制。但这不是主要原因，究其根本，是教师能量的蕴蓄问题。只要将“能量”准备充分，平等与学生对话，逐步引导学生按照教学目标推进，相信这样的情况是不难解决的。

虽然我提倡生态课堂，却也并不能立即改变目前课堂的现状。现实情况是，语文教师的观念与素质还存在巨大的差异，他们接受培训和参与交流的机会也是不一样的。针对这一现实，我们的态度一是旗帜鲜明地反对完全的传统课堂；二是积极鼓励极少数语文教师走在改革的前沿，使其课堂呈现出生态的特征，体现生态课堂的本质；三是鼓励一部分语文教师少一点传统，多一点生态，尽量促使他们的课堂向生态课堂迈进，把课堂的主动权交还给学生，让课堂焕发出灿烂的光芒。

第四章　生态课堂的行为表现

一、教师要多读书

就是多读书，储备丰厚的文化知识。一节课时间很短，但是却能反映出一个教师的知识素养。一个简短的故事、一个简短的课外知识补充、一句智慧的话语，有时候也能吸引学生的注意力。一个知识丰富的教师，即使不说话，站在教室内也是一道美丽的风景。“腹有诗书气自华。”教师的气质里已经浸润着满满的书香了。

二、设置高质量有兴趣的问题

如何设置出高质有效的问题，这是考验一名教师能力的重要指数。好的问题就是上好一节课的基础。也可以说，提出好问题，一节课就成功了一半。9位教师这方面做得比较好，他们深研课标和教材，深备学情，把课本知识与生活之间紧密联系，让问题与生活有效连接，增强学生的好奇心和兴趣。

三、抓住生态“四主”的核心问题

即学生主体、教师主导、问题主角、合作主线，师生关系不能错位，只有让学生成为课堂的主人、学习的主人，主动探究、主动合作，这样的课堂才能对学生有吸引力。

四、紧密围绕“学习目标”

根据教材内容的不同，制定适合学生学习目标，目标是这节课的任务和要求。我们的教师在研究过程中，对课堂的目标意识不强，随意性太大，导致一节课预定的目标完成不了。只有紧紧抓住目标，一环扣一环地解决目标、完成任务，学生的注意力才不会分散。因此，教师要加强目标意识，形成“提出目标——分解目标——解决目标——回扣目标”的课堂教学思路。

五、激励和评价要多元化

课堂激励和评价要及时，过时的激励和评价起不到应有的效果。而且激励和评价要基于团队，而不是个人，实现小组的捆绑式评价，一荣俱荣，一损俱损。这样的课堂，才会对学生有吸引力。

六、学生的想象力

即教师要多问为什么，多问还有其他方法吗，多问还有其他观点吗。因为想象力是创新的重要因素，没有想象力就谈不上创新能力和精神的培育。想象力远远大于所掌握的知识。个人所掌握的知识是有限的，而想象力是无限的。所以，教师在课堂上培养孩子的想象力比传授知识更为重要。

七、课堂语言

声音、表情、动作等都是课堂语言。我们的教师的语言单调、平稳，从头到尾一个表情、一个动作、一个声调，毫无生机。这样的课堂学生听了都要入睡，还谈什么吸引力？

八、教师的胸怀

老师要向同事虚心请教，向学生学习，特别是听到一些不利于自己的言论，不要将其当回事。人是活在自己的脚上和手中，用自己的双脚走出一条大道，用自己的双手创造一个新未来，而不是活在别人的口中。我们不要与一些小人计较，如果计较了，你也降到小人的水平了。因此，挺起胸膛，做一个心态良好的教师，让阳光心态成为课堂教学吸引力的重要之源。如果我们老师天天带着负面情绪走进课堂，这样的课堂还有什么吸引力可言呢？

总之，增强课堂的吸引力，除了教师的素养和学养外，还需加强课堂艺术和技巧的训练，以及经验的积累。只要我们信仰教育，心有学生，用心做事，我们的生态课堂就会魅力四射，引领每一个学生发现自己、成就自己。

第二辑

第五章 人民教育出版社高中语文必修一

【第一单元】

造就伟大的人物，创造伟大的时代

——《沁园春·长沙》教学反思

一、介绍写作背景

这首词写于 1925 年深秋。大约是在毛泽东同志离开湖南前往当时革命活动的中心广州时所写的。毛泽东同志从 1911 至 1925 年，曾在长沙学习、工作和从事革命活动。这期间，国内外发生了许多重大事件，如辛亥革命、第一次世界大战、俄国十月革命、五四运动、中国共产党成立等，都是影响世界形势的巨大变革。这样的岁月，如历史群山中耸峙的一座又一座峥嵘的高峰。毛泽东和他的同学如蔡和森、何叔衡、张昆弟等立志救国的知识青年，正值青春年少，神采飞扬，才华横溢，意气风发，热情奔放。面对"万山红遍"的美景，他们既赞叹锦绣河山的壮美，又悲愤大好河山的沉沦。于是，他们发表激浊扬清的文章，抨击黑暗，宣扬真理，鄙视当时的"万户侯"——军阀如粪土。这些既是"指点江山，激扬文字，粪土当年万户侯"的具体内容，又是写作这首词的时代背景。了解这个背景，有助于我们进一步体会词中闪耀着的革命者崇高心灵的美。

二、指导阅读

要领略这首词的豪迈风格，最重要的就是朗读，才能体会词人的情感与豪情。课开始之前，我先让学生预习并自由朗读，结合课文后面的习题进行练习，同时对词人所表达的思想感情进行归纳总结。课堂上我让学生听录音朗读一遍，最后请个别同学生朗读。

从学生朗读的效果来看，并不是很好。有些重点字和词的音读得不准确，还有就是应该停顿的却没有停顿，该把读音拖长点的没有延长。高中生不愿意举手回答问题，以及不愿意举手朗读文章，有主、客观因素。主观上是担心自己所读或者所回答的问题不够好，引起同学的嘲笑，伤了自己的面子和尊严；客观方面，因为有众多老师在听课，显得有点拘束。如果没有老师听课，效果会好一些。还有一个重要的原因就是我要求同学点评，于是就有了畏惧心理。在课堂上放不开，主动举手的较少。

三、课堂探究

“课堂探究”是课堂最有激情与活力的环节，同时也是课堂教学最精彩的部分之一。在课堂上我采用激励的方式，让学生在理解词的基础上，大胆畅谈对文本的理解。

王芳：同学们，我认为“恰同学少年，风华正茂；书生意气，挥斥方遒”写的是在这峥嵘岁月里，作者和他的同学如蔡和森、何叔衡、张昆弟等立志救国的知识青年，正值青春年少，神采飞扬，才华横溢，意气风发，热情奔放。诗人巧妙地化用了《庄子·田子方》中“夫至人者，上窥青天，下潜黄泉，挥斥八极，神气不变”的意境，来形容从旧思想的束缚中解放出来的新时代的青年自由奔放的胸襟。挥斥，自由奔放的意思。方遒，正当旺盛有力的意思。

罗兰：我赞同王芳的观点，我认为“指点江山，激扬文字，粪土当年万户侯”是对“峥嵘岁月”“挥斥方遒”的进一步具体化。面对“万山红遍”的美景，他们既赞叹锦绣河山的壮美，又悲愤大好河山的沉沦。于是，发表激浊扬清的文章，抨击黑暗，宣扬真理，鄙视当时的“万户侯”——军阀如粪土。

王磊：“中流击水，浪遏飞舟。”从资料得出一种解释，“击水”为游泳，在激流中奋臂划水，掀起的浪花甚至阻挡了飞速前进的船舶。在这里正表示诗人要在新时代的大潮里乘风破浪，划桨前进，立誓振兴中华的壮志豪情。使人读后仿佛听到了一颗爱国爱民的赤子之心在怦怦跃动，从而感受到一种伟大胸怀所反映出的崇高美。

杨洋：前半阕虽着重写景，却处处景中寓情。“万山红遍，层林尽染”既是四周枫林如火的写照，又寄寓着诗人火热的革命情怀。红色象征革命，象征烈火，象征光明，“万山红遍”正是作者“星火燎原”思想的形象化表现，是对革命与祖国前途的乐观主义的憧憬。“鹰击长空，鱼翔浅底，万类霜天竞自由”则是作者对自由解放的向往与追求。“怅寥廓，问苍茫大地，谁主沉浮”的感叹，则由写景直接转入抒怀，自然带出下半阕的抒情乐章。

四、课后反思

我认为整个教学过程的思路是清晰的，逻辑性比较强，学生的参与率还是比较高，体现生态课堂教学的基本要求，其教学效果很好。

学生在读课文、说课文都表现得不错，特别是在动脑和动手、画与写的环节中把听课的老师都征服了。当学生在黑板上展示自己所画的思维导图，并说明理由后，教室陡然响起一阵掌声。

说实话，我自认为这是一节非常成功的课。学生在动口、动脑、动手上都体现得非常到位，完全符合生态课堂的教学理念，不过从对诗歌文本的分析来看，同学的分析能力和欣赏能力有点薄弱。不过诗歌的欣赏和分析确实也很难——但不能因为难而止步。在文本分析的时候，学生还是有独立思考的能力的！“独立寒秋”之“独立”二字，教材分析中有三种意思，第一，是指一个人；第二，与下文的“携来百侣曾游”相照应；第三，就是表现了年轻革命家砥柱中流的英雄气概。但是学生在解读文本的时候，有同学道出了毛泽东心境有些悲凉。其理由就是毛泽东即将南下广州，离开生活、学习、工作达十三年之久的长沙，内心会有不舍，再加上一个人，怎能不悲凉呢？这个是学生发现的，这种说法我当即肯定，是啊，我离开十年之久的家乡还那样依依不舍呢。

陶行知说过：“没有生活做中心的教育是死教育，没有生活做中心的学校是死学校，没有生活做中心的书本是死书本。”社会生活与语文活动之间有着相辅相成的关系，语文教学一旦脱离生活元素的涵养和滋润，就会成为“水中月，镜中花”。在高中语文教学中，教师开展“课堂生态化，语文生活化，生活语文化”的教学活动，不仅有利于学生综合素质的提升，还能促进学生的个性化发展。

这首词，同样具有生活化的诸多因素，从词的内涵就不难发现这一点。

由于时任湖南省长赵恒惕派兵逮捕毛泽东，这种孤立无援的境地应该是“独”字所包含的。我个人觉得还有一点，就是在中共一大、二大、三大之后，陈独秀和毛泽东的关系也越来越不好，这个时候的毛泽东内心也有孤独感。

不管后面的秋景描写多么壮观豪迈，不管多么有气势，有年轻革命家的伟大，但是作为一个普通人，毛泽东细腻的情感也不可忽略。

另外，我觉得如何引导同学们自己主动发现问题很重要。李镇西老师说，读苏霍姆林斯基的《给教师的一百条建议》，要读出问题，读出自己。诗歌何尝不是如此呢？但是学生做到这一点需要老师的引导。在课程即将结束的时候，我问同学们可有问题没有。他们异口同声地说“没有”。但是我接着问：词中毛泽东为何几次用“万”？又几次用动词“击”呢？又说明了什么？这样带着他们进入了思考。可是，如何让学生自己发现问题还是一个亟待解决的问题。

朦胧与忧伤也是一种美

——《雨巷》教学反思

一、介绍写作背景

说课文这一环节，课堂开始时，我先给学生 3 分钟时间查阅资料，了解作者创作这首诗的背景。张强主动站起来开始说：

戴望舒是浙江杭州人，1924 年考入上海大学文学系，1925 年转入复旦大学法文班。这首诗创作于 1927 年夏，时值蒋介石发动”四一二”政变之后，诗人隐居江苏松江，感受到了“在这个时代做中国人的苦恼”。《雨巷》这首诗便反映了这种郁结在诗人心头的彷徨苦闷的情绪。作者在 1928 年发表成名作《雨巷》，1932 年参加施蛰存主编的《现代》杂志创作，并成为 20 世纪 30 年代“现代派”诗人群的领袖。戴望舒也因此诗获得“雨巷诗人”的称号。

王强继续说道：《雨巷》里，姑娘的形象带有悲剧色彩；主人公是个游子形象，也带有悲剧色彩。他的追求是那样高洁，带着理想化的色彩，他所期待的姑娘，心灵是美丽的，外表是妩媚的。不过，这样的姑娘实在太难找到。因此，在理想主义的期望面前，他总是困惑。

二、指导阅读

为了让学生完全理解这首现代诗歌，我先组织学生把重点字进行了标注，并注拼音，然后让学生听录音朗读一遍，感受这首诗的整体情绪。

最后，我又分别让学生集体朗读、分组有感情地朗读。读完后谈谈对这首诗的初步印象。实际上，单从象征意蕴来看，这首诗中的姑娘形象其实就是诗人的理想。他彷徨求索，就是为了寻找姑娘——理想。姑娘出现了，但是她的步履、她的颜色，连同她的叹息与惆怅，都可望而不可即——执著追求但又无法把握。

可是，学生朗读第一遍时没有什么感情。原因是学生没有完全理解诗的特点，当然更谈不上理解作者表达的感情。我看出学生没有读懂，未进入这种朦胧的意境之中，于是，我再次组织学生听录音朗读，过后又伴录音细细地品读。

三、探究课文

师：同桌先交流，然后谈谈你们对《雨巷》的感想。

生：低沉，伤感，充满着愁绪和无奈，美，迷蒙。

师：诗歌是依靠形象来传达思想感情。《雨巷》如此凄清、哀婉，是哪些意象共同造就了这一情境呢？试着来找一下，可以与同桌互相讨论。然后各组只能说一个意象。

生：一共是 6 个，主要是三个意象（景物）。

第一组学生总结回答：油纸伞。

这是真实的雨具，作者并没有做过多具体描写，给读者留以想象空间。这样的好处一方面是免得喧宾夺主，落俗套；另一方面又留下了雨打油伞的迷蒙意境。因为油纸伞本身就具有复古、怀旧、神秘、迷蒙的特点，而且和雨巷很好地结合起来了。时间是在暮春，在寂寥的雨下，平添了一份冷漠，凄清氛围，撑一伞风雨独立销魂的形象。把它放在独特的环境中就能产生奇特的意境。

第二组总结回答：雨巷。

作者幼时住在杭州大塔儿巷 8 号。他小学、中学走的都是长长的青石板路，这是一种优美的意境。小巷本来就让人感到幽深、寂静。再加上蒙蒙的细雨，意境更是充满了朦胧美。雨巷是由“雨”和“巷”两个意象构成的。细雨迷蒙，天色阴沉就易产生伤感。而小巷狭窄破旧，阴暗潮湿，青砖灰瓦青石路面，色调阴冷。这是一条空巷，而且残破，有“颓圮的篱墙”。这就让人感到幽深、寂静。迷蒙的细雨笼着狭窄破旧的小巷，再加上让人怀旧的具有隐蔽和遮挡作用的油纸伞、颓圮的篱墙，这几个意象构成了一个阴冷、迷蒙、破败、空寂的背景，给人的心理体验是冷漠、凄清又惆怅。

第三组总结回答：丁香。

整首诗说不清道不明的迷蒙意境都来源于“丁香”两字。美丽的事物总是和姑娘联系在一起。丁香一样的姑娘，丁香一样的忧愁，为什么作者要选用丁香这个意象呢？我们组经过反复的查找资料，进行归类，总结得出：丁香形状像结，开在暮春时节，开花为淡紫色或白色。在中国古典诗词中，丁香象征着美丽、高洁和愁怨。《雨巷》中写“一个丁香一样的结着愁怨的姑娘”源于李璟词“丁香空结雨中愁”。(《浣溪沙》）全词是：“手卷珠帘上玉钩，依前春恨锁重楼。风里落花谁是主？思悠悠。青鸟不传云外信，丁香空结雨中愁。回首绿波春色暮，接天流。”

还有李商隐诗云：“芭蕉不展丁香结，同向春风独自愁。”丁香花开在暮春时节，诗人们对着丁香往往伤春，说丁香是愁品。丁香花为白色或紫色，颜色都不轻佻，常常赢得洁身自好的诗人的青睐。总之，丁香是美丽、高洁、愁怨三位一体的象征。雨中的丁香更是增添了许多愁怨和凄美。而且丁香花虽美，但容易凋谢。所以，以丁香象征的姑娘也是容易消失离去的。

第四组总结回答：篱墙、“我”、姑娘。

篱墙是颓圮的，让人有种哀怨、凄凉的感觉。“我”则孤身一人，心事重重，是一个孤独寂寞的独行者，也是一个追求者。那么“我”苦苦追求的是什么呢？是“丁香一样的姑娘”。

除以上 6 个意象外，其他都是表情绪、动作、物态的词。这些意象一起构成了全诗迷离飘缈的超然意境。

四、课后反思

在讲《雨巷》时，我严格按照生态课堂教学的基本理念及原则，并搜集了戴望舒以及江南雨巷的有关资料，特意选用了撑着油纸伞、身着紫色旗袍的女郎走在弯弯曲曲的江南小巷的图片作为背景，并配以《神秘园》音乐烘托气氛。

果然如我所料，学生还未读《雨巷》，就已经被朦胧、宁静、凄美的情境所感染，神情严肃而感伤。

此时，我话锋一转，对学生说，让我们走进《雨巷》，去探究诗人戴望舒的真实心灵。接着让学生自由品读，用心体验雨巷这奇特美妙的意境。目的是让学生对文本有一个大致的印象，尽管这种印象可能是粗糙的、不完整的，但它唤起了最初的审美体验。

在学生朗读的基础上，我将江南各种小巷的照片放给学生观看，然后又让学生想象戴望舒描绘的“雨巷”是什么样子。

罗生布拉特曾说：“阅读材料、阅读情境与阅读者的心境呈现某种一致性时，那么阅读的效果就好。”创设阅读与鉴赏情境的最大目的是激发学生的阅读兴趣。兴趣是最好的老师。没有兴趣，就没有阅读的积极情感，学生对文本的阅读就无内化可言。应该用图画情境帮助学生理解感悟诗意，从而更深入地理解诗歌，提高学生的欣赏水平。

学生展示导图结束后，我抛出三个问题：“《雨巷》象征了什么？”“为什么逢着一个丁香一样的姑娘？”“你最喜欢诗中的哪些句子？”诗中的“雨巷”狭窄破旧，阴暗潮湿，断篱残墙被迷蒙的凄风苦雨笼罩着。从这意境我们可以联想到当时令人窒息的时代气氛和“风雨如磐”的社会画面。诗中那个“我”，一腔愁绪，满腹哀怨，正是被当时的环境憋得透不过气来的精神状态。他们带着心灵上的创痛在思索着，追求着那梦幻般出现、幽灵一样消逝的清丽不俗的丁香姑娘。

可是，在讲《雨巷》时我就一直在追求一种诗化语言，总认为没有很好的语言，就难以把这首朦胧诗讲到极致，最终还是掉入了另一个误区：

语言过于唯美化，使学生无法很好地和课堂融会在一起，好像我是在自言自语，学生只是一个旁观者。另外我提出的问题也不够贴切，有时学生回答很吃力，需要我一遍又一遍地启发，如：“你们能否用诗化的语言来描述一下‘雨巷’这个环境呢？”

在教学中，我会力图避免上述这些问题，创造一个师生互动的生态课堂。我认为：生态课堂教学应该体现师生双向合作的精神，努力形成一种师生互动的对话机制。没有互动，没有交流，教学就不存在或不能产生师生互动碰撞的火花。这种“火花”是借助特定的课堂情境实现的，可是我的这节课并没有达到我预想中的这种效果。

用心体验您的真情

——《再别康桥》教学反思

一、介绍写作背景

我提前让学生预习，鼓励学生通过搜集资料了解徐志摩的身世，并在课堂上进行解说。课堂开始，我还没有来得及找同学上来解说，第一排的王燕就主动站起来说：

徐志摩是浙江海宁县硖石镇人，1897 年出生，至 1931 年飞机出事，生活了 35 年，英年早逝。原名徐章垿，为什么改名叫徐志摩呢？因为他小时候特别可爱，清末时长着一个大脑袋，留着一个“猪尾巴”，所以他的父亲就请了一个名叫志慧的和尚看相，说是将来必成大器。所以 1928 年，他出国时改名“徐志摩”——志慧和尚摸过的。

1918 年 8 月，徐志摩赴美留学。他先到克拉克大学学历史，一年后取得学士学位。1919 年 9 月，他进入哥伦比亚大学学政治经济学，一年后获硕士学位。1920 年 7 月，徐志摩不想读了，到英国剑桥大学找罗素。后来两人成为非常好的朋友，徐志摩的爱情观深受罗素影响。

后经林长民介绍，认识了剑桥大学教授迪根生，由此进入剑桥大学。剑桥大学很美，有古典建筑群，蓝天碧海，鸟语花香，田野里点缀着农舍，一条康河贯穿其中。他每天在这里生活——划船，看闲书。康桥是他生命的源泉，精神的依赖之乡。

徐志摩的《再别康桥》，只要你轻轻吟读，就会陶醉在纯洁的意境中，感受到故地重游那种欲别不能的缠绵情谊。所以，这样优美的诗歌，在教学中，采用的还是老办法，让学生朗读，读懂、读透，才能组织探究，否则会出现教师唱独角戏的局面。

二、指导学生阅读

古往今来，文人的别离都是销魂断肠的。徐志摩总想借助轻松的语言来承载沉重的心情。因此，诗一开头，就让这种离情如云一般飘缈在空中。既捉摸不定，又实实在在；既远在天边，又近在眼前。

为了达我理想中的教学效果，我先是校对诗歌的字音，然后播放歌曲《再别康桥》，附上剑桥的风景图片，接着展示 3 张徐志摩的照片，并播放《海上名人录——才情徐志摩》视频和情景模拟，拉近了学生与语文的距离，逐层推进，激发起学生学习《再别康桥》的兴趣。

三、课文探究

在教学的过程中，我让学生再朗读一遍后，各组讨论 3 分钟的时间，让学生归纳出第一节诗的内容，然后由各组委派 1 名代表上台发言。

第一组学生总结回答：

第一节中连续用三个“轻轻的”向西天的云彩招手作别，给全诗奠定了难舍难离的抒情基调，又有淡淡的无奈与感伤。第二节写到岸边的“金柳”，对夕阳照耀下柳树的生动色彩的描绘，体现出它的秀美婀娜，好像“新娘”一般，既喻出其形态的美好，又传达出诗人的无限欢喜和眷恋之情。谁能够舍得离开美丽的新娘呢？“艳影”“荡漾”在“我的心头”，物我合一，情景交融。

第二组学生总结回答：

我们认为第三节写了康河的水草。绿油油的水草在水波中招摇，惬意平静，并有向诗人打招呼之意。“我甘心做一条水草”，不仅物我合一，而且表达了诗人对康河的永久恋情，愿意永远留在康河，“生于斯，长于斯”。其中，第四节写榆树下的清潭，清泉倒映着天上的彩虹，五彩斑斓，浮藻间好像沉淀着彩虹做的梦境。融情入景，将人带入梦一般的意境中。

第三组学生总结回答：

我们第三组总结认为，第五节诗人的感情达到了高潮。在流连忘返的观景过程中，诗人似乎已经忘了他即将离开，撑着长篙去寻找那“彩虹”似的梦。到晚上归来时，水波与星光交相辉映，诗人情不自禁地想要“放歌”，快乐的情绪达到了顶点。至于第六节，我们认为恰恰是物极必反，乐极生悲。诗人由幻想回到现实，情绪低落下来。于是不能“放歌”，只能“悄悄”吹起离别的伤感的笙箫，诗境恢复寂然。连夏虫好像也体会到了离别之情，保持沉默。“沉默是今晚的康桥”，充满了无法化解的离愁别绪，将诗人沉思默想的心境推到了极致。

第四组学生总结回答：

我们认为第七节与开头呼应。诗人是那样不舍得离去，却“不带走一片云彩”，不愿惊动心爱的康桥，不舍得让康桥与我一同伤感。这一节不是对第一节的简单重复，而是更加深情，更加眷恋。同时也有一种洒脱的韵味。

四、课后反思

本节课我自认为体现了生态有效课堂教学的基本特征，是非常成功的，成功之处在于充分利多媒体辅助手段，提供大量与《再别康桥》有关的信息。很好地突出了重点，突破了难点。

在情景创设方面体现生态。在组织学生探究课文的时，通过 PPT 播放视频，并配合康桥的图片，然后抛出几个问题组织学生讨论。这一环节收到了较好的教学效果，大大激发了学生的兴趣。

在问题设置方面体现生态。本课设置的问题层层递进，逐级攀升，逐步让学生完成了学习任务。在讲述意象和意境时，设置的问题是由浅入深，为的是能照顾基础较差的学生。

在探究方面体现生态。自主学习是课堂教学常用的方法，也是很有效的方法，但是课堂教学更强调的是团队合作。所以，在协作讨论这一环节，希望能增进学生团队合作意识，充分发挥学生的主体作用，达到理想的教学效果。

在阅读方面体现生态。我让学生先整体阅读、听录音朗读、分组阅读，然后才进行探究。这一环节确实很好。我在让学生阅读的同时，更多地让学生体味诗歌的内涵与作者在诗中表达的情感，重点是培养学生的阅读及理解能力。常言道："授之以鱼，不如授之以渔。"《新课标》要求，现代教育要更重视培养学生的自我发展能力。这就要求教师不仅要教学生"学会"，而且还要教学生"会学"。要用各种方法教会学生"学"的方法。

母爱无限

——《大堰河——我的保姆》教学反思

一、介绍背景

这首诗，我是提前让学生预习。在预习过程中可以查资料，还可以在网上查看，了解作者创作的背景。课堂一开始，张兰同学主动站起来说：

这首诗写于 1932 年的冬日。当时诗人因参加"左翼美术家联盟"被国民党逮捕，关押在看守所中。据诗人自述，写这首诗是在一个早晨，一个狭小的看守所窗口、一片茫茫的雪景触发了诗人对保姆的怀念。诗人于是激情澎湃地写下了这首诗。几经辗转，诗于 1934 年发表。诗人第一次使用了"艾青"这个笔名，并且一跃成为中国诗坛上的明星。

《大堰河——我的保姆》带有很强的自传性，诗中主人公“大堰河”是一位曾经养育过诗人的农村妇女。在诗篇中，诗人以饱含深情的笔墨，塑造了“大堰河”这样一位勤劳、善良、朴实、宽厚的农村劳动妇女的形象。大堰河出身贫寒，社会地位极其低下，是一个连姓名都没有的童养媳。尽管大堰河出身卑微，但她却像许许多多劳动妇女一样，身上有着勤劳、宽厚、无私、善良的美德。她和养子虽然没有血缘关系，但她爱他却“如爱自己的儿子般”。每天辛勤劳作之后，她总要把养子抱在怀里，慈爱地“抚摸”。当她的乳汁流干，养子被亲生父母领回家时，她是那样依恋不舍。以后，在每个年节里，她总要为养子做米花糖，为的是养子能悄悄地来到她身边，叫她一声“妈”。她还把养子画的大红大绿的画儿“贴在灶边的墙上”，为的是“对她的邻居夸口赞美她的乳儿”。大堰河心里还有一个梦，那就是有朝一日，“她吃着她的乳儿的婚酒，坐在辉煌的结彩的堂上，而她娇美的儿媳妇亲切地叫她‘婆婆’”。

二、阅读课文

这是一首将抒情与叙事很好地融为一体的长诗。长诗最突出的艺术特点是成功地运用了排比、对比等多种手法，借以抒发感情，收到了情深意远的艺术效果。

要理解这首诗的情感与风格，我仍然采取朗读的教学方式。学生只有在自主朗读的基础之上，充分理解作者在文本情感后，再来探究这首诗的内涵，才是比较恰当的。所以，先让学生自由朗读，然后又让学生听录音朗读，最后请个别学生朗读，我又引导学生读一遍。

从学生朗读的情况来看，起初他们还没有理解文本，更没有理解作者在诗中所表达的思想感情，读得并不是很好。后来听了录音，又听了我的范读，结合重点字和词进行纠正，学生才读得比较准确，基本上达到了理想的效果。

三、课文探究

课堂探究是我教学的重要环节，也是课堂最精彩的部分。课堂上我先让学生认真思考本首诗分几个部分，然后要求学生把每一部分的内容归纳出来，到讲台上面对大家进行演讲：

王磊：同学们，根据我对本诗的阅读理解，再结合我找到的资料总结如下。

第一部分（1～2）。本诗重叠反复地咏叹“大堰河，是我的保姆”，为全诗奠定了浓郁的抒情基调。“我”和大堰河虽然阶级出身不同，却有着割不断的血肉联系。“我是地主的儿子”，却“也是吃了大堰河的奶而长大了的，大堰河的儿子”。

第二部分（3～10）。诗人在狱中看到窗外大雪，触景生情，以第一人称的口吻追述大堰河勤劳善良、为生活奔忙而受尽苦难的一生。

第三部分（11～13）。诗人的思绪回到现实，回到监狱，用儿子对母亲的情感写下为大堰河“呈现的赞美诗”。并将这种情感扩大，“呈给大地上一切的，我的大堰河般的保姆和她们的儿子”，直接抒发了对广大劳动人民的敬爱之情。

四、课后反思

这首诗，我重点采用生态有效课堂教学基本方式进行教学，效果很好，最大的亮点体现如下几点：

1. 课堂教学结构清楚，逻辑性强。课堂一开始，从导入、阅读，探究，师生互动环节都比较顺利，运用自如，课堂教学效果很好。

2. 师生互动性比较强，学生参与率高。这首诗，我在教学时的重点是指导学生阅读，然后组织学生讨论。这种边读边讨论的效果很好。

3. PPT 的设计非常好，组织学生分析品味诗歌的步骤也很到位。

当然，本节课，仍然有不足之处，主要体现如下几点：

1. 时间安排不合理，没有按计划完成课堂教学内容。由于白板显示器出现故障，调整课件浪费了时间，导致教学很重要的环节——“当堂训练”内容没有完成。这可以说是一处显而易见的败笔。

另外，个别教学环节时间安排得不够紧凑，造成了课堂教学节奏欠稳定的现象。如学生对本诗的写作背景知之甚少，课堂上对我准备课件上的内容读得不够熟练，耽误了时间。

2. 吟咏不足，诗味趋淡。诗歌需要反复吟咏方能读出诗味。由于学生对诗人的身世及写作背景了解得较少，因此对诗歌的解读遇阻，甚至有失偏颇，势必要挤占课堂有效时间。而第四节写大堰河“厚大的手掌”做了很多事情，教学中引导学生理解每个动词的用法之妙，对解读大堰河的形象起了重要作用。教学中此处处理得略为草率。

"利"是秦师退去的主因

——《烛之武退秦师》教学反思

这篇文章，我重点采用生态有效课堂教学的基本原则，遵循生态课堂教学的理念组织学生进行教学。教学效果非常明显，学生收获很大。具体教学步骤如下：

一、课文背景

针对作品的写作故事，我先让学生预习，查找资料，了解作品的背景。课刚开始，杨洋主动到讲台发言：

据相关资料显示，早在公元前 651 年，晋献公死后，晋国陷入内乱。晋国大夫里克杀了晋献公的庶子夷齐、卓子，并派人迎接公子重耳。重耳不就。后又派人迎接献公次子夷吾。夷吾采纳大臣吕省、郤芮的意见，厚礼贿赂秦国，答应割让晋河东之地予秦。于是秦穆公拥立夷吾为君。公元前 650 年，晋惠公借秦国之力即位后，对割让土地之事非常后悔，就派大臣丕郑赴秦国，以先君之地不得擅许为由毁约。公元前 637 年，晋公子重耳在齐国居五年后，离开齐国，路过曹、宋、郑三国。郑国大夫叔瞻劝郑文公要以礼待重耳，郑文公却以"诸侯亡公子过此者众，安可尽礼"为由，不听叔瞻劝告，对重耳不礼。公元前 632 年 4 月，晋楚争霸中原，战于城濮，楚军大败。晋文公尊周攘夷，成为春秋霸主之一。

当时，郑国处四战之地，无险可据，又自无礼于重耳之后，故背晋助楚。因此，郑文公曾到楚国怂恿楚成王出兵作战。楚败，郑文公内心恐惧，又派大夫子人九到晋国请罪求和。五月，晋侯、郑伯盟于衡雍（今河南原阳西）。晋文公受周天子册命，与四方诸侯盟于践土（在衡雍之西），晋文公为盟主。郑参与践土之盟，但晋、郑间的隔阂并未消除。郑既怂恿楚国出兵攻晋，又盟于晋，这就是文中所言"且贰于楚也"之"贰"。《烛之武退秦师》发生在公元前 630 年，与城濮之战仅隔两年。因此，秦、晋围郑可以说是城濮之战的余波。

二、课文阅读

《左传》是我国先秦史传中一部重要著作。其在记述事件、刻画人物和运用语言方面，都有较高成就。作者善于运用简洁的语言，把纷繁复杂的事件条理清晰、生动形象地叙述出来。《左传》描写人物，常以极少的笔墨，通过人物的语言动作、内心活动和某些细节的描写，展示不同人物的鲜明性格。尤其是作者笔下的外交人物更为突出。他们或语挟风雷，慷慨陈词于大国之间；或委婉机智，从容游说于诸王之中，论理叙事，进退有节，出色完成外交使命。因此，欣赏本文精彩的人物语言，探讨作品深邃的思想内容，理解《左传》独有的语言特色，是阅读的首要任务。

既然要阅读，我的教学方法是先疏通文章中的生僻字，并引导学生标注好拼音。然后由我范读一遍，再组织学生听录音朗读。最后给予学生 3 分钟的时间默读，并勾画重要信息及内容。

三、课文探究

课文探究环节，我的办法是，请同学们分四小组讨论归纳各段段落大意。要求每组选代表发言，分别用四字短语概括。

第一组王磊：实际上，本文分“秦晋围郑”“临危受命”“智退秦师”“晋师撤离”四个部分展开。文章在第二部分开头说“晋侯、秦伯围郑”，说明当时兵临城下，形势严峻，郑国面临生与死的危机。但这其中的主要原因是“以其无礼于晋，且贰于楚也”。还有就是从“晋军函陵，秦军氾南”阐述两军驻扎位置：两军分兵驻扎，郑有机会单独与秦接触，同样为烛说退秦师埋下伏笔。

第二组杨洋：从 3 个人物形象来看，以“佚之狐言于……师必退”这一句形象刻画烛之武的形象，未见其人，先闻其名。在此也可窥见佚之狐知人善任的一面。还可窥见郑伯善纳谏的一面。“臣之壮……也已”进一步刻画了烛之武的形象，是一位满腹才华、却未能被重用的大臣，人物形象更鲜活。从“公曰：‘……’许之”可看出郑伯首先自责，体现了明君风范，然后以对国家利益、形势与个人利益的透彻分析感动了烛之武，可谓善于做思想工作。烛之武最终应允，决定以国家利益为重，只身去见秦伯，体现了他深明大义的一面。

第三组罗兰：我们认为，烛之武说退秦伯运用了攻心术。第一步，欲扬先抑，以退为进。以“郑既知亡矣”坦言知亡，避其锐气。大大消除了秦伯的防备心理。第二步，阐明利害，动摇秦君。以“邻之厚，君之薄也”来阐明亡郑只对晋有利。这一招确实厉害，使用离间计。第三步，替秦着想，以利相诱。以“君亦无所害”表明用舍郑会对秦有益来收买对方。第四步，引史为例，挑拨秦晋。以“君之所知也”来挑拨离间，让秦伯对晋失去信任。第五步，推测未来，劝秦谨慎。

从这五步可看出烛之武高超的外交才能和胆识，同时体现他识大体，顾大局的一面。最后，晋文公以“不仁”“不知”“不武”的理由退兵，看似冠冕堂皇，其实，“不仁”只是一个借口，如果真讲“仁义”，当初就不会发兵攻郑。“不知”是实质，“知”是理智，是对现实情况的客观分析，是对动武后果的冷静判断。“不武”是因为胜负之数，难以预料。所以，说到底，晋的退兵，是“利”字使然。

四、课后反思

教学文言文，常常感到头痛，其原因有几个：一是学生对文言文不太喜欢，认为许文言实词和虚词很难理解；二是有许多生僻字，阅读比较困难；三是翻译比较困难，有些字都难认识，何谈理解；四是在文言中承载着比较多的内容，要想在一堂课内很好地完成这些任务比较困难。所以，当前有许多教师都把文言文教学视作烫手的山芋，摸不得。

但是有两个问题必须引起重视：一是教师习惯于“文”讲“言”，强调各种古汉语语法规律，以总结种种规律为重点，忽视了对教学内容的审美观照；二是学生诵读感悟文本的时间被教师疏解文言字词句所挤占了。由于课堂教学“文”与“言”不能兼顾，以致教学效果严重削弱，这对培养学生的语文素养极为不利。

鉴于上述情况，如何实施文言教学呢？我认为文言教学既要教“言”，也要教“文”，言文兼顾。

首先要注重文言语言教学，着力于文字梳解、品味语言，走出“重文轻言”的误区；其次要帮助学生积累民族优秀文化，探究语言文字中的文化信息，挖掘教材文本中的文化因素，并实现教学实施中的文化传递，走出“有言无文”的误区；最后要重视反复诵读，模仿练读，想象品读，实现“文”“言”融合。

所以，我认为张必锟先生提出的“两个转变”是行之有效的方法。“一个转变”是课堂教学要从教师讲解为主转变为以学生练习诵读为主；“一个转移”是把立足点从讲翻译、谈语法转移到指导学生诵读上来。通过诵读以文引言，以言引文，实现“文”“言”两个要素的交融合一。

在品味烛之武最精彩的劝辞环节时，教室里的空气凝滞了。在试讲的几节课中都在这处出现问题。这是为什么呢？我曾经用过很多策略：小组合作交流、标注关键词、教师引导示范批注，但这些做法基本都是徒劳。在朗读中品味劝说的艺术魅力，因声求气是这一课要教的重点。我居然没有明白编者把这篇文章放在此处的意图，连教的内容都有问题，还谈什么课堂效率呢？“因声求气”“以读引言”，朗读才是实现文言交融的最佳途径，如此精彩的劝辞脱离了朗读，仅凭理性的品析显得多么的枯燥乏味呀！

作为一个有经验教师，应该做到“文与言的相融相生，文与言的并举”，做到“以文率言”“以言悟文”“因气求声”“以读带文”。

任性的代价

——《荆轲刺秦王》教学反思

一、课文背景

课前就先让学生预习，查找有关资料。课一开始，张雪梅便自己主动站起来讲故事背景。

早在公元前 228 年（秦王政 19 年），秦王政派其大将王翦攻赵，杀掉赵葱，遂克邯郸，虏赵王迁。王翦随即奉命率兵驻扎中山（今河北省定州），准备向燕国进攻。燕国这时处于朝不保夕、危如累卵的困难境地。事实是：“燕弱小，数困于兵，今举国不足以当秦。”（《战国策·燕策三》）燕太子丹这时好像热锅上的蚂蚁，在秦军压境的危急时刻，不得不采取派人行刺这种手段。

强敌压境，燕国危在旦夕。燕太子丹访得荆轲，即尊其为上卿，然后派他到秦国行刺。其目的是要荆轲“劫秦王，使悉返诸侯侵地”。如不成，使“因而刺杀之”。荆轲具有义侠的性格，又受太子丹的厚遇重任，明知身入不测之秦是极其危险的事，还是毅然前往，当事败后，荆轲身披八创却“倚柱而笑，箕踞以骂”，壮烈而死。本文记的就是这件史事。通过“私见樊於期”“易水送别”“秦廷行刺”等情节，塑造了荆轲这位敢于扶危济困、助弱御强，有勇有谋、视死如归的古代侠士形象。事败后，秦大举攻燕。公元前 222 年，燕国被灭了，然而，荆轲刺秦王的故事由于其悲壮动人而流传千古。

千百年来，荆轲被受压迫的人们敬仰的原因，在于他站在斗争的最前列，去反对秦国对六国的进攻，以及以己之力挽救燕国的危亡。本文揭示了弱小燕国和强大秦国之间的尖锐矛盾和激烈斗争，从一个侧面反映了战国时期秦燕之间的兼并与反兼并的斗争。

二、课文阅读

阅读是文言教学的重点。只有在读懂、读透的基础上，再来疏通文义。在指导学生整体阅读、听录音朗读、分组阅读、默读之后，学生才基本了解文章大意。我认为这还不够，还应该让学生来谈谈荆轲为什么要去刺杀秦王，结果怎么样。目的很明显，一是让学生自己去探究课文，二是培训学生的语言表达能力。针对文言文教学，我认为最好的方法还是先让学生阅读。在指导学生阅读第二遍的时候，我播放了古琴曲《月光》，目的是营造一种雄壮激昂的气氛，以表现荆轲刺秦王时的悲壮及紧张氛围。

三、课文探究

我还采用老办法，先让四组学生分别讨论，把文章的结构层次及重要人物形象找出来进行概括。

第一组探究总结认为：本文的结构应该分四个层次：开端（行刺缘起 1 ~ 2）——发展（行刺准备 3 ~ 9）——高潮（廷刺秦王 10 ~ 17）——结局（荆轲被斩 18）。

荆轲在“秦军攻破赵国，燕国危在旦夕”的情况之下接受燕太子的重托，这可算是行刺的缘起。荆轲与太子的对话，表现了荆轲怎样的性格特点？表现他城府很深，有谋略，胆识超人，气魄非凡。

第二组探究总结说：我们认为文章第二部分是行刺准备阶段。一是荆轲在行刺前求取信物、准备匕首、配备副手三个环节。荆轲私见樊於期，语言诚恳，先从秦王的刻毒残忍说起，动之以情。再从解患报仇方面晓之以义。最后和盘托出行刺打算。这种舍生取义的精神，使樊将军激动得“偏袒扼腕而进”。樊将军自刎献身，同样表现了他的义勇刚烈，也表现了对荆轲的理解与信任。

第三组探究总结说：我们小组从荆轲与太子丹的交往过程中进行了研究，总结两点：一是荆轲与太子丹在准备工作中产生了分歧。这些分歧，表现了太子浮躁多疑、谋事不周的性格。荆轲怒叱太子，表现了他刚烈英勇的性格。易水辞诀这一场面来看，情景交融，侧面烘托出人物形象，表现出人物精神。

第四组探究总结说：太子及宾客“皆白衣冠以送之”预示着与荆轲永诀，激励他不负重托，冒死行刺。送别场面所描写的音乐表现了荆轲的思想感情，渲染了悲壮的气氛。这一场面体现几个特点：一是抓住“白衣冠”这个特点；二是重点写慷慨悲歌；三是顾“士皆垂泪涕泣”“士皆瞋目，发尽上指冠”，渲染凄凉悲怆的氛围和同仇敌忾的气势；四是有条不紊，人物活动按时间顺序描写；五是“风萧萧兮易水寒”给人以身临其境的感觉。

四、课后反思

我上《荆轲刺秦王》这篇课文，同组的老师听完之后，感觉这节课在组织学生阅读和画导图展示还是比较成功的，至少让学生在理解课文的基础上，画出自己对人物的分析与判断。但觉得还是有许多不如意的地方。

在备课时，我的目标是：理清课文思路，梳理 1 ~ 7 段重要的文言知识点。

一堂课下来，光从目标来看，就没有达到生态有效课堂教学的基本要求，不太符合生态课堂评价标准。讲完第二段，时间就不多了。过后反思，至少有以下几个方面应该改进：一是开头的检测预习，不如用填空题的形式，直接问：“对于《战国策》我们应当掌握哪些内容？”这样有助于学生理解。二是第一段还可以讲得更简略一点，让学生多诵读。还有就是对朗读缺乏有效指导，不如简单处理，腾出时间重点理解第 2、

3 段。三是对学情缺少了解。高一的学生对文言知识掌握太少。在分析第 2 段时，学生提出的问题太多。教师设置的问题没什么价值，在讲第 2 段所有知识点时浪费不少时间。

还记得上个星期的集体备课，我们就讨论过文言教学问题。我当时也提出了自己的想法，认为既要让学生掌握文言知识，还得重视人物、情节分析，以调动学生学习文言的积极性。现在看来，“理想很丰满，现实很残酷”，要做到两者兼顾，真的很难。尤其是《荆轲刺秦王》与《鸿门宴》，要掌握的文言知识点太多，这两篇也是月考、高考比较青睐的文章，光是让学生理解重点词句就得两三节课。

从我今天的课来看，起初是想让学生通过朗读来激发课堂活力，也让学生在朗读中进一步熟悉文本。在文言知识这一板块，抓住问题重点攻破。没想到，最后还是纠缠在了文言字词的教学中，不能自拔。

课间操时间，我问了本班 1 名学生，初中文言老师讲了些什么。他们告诉我，主要是背诵，文言知识讲得不多。所以到了高中，讲这么多知识点我们一时很难接受。其实，反思我的文言教学，觉得初中老师的这种做法比较好，更能体现古文味。在文言知识这一块，我每次都花了大量时间，效果并不是很好。因为高考、月考要考查学生文言知识的积累，所以，我们往往在教学时重“言”，要求读懂文言文，对于“文”的智慧与思想涉及的较少。于是我们就很“怕”，怕学生不能掌握文言知识点，怕“误人子弟”，怕学生在考试中拿不到分，于是文言教学就很难潇洒起来。

优柔寡断是通病，当机立断是智慧

——《鸿门宴》教学反思

一、课文背景

在教学过程中，我先让学生来说一说课文背景与故事梗概。这一次，我没有点名。王燕同学主动起来说：

据我搜集的资料显示：公元前 206 年，当时还是沛公的刘邦率领义军攻破武关，进入关中地区，秦王子婴向刘邦投降。刘邦入关后，与秦民约法三章，并派人驻守函谷关，以防项羽进关。当时项羽刚刚于巨鹿之战取得胜利，并歼灭了秦军的主力，正向关中进攻。当项羽到达函谷关后，得知刘邦已经攻陷关中，一怒之下攻陷了关隘，并推进至戏水之西。刘邦当时与其军队同处霸上，暂未会见项羽。当时项羽的兵力大约是 40 万人，刘邦军队共约 10 万人。

故事是这样的：秦末，刘邦与项羽各自攻打秦朝的部队，刘邦兵力虽不及项羽，但刘邦先破咸阳。项羽勃然大怒，委派英布功占函谷关。项羽入咸阳后，到达戏西，而刘邦则在霸上驻军。刘邦的左司马曹无伤派人在项羽面前说刘邦打算在关中称王，项羽听后更加愤怒，下令次日一早让兵士饱餐一顿，然后去击败刘邦的军队。一场恶战一触即发。刘邦从项羽的叔父项伯口中得知此事后，惊讶无比。刘邦两手恭恭敬敬地给项伯捧上一杯酒，祝项伯身体健康长寿，并约为亲家。刘邦的感情拉拢，说服了项伯，项伯答应为之在项羽面前说情，并让刘邦次日前来谢项羽。鸿门宴上，虽不乏美酒佳肴，但却暗藏杀机。项羽的亚父范增，一直主张杀掉刘邦。在酒宴上，范增一再示意项羽发令，但项羽却犹豫不决，默然不应。范增召项庄舞剑为酒宴助兴，趁机杀掉刘邦。项伯为保护刘邦，也拔剑起舞，掩护了刘邦。在危急关头，刘邦的部下樊哙带剑拥盾闯入军门，怒目直视项羽。项羽见此人气度不凡，只好问来者为何人。当得知为刘邦的参乘时，即命赐酒。樊哙立而饮之。项羽命赐猪腿后，又问能再饮酒吗。樊哙说，臣死且不避，一杯酒还有什么值得推辞的。樊哙还乘机说了一通刘邦的好话，项羽无言以对，刘邦乘机一走了之。

刘邦部下张良进门为刘邦推脱，说刘邦不胜饮酒，无法前来道别，现向大王献上白璧一双，并向大将军范增献上玉斗一双，请收下。无奈的项羽收下了白璧，范增气得拔剑将玉斗劈碎，并大骂项羽。从那以后，后人用鸿门宴喻指暗藏杀机的宴会或者不怀好意的事情。“项庄舞剑、意在沛公”以及“人为刀俎、我为鱼肉”皆成为名句。

二、课文品读

针对《鸿门宴》这篇课文，要想培养学生的能力，促进学生对文本的审视与领悟，看来还得从阅读着手。方法是先让学生阅读，用批注的方式标出段落层次，标出关键词语，标出自己不懂之处，写上自己的阅读感受。然后交流归纳知识要点，疏通文义。为了达到这样的效果，我采用四阅读：一读字词句，理解文章大概；二细读，要求读懂；三细读，读出文章中的层次与重要信息；四透读，在掌握疏通文章意义的基础上，准确理解各个要点，完成相关任务。

三、课文探究

指导学生探究课文，研究刘邦与项羽两个军事集团的人际关系。刘邦、张良又有怎样的生存智慧？项伯、项羽有怎样的智慧缺陷？我们从中能受到怎样的启示？

王雪军：我代表第一组先来说一说张良。根据多方查找资料研究，张良非常有智慧。他忠诚有智慧。从他选择刘邦，善于让自己的意见得到重视就能体现。面对项伯的密告，张良面临两大选择：选择项羽还是刘邦？选择友谊还是选择忠诚？张良选择了后者。从历史的发展来看，张良做出正确的选择。选择刘邦，他的作用才能得到更大的发挥。面对刘邦的第一次征求意见，他没有回答。而是反问："谁为大王此计者？"他要弄清楚出主意的人在刘邦心目中的地位，以便弄清楚刘邦对把守函谷关的真实态度。当刘邦回答之后，张良并不急于出主意，而是问刘邦："料大王士卒足以当项王乎？"这一问是要刘邦自己意识到他的实力与项羽的差距，为自己提建议奠定基础，这远远比张良自己提建议后，以实力不如作为理由要好得多。当刘邦第二次问意见时，张良才说出"请往谓项伯，言沛公不敢背项王也"的主意，刘邦自然就接受了。如果没有弄清提出把守函谷关的人在刘邦心目中的地位，如果不让刘邦先认识实力远不如项羽的实际，他的意见是很难为刘邦所接受的，还可能为自己的未来发展带来危机。

罗兰：我代表第二组来说一说刘邦。刘邦最大的优点是善于听取意见，善于化敌为友：第一，能清醒认识大局，善于对意见做出正确的选择。把守函谷关是一种意见，笼络项伯化解危机也是一种意见，刘邦做出了明智的选择。第二，善于弄清提意见人背后的意图。张良提出意见，刘邦并没有立即听从。而是问："君安与项伯有故？"他要弄清两个问题：一是张良提出这个意见的意图，背后是否有阴谋？二是弄清张良与项伯的关系究竟如何，项伯是否有帮忙的可能？当张良回答"秦时与臣游，项伯杀人，臣活之；今事有急，故幸来告良"之后，他才立即按计执行。这表现刘邦化敌为友的智慧：在没有关系时，善于通过第三者的关系建立关系。拉上关系后，定将建立永远牢固的关系。一般而论，项伯是项羽的叔父，他理所当然应该帮助项羽，但刘邦通过张良的关系，对项伯以兄事之。但他深知，这最多为一般的熟人关系，连朋友都算不上。于是刘邦在与项伯认识后，结为姻亲关系，让项伯把情感的天平倾向自己，心甘情愿地为自己出死力。第三，要有听意见的勇气，当项伯提出“旦日不可不蚤自来谢项王”意见之后，接受这个意见得有一种勇气，亲自到项王营中去解释，这就等于把自己的性命交给了项羽。

杨洋：我们第三组说一说项伯。我认为项伯缺乏远见，缺乏大局意识。项伯不能明确意识到秦王朝灭亡之后的局势发展，这是他帮助刘邦的重要原因之一。他帮助张良，虽然有讲义气的成分，但弄不清楚友谊与项王集团未来的发展孰轻孰重。他的这一举措，显然为本集团的灭亡埋下伏笔。

王雪：我代表第四级探究总结说一说项羽。我们觉得项羽还是缺乏政治远见，任人唯亲。项羽之所以听取项伯的意见，改变了早以制订好的要攻打刘邦的策略，是因为他还未意识到秦王朝灭亡后，自己早晚有一天要与刘邦争夺天下，也没有明白优势与劣势是可以相互转变的。听取项伯的意见而放弃了范增的意见，是因为项伯是他的叔父，而不是项伯的意见更正确，这里明显有任人唯亲的成分。

实际上，课文探究是我教学的最大特色，是课堂教学最精彩的部分。把课堂交给学生自己处理与研究展示，学生有时候在课堂争论得面红耳赤。大家纷纷发表自己的观点，把课堂推向高潮，掌声不断。

四、课后反思

语文教学应该有知识、能力、智慧三个层面。这三个层面互相依托，相互关联才能体现生态课堂的特点。知识是语文教学的第一个层面，主要包括语言知识、修辞知识、文学常识、文化知识等。一般采用积累、理解、运用的方法教学。第二层面的能力培养，主要包括听、说、读、写四个方面。在教学中，尤其是高中生，以培养学生读写能力为核心，主要方法是读写结合。第三个层面是语文形成智慧的培养，主要包括对课文的审视、有创造的领悟，以用于指导学生的行为。

说实话，这篇课文我已经上过 3 轮了。但前面 3 次感觉都不成功。

所以，我对本课的教学严格按照生态课堂的三个层面展开教学，效果非常不错。

《鸿门宴》是《史记》中极其精彩的一篇，情节跌宕起伏，人物刻画栩栩如生，很能激起学生的阅读兴趣。此次我改变了传统的教学方法，将关注学生阅读，注重字词句及翻译，概括项羽、刘邦的形象，作为我的教学目标。课堂结束后，看到学生课本上记得密密麻麻，自己感觉挺有成就感的。后来通过听课、和同组老师交流，得到以下几点思考：

第一，我知道文言文是难点，所以在课堂上只重视引导学生去翻译课文，强调重点实词、虚词及句式。我觉得目前的考试是这样，学生通常在这上面丢掉分。可学生并不感兴趣，基础差的学生还有抵触情绪。课堂上大多数学生只是机械地记笔记，对文言文的美根本无从感知。也有不少学生一学古文就云里雾里，昏昏欲睡。如此看来，我前 3 次的教学方法是有问题的。将一篇优美、激情满怀的文章弄得支离破碎、机械呆板，势必会打击学生学习的积极性。

第二，问题的设置同样比较死板，没有创意。我设置的提问并不多，而且几乎都是封闭式的问题，学生稍作判断就能回答。可尽管这样，主动回答问题的学生也寥寥无几。问题太浅，学生不屑。当然问题太大、过深，也没有人愿意回答。对于文言文，尤其是像这样篇幅较长的文言文，一定要精心地设计问题，由浅入深，找准切入点，设计几个提纲，逐层启发，把厚书读薄。

第三，我在引导学生分析刘、项性格这一环节上，采取了课堂讨论模式，同学们显得非常积极踊跃，还概括出了很多有价值的东西。但迫于时间有限，怕教学任务完不成，我不得不打断学生，亮出自己预设好的标签式的答案。这样，教学任务是完成了，可并没有抓住学生的闪光点，没有激发他们的学习热情与兴趣。如果一堂课紧紧抓住文本要点，继续组织学生参与讨论，这样的课堂留给学生更多的空间，多让学生开口说话，岂不更好？

第四，值得一提的是让学生画导图这一环节。学生思想活跃，我在充分信任学生的基础上，让学生展示自己的成果。学生高兴，我同样高兴。因为他们各组所展示的导图各有特点，都把内容体现出来，在这点上是比较成功的。

【第三单元】

英雄的灵魂在阳光下闪光

——《记念刘和珍君》教学反思

一、课文背景

这篇文章是鲁迅先生对革命烈士深情悼念的文章，情感丰富，爱憎分明。要让学生真正理解，得先让学生提前预习，了解课文背景才行。课堂开始，我讲完导入之后，我就让学生起来说背景。

李军强主动起来说：在 1926 年，我国的北方还在军阀政府的统治下，掌握政权的是北洋军阀皖系头子段祺瑞。当时占据着东北的奉系军阀在日本帝国主义的支持下，向关内进军，遇到了国民军将领冯玉祥的抵抗。日本帝国主义便公开出面，在 3 月 12 日派军舰掩护奉军军舰驶入天津附近的大沽口，炮击国民军。国民军开炮还击。3 月 16 日，日本帝国主义纠集英、美、法等八国公使，借口维护 1901 年八国联军与清政府签订的《辛丑条约》，向段祺瑞执政府提出抗议，并组织起新的“八国联军”，准备武力进攻。3 月 18 日，北京人民在天安门集会抗议，后又到执政府前请愿。段祺瑞竟下令卫队开枪镇压群众，群众死 47 人，伤 150 余人，造成“三一八”惨案。刘和珍烈士就是在这次惨案中遇难的。

“三一八”惨案激起了全国人民的愤怒。段祺瑞为了推卸罪责，反而污蔑死难群众是“暴徒”。“几个所谓学者文人”如陈西滢等也制造流言，诬陷爱国学生是“受人利用”，被“民众领袖”（指李大钊同志等）盲目地引入“死地”。

当时鲁迅先生在北京任教，并编辑新文学刊物。面对反动黑暗的统治，他无比愤慨，对爱国的青年学生被残害，他万分哀痛。他不赞成搞徒手请愿，但是在烈士的血痕中，他看到了希望。当噩耗传来的时候，鲁迅正在写《无花的蔷薇之二》。他怀着满腔的悲愤，当天晚上就写下了该文的 4～9 则，揭露控诉反动派的这一暴行，并指出：“这不是一件事的结束，而是一件事的开头。墨写的谎言，决掩不住血写的事实。血债必须用同物偿还。拖欠得愈久，就要付更大的利息。”后来，鲁迅又相继写了《死地》《可惨与可笑》等文，4 月 1 日写下了著名的《记念刘和珍君》。

二、品读课文

课前，我反复斟酌研究，要让学生真正理解鲁迅的文章，我的办法还是让学生先阅读。我特地用 PPT 展示了几张刘和珍、杨德群烈士的画像，同时还将“三一八”惨案的几张背景照片展示出来，配以哀婉的音乐，目的是营造气氛。学生阅读第一遍后，我又让学生凭借自己的理解勾画重要信息。随后，我组织全班同学集体默读一遍。

三、课文探究

同学们刚阅读完后，我就把学生分成四个组，各组阅读并提出问题，然后上讲台展示。

师：“我独自到礼堂外徘徊”的原因是什么？

第四组的李军强主动起来说：“我独在礼堂外徘徊”表现了“我”因无法承受追悼会的悲凉，独自到礼堂外徘徊、思索。在追悼会上，程君请求“我”作文，并交代写作此文的缘由。程君问“可曾为刘和珍写了一点什么没有”勾起了“我”对烈士的悲痛的忆念，也让人感到“有写一点东西的必要”。本文中写到“中华民国 15 年”，这个时间充分说明，民国应该是为民的，而政府却屠杀人民，这里含有揭露和讽刺意味，说明中华民国并非人民的民国，而是屠杀人民的机器。同样也蕴含着历史将永远记住这个日子，号召人们对中华民国不能抱幻想，必须正视现实，起来斗争。

师：鲁迅在文章中三次提到写文章这事，但每次的语境是不同的，意义也是不同的，这里面有几层意思？

第二组的王强：我们组根据文章内容理解认为有三个方面。

一是“我”同刘和珍是志同道合的战友。当时，鲁迅所编之期刊如《莽原》等，都是战斗性很强的革命刊物，因而常遭反动当局的查禁。“城门失火，殃及池鱼”，故此有人就不敢订或不愿订，因此“往往有始无终”“销行一向就甚为寥落”。而刘和珍却“毅然预定了《莽原》全年”，这说明刘和珍有追求真理、坚持真理的坚强意志，也说明刘和珍不仅是鲁迅的学生，更是志同道合的战友。现在鲁迅满怀激情地回忆起这件事，写下了“我也早觉得有写一点东西的必要了”这句话。“也早觉得”的“也”字针对程君的请求而言，说明写作此文，不仅因程君的请求，更主要是出自“我”本身的意愿；“早”字则进一步说明，要写文章纪念的愿望由来已久，不只是由程君的请求才引起的。说明“写一点东西的必要”是为纪念死者和表达我对刘和珍的哀思和尊重。

二是想揭露和批判黑暗的社会现实。“我也早觉得有写一点东西的必要了”这句话第二次出现在第二节第二段的开头。第二段开头的一句话是：“我们还在这样的世上活着；我也早觉得有写一点东西的必要了。”可见这里是针对“这样的世界”而言的，即写文章要揭露敌人，使这“似人非人的世界”早日到尽头。这是对烈士最好的纪念，也是作者为生者而写的最大心愿。

三是想激励生存者，唤醒人们起来战斗。从文章第二段的最后一句话“我正有写一点东西的必要了”是针对“忘却的救主快要降临”而言的。作者写文章是为了激励生者，唤起庸人投入战斗，不要忘记死者。

师：作者反复强调“有写一点东西的必要”，为什么作者又说“我实在无话可说”？

第三组杨洋探究总结：经过我们讨论得出，“可是我实在无话可说”因为“我已经出离愤怒了”——这是为什么至今还“没有”写出文章的原因。“我向来是不惮以最坏的恶意来推测中国人的”，而反动派的“下劣凶残”却完全出乎“我”的意料，这怎不令人“出离愤怒”？更何况反动文人的论调？“我只觉得所住的并非人间”。

“四十多个青年的血”已经“使我难于呼吸视听”，又怎么能说出话来呢？可见，“实在无话可说”是愤懑之极的言词。鲁迅说，我们对这件事不能保持沉默。事实上，在“三一八”惨案后的八天中，鲁迅写了四篇文章抨击反动当局，哀悼烈士。本文是惨案发生两星期后写的。

师：刘和珍的性格特点有哪些？如何体现这些特点？

第四组罗兰探究总结：

1. 毅然预定了《莽原》全年的就有她。说明她“预定全年”需要决心，“毅然”则进一步强调需要勇气。从这一事实中，我们可以看到她对革命的向往和对真理的渴求。

2.“不为势利所屈，反对校长。”此校长是杨荫榆，是依附于军阀政府势力镇压学生运动的罪魁祸首。刘和珍勇于反抗，表现了她嫉恶如仇、勇于斗争的精神。

3. 关于她的微笑。这表现了刘和珍的和蔼、亲切。这里的“微笑”表现了刘和珍在斗争受挫时的乐观与坚毅，而不是一般的和蔼、亲切。“她虑及母校前途，黯然至于泣下”表现了她的高度事业心和责任感。

四、课后反思

《记念刘和珍君》这篇课文，我已上 4 轮了。心里有数，知道文章的重点是什么，应该教给学生们什么。要想带动学生学好这篇文章，也就必须真正地动情，充分调动学生的积极性。领悟鲁迅在这篇文章里贯穿着爱憎极其鲜明的情感：对烈士的悼念和对敌人的刻骨憎恨。所以，我仍然采取阅读的方式，让学生通过认真阅读，真正领悟作者在文章所要表达的爱憎情感。具体情况反思如下：

（一）快速阅读法体现生态课堂的有效性

第一步，我让学生利用 5 分钟的时间快速阅读完课文，然后又用 2 分钟的时间勾画重点信息；第二步，我让学生分组讨论，谈谈对文章的初步印象，哪怕一知半解都行。

以上两步，操作起来还比较顺利，学生们做得还算认真。其中有 2 名学生谈了自己对文章的理解，还算到位。紧接着，我又让学生了解这篇文章的写作背景。

（二）学生先入情来体现生态课堂的有效性

针对问题，我组织学生分四组讨论，然后仍然由学生上台讲解。

说实在的，《记念刘和珍君》中，鲁迅先生怀着一种崇高而神圣的感情，鞭笞反动军阀和反动文人，歌颂刘和珍等几位英雄寻求真理、为真理而斗争的精神。鲁迅先生的这种感情在文中表现得淋漓尽致。可是，学生在理解上有偏差，体验和感受不深，回答和解读总是不到位。最后评议的时候，语文组的几位老教师对我说，你作为语文教师，没有把鲁迅先生的这种感情通过教学手段传递给学生，使他们受到感染。而这正是教学的重要任务，也是教师的重要责任。

如此看来，要想让学生动情，首先必须让学生弄清时代前景。第二节的时候，我的做法是事先搜集一些有关材料，打印下发给学生。课堂上介绍背景时，再加一些细节描绘，通过PPT展示刘和珍、杨德群烈士的画像。学生们面对烈士和蔼、可亲、可敬的遗像，再加上学生饱含热情的介绍，学生们仿佛穿越到了五十年前黑暗的旧中国，他们自然便产生了一种对旧社会的愤恨和对烈士的尊敬之情。此时，同学们居然领会到了同鲁迅先生在文章中的那挥洒自如的嬉笑怒骂，完全进入到文本的情感世界里。看到这一切，我自然觉得感动与欣慰。

（三）引导学生探究课文体现生态课堂的有效性

我的观点是语文课老师并不需要讲得太多。如果讲得太多，反而影响教学效果，况且学生并不喜欢。就是要给学生留足时间，让学生自己去探究，去寻找问题、解决问题、探究问题。因为语文课要培养学生的核心素养、人文情怀，让学生自己在文本中体验生活和阅历。

在课堂上，为了培养学生独立的探究意识，我设置了几个问题，让学生们带着问题去阅读文本。第一节就设计了几个问题，供学生思考、讨论。问题的设计要有针对性。太浅了，没有必要；太深了，脱离了学生的实际；太一般化了，又引不起学生的兴趣；有些问题很有意思，却不是文章的重点，反而会喧宾守主，分散学生的注意力。我就努力做到问题选择适当，既是重点，又是难点；既引导学生提出问题，又告诉学生这些才是课文的重点。既然是重点，就得引导学生理解课文的难句、难点及主要内容，又有助于训练学生的综合概括能力。例如：什么是“真的猛士”“哀痛者”“幸福者”？这是属于理解方面的。“文章回忆了刘和珍生前哪几件事”？“刘和珍是怎样的人？”等等问题则是训练学生的综合概括能力的。

针对以上几个问题，第一个问题不可能全部展开讨论。让理解的同学先回答，教师补充。有的则在小组讨论。重点问题则在全班讨论。总之，要尽量避免一种方法永远不变，避免呆板、单调。

（四）评价作品体现生态课堂的有效性

关于鲁迅的作品，同学们读了不少，知道他的语言很难理解。所以，我在教学时用的时间比较多。由于时代斗争的需要，以及鲁迅本人性格等因素，自然就形成了独特的语言风格。在教学中，我着重讲了两个问题。第一是鲁迅语言的洗练、厚重。寥寥几个字，却包含着极丰富的思想内涵。比如，几个关联词的巧妙、恰当的运用，对几个名言如“惨象已使我目不忍睹……”“苟活者在淡红的血色中……”的理解等等。第二，记事、议论、述情巧妙结合，用得恰到好处。深刻的思想、敏锐的洞察力、爱憎分明的感情，再加上纯熟的语言技巧、深厚的文字功底，使几种表达方式熔于一炉，真是天衣无缝。

最难偿还的心灵欠债

——《小狗包弟》教学反思

一、课文背景

《小狗包弟》属于记事性抒情散文。文章通过一条小狗的遭遇，反思了一个时代人性的弱点，可谓以小见大。狗的故事好理解，但学生对“文化大革命”背景知之甚少，人性反思更是难点。基于这一点，我在教学设计时注重了这一点，特别要求学生掌握课文的背景。从 1966 年至 1976 年，“文化大革命”历时 10 年。这场“文化大革命”是毛泽东发动和领导的，被林彪、江青反革命集团利用，给党、国家和各族人民带来严重灾难的内乱。在这场灾难中，一大批老干部受到打击和迫害，巴金就是其中一个。面对这场灾难，很多人都不敢说真话，但巴金用文章的形式说了。

巴金先生在《小狗包弟》中介绍，包弟是只讨人喜爱的小狗，而且和作者有着亲密的感情，但是在当时那特定的历史条件下，他不得不把包弟送到医院里当实验品。虽然情非所愿，但在文章最后，作者还是满怀不安地向包弟表示道歉和忏悔。

二、阅读课文

要想让学生完全读懂和理解文章的内涵，在授课之前，我的做法：一是让学生进行阅读，校正字的读音，了解小狗包弟与主人相处的事件；二是让学生通过查找资料，了解关于“文化大革命”的相关信息。

课堂开始，我就让学生到讲台上陈述。这篇文章通过一条小狗的悲惨遭遇，表达了作者的深深愧疚。作者借狗折射了一个时代的疯狂，借狗表现了人性的迷失，表达了深重的悲悯、歉疚和忏悔之情。

这篇文章字面上没有什么难点，学生能很容易从中读出包弟一生的大致经历。但全文篇幅较长，可以要求学生带着问题进行阅读，做好上课准备。

在课堂上，为了让学生带着一种神秘情感来欣赏这篇课文，我还特地给学生讲一故事：曾经有一位非常受学生欢迎的语文教师，在课堂上给自己的学生讲述胆略过人、机警智谋的毛主席在浏阳遇险，被迫在水沟藏身，最后被人划为右派，说是歪曲毛主席伟大形象被判刑 8 年，最终丧妻失子。你们相信这是真的吗?

或许你们不敢置信，我也不敢置信，然而这是事实，而且事实甚至比这个更残酷、更荒唐，这就是“文化大革命”。列宁曾说过“忘记历史就意味着背叛”，今天就让我们通过见证者巴金老先生的一篇文章《小狗包弟》，来感受那个特定时期人们的生活。

三、课文探究

此时，大部分学生已经基本理解了课文。我再次让学生探讨“为反映‘文化大革命’的现实，为什么还要写一条小狗呢？”“一条小狗为什么要歉疚与忏悔呢？”等问题，让学生分组讨论，然后每组选派代表上台阐述。

第一组李勇总结说：“文化大革命”的十年，给我们当时的社会造成了无限的伤害。虽然我们没有经历过那个时代，但我们从课文中深切地体会到了。小狗包弟虽小，但也是一条生命，凡有血有肉的善良生命都应有生存权，并免受侵害。这一观念在今天已经为大多数人所接受，而巴金写作此文是在 20 世纪 80 年代初，表现出他的超前性。更重要的是，作者通过一条小狗的遭遇，反映了那个时代的残酷，一条狗都保不住命。另外，作者写小狗包弟也是为了表现自己的一段心灵历程。写心灵是主要的，写小狗包弟是次要的。

第二组王欢总结说：我认为巴金是一个善良人。他经历了一场浩劫，不仅失去了小狗包弟，也失去了最亲的亲人萧珊。可他没有怨天尤人，没有用文章作为声讨、控诉的工具，而是自责、自省，很像道德主义者、良心主义者。这既符合巴金本人的习惯，又能引起读者的深思和自省，引发读者与作者之间的心灵共鸣。

想想看，在那个动乱的年代，那么多人被卷入纷争之中。“文化大革命”结束了，国人应该自我反省，而率先反省的竟然是一个曾受到迫害的老人！巴金的《随想录》出版后，引发文坛震动，就是因为作者以自我反省的方式观照过去的一段历史，警醒人们记取历史教训。作者用歉疚和忏悔，试图唤醒人们的良心、良知。

第三组杨洋总结道：我们组在讨论时认为，作者当时的行为可以理解。我们没有亲历过“文化大革命”，对其所知甚少，但是从文章的片断当中，我们仍能够看到社会动乱的影子，所以我们对于经历过那个时代的作家，也应当给予一定的理解。

第四组王强总结道：巴金的忏悔具有一定的社会意义。因为“文化大革命”结束之后，巴金作为一个受害者站出来忏悔，这是需要莫大的勇气和力量的。他的这种忏悔在社会上引起了很大的反响，引起了人们对于“文化大革命”的思索。所以作家的忏悔具有唤醒人心的重要意义。

四、课后反思

《小狗包弟》一课我讲过四次：记得第一次上这篇课文时，口才特别好，差不多整节课都是我在讲，学生在做笔记。从头到尾把内容、情感、主旨串讲了一遍。真可谓面面俱到，一个不落。第二次是2010年，我重点对这篇文章的地位、编者的用意，特别是对“包弟”形象与作者的忏悔之情进行了更深的思考，所以就以分析“包弟”的形象和作者的情感为主要切入点；第三次是2012年，我反复读了多遍，细细品味文中的言语，感悟作者的情感，结合高考情况，重点分析作者情感。第四次是采用生态课堂的教学模式。2016年10月，我先让学生阅读两遍，然后查找资料。

文章的重点在于通过这条狗，评析作者复杂深刻的内心世界，学习散文“以小见大”的写作特点，培养学生的反省忏悔意识。

难点就在于作者的深刻思考是建立在对“文化大革命”的深刻反思的基础上的，而那个时代已然远去，学生并不了解，这就造成了一种阅读隔膜。所以，我在教学过程中，重点从两方面进行：

第一，让学生从情感上喜欢这条小狗，接受小狗的可爱，这样当小狗不得不死去时，学生就会生发出爱怜之心，进而理解作者的愧疚之情。

第二，通过“文化大革命”的一些故事和图片，来启发学生思考：

小狗的死是当时的时代大背景下不得已的选择。

但在总结探究时，学生领悟到作者依然对这种迫不得已的选择表示愧疚，并没有将所有的责任都推给社会和时代，这是作者对自我所做的最深刻的反思，也是对那个时代最有力的批判。在讲解时牵涉到那个特殊的时代，我通过图片加文字的方式进行展示，让学生体会。

课显得非常轻松，自我感觉还算成功。从中获得一些意料不到的收获：

一是学生通过预习，对课文基本上理解了。所以在教学过程中，学生的参与讨论比较投入，所画的思维导图比较符合文本的意思；二是学生在研讨过程中，对作者深切的歉疚与忏悔所表现出的真情表示理解，对小狗包弟的遭遇表示同情。

小狗包弟是否上了解剖桌，从文章中我们无从而知，但从字里行间，我们也能看出巴金先生的痛苦，与他的煎熬相吻合。最后只能用道歉来偿还这笔“心灵上的欠债”。或者说，没人能体会巴老的痛苦。

学完《小狗包弟》，巴金先生就对于包弟的歉意以及自己过去十年的苦难生活做了总结，我和同学们都差不多是置身于那个时代在剖析文章，但我们更期待美好的明天。

花儿为什么开得这样艳？

——《记梁任公先生的一次演讲》教学反思

一、品读课文

这是一篇记事性散文，记述演讲的过程。要想学生弄清文章的主旨及人物形象，还得让学生阅读课文。此文是梁实秋先生在 1922 年听了梁启超的一次演讲后所写的一篇记事性散文。梁启超应清华文学社之邀，在清华学校作了《中国韵文里头所表现的情感》的专题演讲。本文即是对那次演讲所作的一篇评论性文章。

面对这篇散文，我的教学方式仍然与前几篇课文一样。首先请学生独立阅读文本，找出直接写梁任公的词句，品评梁任公的独特魅力；其次是重读，要求学生在读懂、读透的基础上用心体会，融情入文，写出准确的、富有情味的旁批。

二、探究课文

我们探究认为，文章题为记一次演讲，看似记事，实则写人，通过写一次演讲的情景来表现梁任公的一些性格特点，并表达崇敬之情。所以品文和品人是这篇文章的重点。

课堂上，我仍然把学生分成几个小组。第一组重点研究、讨论梁任公先生的晚年情况；过去曾到清华学校作演讲的概况；青年学子对梁任公先生景仰的原因；梁任公先生准备演讲稿等情况。

第二组重点分析梁任公的人品、修养、学问，思考为什么其他的不少显宦人物到校演讲都未能给人深刻印象，而梁任公先生就能做到，这说明了什么。

第三组重点研究和分析梁启超人物特点，例如身材短小精悍，秃头顶，宽下巴，肥大长袍，步健，风神潇洒，左顾右盼，光芒四射——潇洒、自信。演讲特点，例如极简短、独特——生动、幽默、谦逊、自负。声音特点，例如沉着而有力，洪亮而激亢——沉稳。内容特点，例如丰富而有趣——博闻强识、学识渊博。表情特点，例如成为表演，大汗淋漓，状极愉快——感情充沛。神态特点，例如生动有趣——自负、谦逊。语言特点，例如旁征博引——风趣、博闻强识。动作特点，例如手之舞之足之蹈之——自由洒脱。总之，梁任公是一个有学问，有文采、有热心肠、有思想、感情充沛、沉稳、睿智、潇洒而又谦逊的学者形象。

第四组重点研究梁任公的形象。这其中主要包括在描述中插入对人物的肖像、语言、动作神态等的描写，从细节和侧面描写中展示人物的性格特征。梁任公先生两次哭的原因是不一样的。第一次哭是为陷入战争苦难中而痛心疾首。第二次哭则是为百姓总算告别颠沛流离的生活，国家走向稳定的期盼终于实现而哭，这是喜极而泣，突出地反映了梁任公先生忧国忧民的爱国情怀。

三、课后反思

这是一篇写人记事的散文，偏重于记述讲演的过程。重点在于讲演者的形象。《记梁任公先生的一次演讲》一文短小精悍，要让学生领略这一伟大的政治家、文学家的风采，只有采取生态有效课堂教学模式，只有把对人物形象的分析作为重点。教学时，我采取了“阅读——设疑导入——勾画演讲特点——批注细节分析人物——探究写作手法——拓展训练”的教学过程。

在施教过程中，学生“批注细节、分析人物”的过程相对顺利，但是在文章中准确把握表现人物性格相对较弱，特别是对写作手法的理解更是显得有些不足。原因主要体现如下几点：

一是我没有指导学生分析侧面描写，所以学生没有从这方面去思考。

二是我只是指导学生分析人物形象，没有过多地分析文章所叙述的事件。见到课堂有些冷场，我尽快做了教学设计的调整，再次让学生阅读，并让学生勾画出侧面描写的相关语句，互相交流，加深理解与领悟。经过这样的纠正，才使学生在写作特点的借鉴方面有了较多的体会，学生拓展写作练习取得较大的收获。

在评议过程中，听了几位同事的意见，我明确了生态课堂教学的基本理念：写人记事散文，要通过“品文来品人，发展学生的独立阅读能力”。重点指导学生加强预习力度，让预习成为教学的重要环节。注重学生的个体感悟、思维的发展。

本篇课文是自读课文，没必要像讲授精读课文那般细致深入，面面俱到。应该注重关键问题的启发与思考，品悟课文，分析、解读课文，目的在于锻炼学生讨论和赏析能力。如果涉及的内容过多，就会给人泛泛而谈的感觉。就本文来讲，应该分清主次，精选难点内容进行探讨研究，适当点拨就好。过多的内容不仅占用太多时间，而且造成重点不突出，学生把握不准重点，反而会影响教学效果。

应该学会给学生“留白”。如果过于追求滴水不漏，容易使学生失去思考想象的空间。教师的讲解不能过“满”，更不能为学生“包办”，该“留白”时必须“留”，只有让学生真正思考并脱口而出，才会令其印象深刻，起到锻炼其思维的目的。

应该懂得与学生“对话”。如果适当和学生进行“对话”，效果也许更好。品读鉴赏课应注重问题设计和诱导，多与学生“对话”。当学生沉默不语时，如果“代替”学生答疑，会使得师生“对话”无法正常、顺利进行，就背离了原来的目标与方向，学生的阅读鉴赏不能得到充分的发挥。所以，在以后的教学过程中，要多预设问题让学生回答，进一步提高学生的分析能力。

永远不忘记的那时刻

——《短新闻两篇》教学反思

这两篇新闻，如果不采取生态课堂的教学方式，学生很难理解其内涵，教学效果很能保证。

为了帮助学生理解这篇新闻报道，在组织学生学习之前，先来一段动情的导语：

同学们！无论是东方还是西方，“家国情怀”都是每一个民族的精神主线。香港回归对于中华民族来说是具有划时代意义的大事，举国欢腾。香港政权交接仪式吸引了世界各大媒体的目光。为了记下这一大盛事，四位新华社记者通力合作，真实、准确地描绘了这难忘的时刻。据了解，在有关香港回归的新闻报道中，《别了，“不列颠尼亚”》是最出色的一篇新闻作品，曾经在第八届中国新闻奖评选活动中获得了一等奖。今天，我们就让这篇著名的《别了，“不列颠尼亚”》带领我们回到 1997 年 6 月 30 日至 7 月 1 日的香港政权交接仪式现场，一起来重新感受那激动人心的场面。

一、新闻背景

实际上，在教学这两篇新闻之前，我先让学生预习，并查找相关资料，提前了解两篇新闻的写作背景，在课堂上给其他同学讲解。

王强：早在 19 世纪，英商来华进行鸦片贸易，赚取大笔财富，换取中国的白银、丝绸、茶叶和香料。林则徐担心老百姓受到鸦片烟毒的影响，决定向清政府提议，禁止鸦片的进口。英商方面渴望在港口加强地位，不受清政府控制，因此导致鸦片战争（1840—1842 年）的爆发。英国船坚炮利，中国战败。1842 年所签订的《南京条约》中，香港岛被割让借给英国。邓小平同志在接见时任英国首相撒切尔夫人的时候，明确地表达了中国政府将收回香港主权的意愿，同时，这也是国家主权神圣不可侵犯的体现。1997 年 7 月 1 日零点，中华人民共和国国旗和香港特别行政区区旗在香港升起，经历了百年沧桑的香港终于回到祖国的怀抱，中国政府开始对香港恢复行使主权。这是中华民族的大事，也是世界历史上的一件大事。

王敏：奥斯维辛集中营，用于消灭欧洲的犹太人，是希特勒种族灭绝政策的执行地，是第三帝国——纳粹德国最大的灭绝营。壁垒森严，四周电网密布，内设哨所看台、绞刑架、毒气杀人浴室和焚尸炉，由第一集中营和奥斯维辛集中营组成，约有 400 万人，其中绝大部分是犹太人。奥斯维辛是波兰南部一个只有 4 万多居民的小镇，纳粹德国犯下滔天大罪的历史见证。第二次世界大战期间，德国法西斯在这里设立了它最大的集中营，这个小镇因此闻名于世。当年纳粹奥斯维辛集中营管理局控制的地区面积达 40 平方千米，包括 3 个集中营：奥斯维辛主营、布热金卡营、莫诺维策营。莫诺维策营又包括 40 个小集中营，分布在波兰南部整个西里西亚地区。1940 年到 1944 年，奥斯维辛集中营成为希特勒的杀人中心，大约有 400 万人在这里惨遭杀害。许多人是在苦役中死去，其余的则被有计划地残杀。

二、品读课文

让学生带着问题去阅读《别了，“不列颠尼亚”》这篇新闻，然后我从网上下载了视频播放给学生观看，让学生重温这一伟大时刻。其目的是帮助学生理解这一历史事件。学生通过倾听我的导入、观看视频，去感受那激动人心的时刻。

三、探究课文

我把学生分成四个组，要求第一、二组完成第一篇新闻内容的探究，第三、四组完成第二篇新闻内容的探究。办法是先讨论，然后各组委派一个代表上台发言。

杨洋：我们第一组认真研究和讨论了第一篇新闻，认为标题具有一定的含义：

一是从字面上看，参加完交接仪式的查尔斯王子和末任港督彭定康乘坐英国皇家游轮“不列颠尼亚”号离开香港，消失在茫茫的南海夜幕中，这是现实的场景。二是“不列颠尼亚”号的离去，象征着英国殖民统治在香港的终结，中华民族的一段耻辱终告洗刷。

王敏：我们从《别了，“不列颠尼亚”》的现实场景和背景材料进行分析。一是现实场景是文章的主要内容，是文章的纲，每一则背景材料的引入都对应一个现实的场景，依靠一些关键词衔接在一起。比如提到彭定康离开港督府，就引入一些关于港督府历史的背景材料；二是降旗的仪式，则让人联想起 156 年前，英国殖民者踏上香港的首次升旗。自然的衔接，使得这些背景材料看上去并不是杂乱无章的，它们靠现实的场景串在一起，与之融为一体。另外，背景材料的引入也使得现实的场景有历史的纵深感，让人更加体会出仪式本身的现实内涵。

还有，我们对“日落仪式”的理解是，英国曾经占领了非常广大的殖民地，被称为“日不落帝国”，喻指在它的领土上，永远都有阳光照耀。香港作为英国在东方的最后一块殖民地，于 1997 年脱离英国的统治，回归祖国，可以说在中国香港的土地上，英殖民统治的太阳落了。所以把英国告别的仪式称为“日落仪式”。

罗兰：我们第三组认真阅读了《奥斯维辛没有什么新闻》这则新闻，里面用了一连串的否定句，像一条线串起了全篇文章，使文章具有统一的风格，同时把奥斯维辛这个被纳粹颠倒了的世界展现在读者面前。每个句子都具有深刻的内涵，值得细细体会。比如：标题就是一个典型的否定句，类似的句子在文章中又出现了两次。一次是介绍完背景材料之后，作者说：“今天，在奥斯维辛，并没有可供报道的新闻。”这句话承上启下，一方面奥斯维辛太出名了，人们已经了解了它很多东西，的确没有什么新闻可以报道了；另一方面，即使没有新闻，作者还是要写一写，因为他感到“一种非写不可的使命感”。第二次是结尾“在奥斯维辛，没有新鲜东西可供报道”。除了呼应前文之外，还突出了文章主题。意思是说，奥斯维辛没有什么新鲜东西了，每一个参观者都看到了同样的东西，也都有同样的感受，那就是震惊，甚至窒息。看到这些遗留的东西，就有这样的感觉，如果看到那些真实的场景，又会有怎样的感觉呢？这样，虽然话语貌似平静，却表现出对纳粹罪恶的深刻揭露。

杨涛：我们觉得《奥斯维辛没有什么新闻》这篇消息与我们常见的消息有些不同。不同之处就在于记者在文章中的参与程度不同。记者对于所报道的事件有三种参与的情况：一种是记者作为旁观者身份出现，只是纯客观记叙，不掺杂自己的感情和判断，只是由事实本身说话；另一种是记者作为旁观者出现，但会在叙述事实的同时表达自己的看法或者渗透自己的感情；还有一种，记者作为事件的参与者，文章直接描写他的所闻所感。

我们平时读报纸所看到的消息大都是第一种和第二种情况，主要还是一种客观叙述为主的写法；而本文有所不同，作者把自己参观集中营的感受当成了主要的内容来写，是一种纯主观性的报道。

四、课后反思

《短新闻两篇》我用了 2 课时，完成的效果还比较好，学生们收获很大。但也存在不足的地方，下面针对这节课的教学情况作反思如下：

（一）亮点

1. 通过读课文、说课文这两大环节之后，学生已经理解了两篇新闻的内容，然后再次组织学生讨论，课堂显得轻松，师生互动性比较强。

2. 自主探究性学习组织得比较好。在探究过程中，学生回答问题比较积极，有的学生还针对文本内容进行深层次的探究，这确实难得。

3. 问题的设置同样比较符合要求，有针对性和预见性。

4. 结构安排比较合理，一切都在我的掌握之中，没有偏离主题。

5. 完全符合生态有效课堂教学的具体要求，所采取的手法，教学的程序都体现生态课堂的特征。

（二）应该重视生态课堂教学的基本理念

1. 相信学生，提倡自主意识

上课之前，我总是怕学生把握不了相关的知识，所以，总是放不开“手脚”。但通过这节课，我发现学生是有很大潜力的。在这一课中，《别了，不列颠尼亚》一课内容比较简单，应该把这一课的重点问题留给学生，让学生小组讨论，完全能解决。《奥斯维辛没有什么新闻》一课，内容相对较难，有好多语句值得探究和推敲，课堂主要解决这些重难点。这样安排，1 课时就能完成了，既取得了好的效果，又节省了时间。

2. 贴近生活，注重能力培养

新课标指出，语文教学是大语文活动，应突出语文实践能力和综合能力。

一是走向生活。语文教学假如远离了学生鲜活的生活世界，就无法走进学生的内心世界。在教学中可以让学生讲一些看过的关于纳粹的故事，说说感受。

二是走向实践。语文唯有运用于学生的实践中，融合到学生的血液里，才能真正成为学生永恒的精神财富。为了让学生有直观的感受，可以让学生自己在网上查找相关材料，让学生自主寻找纳粹罪恶的史料，充分利用学生的课程资源生成新的课程资源。让学生通过合作、交流的方式来理解记者在新闻事件中的作用。同时还能培养他们搜集资料的能力。

三是走向综合。课堂所获得的各项语文能力、语文知识，只有在综合实践中整合起来，并加以积淀，才能成为一种综合素养。这一课除了语文的相关知识外，还涉及历史知识，可以利用历史知识了解文章的背景。

四是走向聪明。语文教学就是要让学生学得聪明一点、灵气一点。引导学生多角度思维，得出多种答案。

3. 个性化活动与创新性活动并存

语文学习应是一项个性化的活动，也是一项创造性的活动。作为教师，不仅要珍惜学生的感悟、体验，更要保护他们的聪明火花。让学生体会《奥斯维辛没有什么新闻》打破新闻写作的限制，把感情寄寓其中的写法；让学生感受共同营造的氛围，体会奥斯维辛集中营的罪恶，有利于开发学生的创造性潜能。假如教师死守教案，那么再好的教案也会成为束缚教学的桎梏。活生生的学生也会变成课本的奴隶。教师一定要具备课堂开发的意识与能力，善于设计和把握课堂气氛，增加课本知识容量和密度。只有如此，以往那些被我们忽视的生活场景与人生体验，才会被拿来当作语文教学的材料，从而为语文教学开辟出一片新天地。

4. 教学形式多样化

比如说，可以先让学生把课文预习一遍，然后抽出一个学习小组和教师配合完成这节课的教学。具体实施如下：可以让学生自主出题，教师进行修改补充；然后，把题印好发给同学们回答，学生不明白的都可以问这一组的学生，解决不了的可以提交老师，师生共同解决。另外，还可以采取抽样的方式，把学生找到的问题写在纸条上，其他组的学生抽到哪道题就回答哪道。形式多样可以提升学生的爱好，让他们在玩中学到知识。

通过这次教学，我总结出了自身存在的许多不足之处，在今后的教学工作中，我会经常总结、反思，不断提高自身的教学水平。

不一样的梦想，不一样的命运

——《包身工》教学反思

教学开始，我就完全不用传统的教学模式，采用生态课堂教学的基本方式组织教学，具体步骤如下：

同学！当我们坐在这宽敞明亮的教室，汲取知识的琼浆时；当我们漫步在温暖的阳光下，尽情欣赏周围的美景时；当我们在家围坐在小桌旁，享受和家人幸福的交流时，我们不会想到，还有一群和我们年龄相仿的同龄人，她们的生活里没有阳光，没有自由，没有欢乐，只有没日没夜的工作和忍受非人的折磨。她们的生活到底是怎样的呢？就让我们大家一起走进夏衍的《包身工》吧！

一、课文背景

夏衍，原名沈端先，浙江杭州人，现代著名剧作家，中国左翼作家联盟的发起人之一。代表作有报告文学《包身工》和话剧剧本《上海屋檐下》《法西斯细菌》。夏衍的《包身工》这篇报告文学，1936 年发表于“左联”机关刊物《光明》创刊号。它反映的是“一・二八”前后到抗日战争前夕这一时期国民党统治区社会的黑暗。那时，在帝国主义特别是日本帝国主义的经济侵略下，东部沿海地区大批贫苦农民涌向城市，又为帝国主义的经济侵略提供了廉价的劳力。靠近上海的苏北地区，每年都有大批无法生活的农家女子，被诱骗到上海做“包身工”。日本资本家为了避免上海工人运动的威胁，大量雇佣包身工来代替普通自由劳动者。这篇文章对帝国主义这种残暴掠夺进行了有力的揭露和严厉的抨击，对唤醒人民起来反抗日本帝国主义起了一定的作用。

二、课文阅读

面对这篇报告文学，要想把文本中的情感与思想内容传授给学生，让学生理解汲取，我想唯一的办法还得让学生去阅读。因为这篇文章比较长，阅读需要花费大量的时间，因此，我对教学方法做了一些调整。

为了激发学生的求知欲，在课堂上先来段深情的导入之后，我立刻播放我准备好的两段视频和一组图片，然后抛出“包身工起床时的场景”“吃早饭的场景”“上工劳动情景”“面临什么困难和威胁”4个问题，让学生带着问题去阅读。

三、课文探究

学生根据我提供的4个问题进行讨论，然后分组上台回答问题。

杨雪梅：我代表第一组和大家一起来看包身工起床时的场景。她们的居住环境被形容为“七尺宽”“十二尺深”“横七竖八”“十六七个”“充满了汗臭、粪臭和湿气”；每天早上四点过一刻起床，起床时还打哈欠、叹气、寻衣服、穿错鞋子、胡乱踩踏、叫喊小便等一片混乱；为了赶时间，相互争夺马桶、半裸体起来开门、精神迟钝麻木，狼狈不堪；起慢了还被老板骂称“生物、猪猡、懒虫”。这些花季少女，她们已经失去了作为人的起码称呼，那些老板们也根本没有拿她们当人看。这些豆蔻年华的少女因为长期过着非人的生活，疲倦拥挤杂乱，失去了腼腆、害羞、爱漂亮的女孩子的天性。

杨洋：我代表第二组组织大家看看她们吃早饭的场景：她们早饭吃的是猪食不如的薄粥，多半粥菜还不可能有。吃早饭时是一窝蜂地抢，因为不够吃，她们用舌舔碗，没有地方吃便蹲伏在门口或站立在路上。在这个场景里面，作者想告诉读者的是，饮食条件恶劣，包身工受到惨无人道的虐待和非人的待遇。吃和住条件都如此恶劣，她们是替带工老板们赚钱的机器。

李成强：我们一起来看看她们上工劳动情景。从课文的P48第三段至倒数第三段看出，她们不仅终日面临着“三大威胁（音响、尘埃、湿气），还要时时刻刻提防三大危险（殴打、罚工钱、停生意）降临到自己身上，而带工老板最爱用的处罚就是殴打。

我们再来看她们是如何挨打的？大家阅读P48“打死不干事”至P49“这样她就打不成瞌睡了”。小福子受罚的描写表现了包身工被罚的随意性、残酷性、多样性等特点，典型地表现了她们劳动环境的恶劣，受压迫的惨重，遭受的是非人的待遇。

杨强：她们住的是格子铺，吃的是质地稀薄的粥，高强度的工作之外还要时时刻刻提防随时可能受到的处罚，猪猡一般的生活，泥土一般地被作践，悲惨从每天睁眼的一刹那就开始了，这就是夏衍笔下的包身工。花季少女的命运如此悲惨，我们在掬一把同情之泪的同时，不得不思索谁是制造包身工不幸命运的凶手。

四、课后反思

《包身工》这篇报告文学，我已经上了几次。每次课后，我的情绪总是不能平静，被包身工那悲惨的命运所震撼的同时，更多的还有对包身工的同情。

在前几次组织教学时，我总是激发不出学生的积极性。有时我讲得口干舌燥，学生却一脸的茫然。

想想包身工一天是“两粥一饭，十二小时工作，劳动强化，工房和老板家庭的义务服役，猪一般的生活，泥土一般地被践踏”。一点人格尊严也没有，这群十七八岁的女孩子，正值青春年华，然而女性本应有的害羞与矜持，在她们身上已经荡然无存。

很多学生不理解包身工的苦难生活，不理解她们为什么会如此麻木，为什么不起来反抗，为什么就甘受带工老板的蹂躏。事实上，有些事情、感受，只有经历过才能体会。所以当给学生播放一些现代包身工的图片时，他们都一脸茫然，还在一旁说笑。更有学生竟然用“猥琐”一词来形容他们。可想而知，现在的学生养尊处优，娇生惯养，已经和社会脱节。他们不理解现代人为生活而四处奔波，不理解父母的艰辛。所以在教学中，我一定要改变孩子们的看法，让他们慢慢体会生活的不容易。

通过这几次的教学，我觉得整体情况不好。学生对于课本上的内容基本上都可以理解，也学会了怎样筛选信息，唯一不好的是他们体会不到包身工的艰辛，也不懂得珍惜现在来之不易的幸福生活，他们总觉得书本上所说的都是过去，现实的生活中没有这种情况。

我需要让学生慢慢接触现在的生活和社会，不要让他们和现在的社会脱节，要逐渐让他们了解生活的不易，珍惜现在的幸福生活。于是，今天的课我特地做了精心安排与准备。我采用如下办法：

第一步，在上课之前，先准备两个视频。一段是现代工厂工人们一天劳动生活的视频，一段是现代建筑工人一天的生活视频。同时还搜集了各种临时工人的图片，在课堂上进行播放。

第二步，快速阅读。请同学利用8分钟快速读完，并完成我抛出的4大问题：一是勾画出包身工早上起床时的情景；二是吃早餐时的情景；三是上工时的情景；四是包身工还要面临什么困难和威胁。

第三步，分组讨论这4个问题。

第四步，谈谈包身工与现代工人有何区别。

这样一来，整个教学过程顺利完成了，效果非常好，学生收获很大。原因有三个：一是学生的情感被前面的视频触动；二是设置的问题并不多，目标清晰；三是采取自主学习探究的教学方法，学生有了主动性。

课结束后，我要求学生完成一篇现代临时工调查报告，第二周星期一交。

课堂教学虽然结束了，但对学生的心灵教育还未结束，还得用更多的社会现实生活的案例去引导学生、感化学生，使其理解不同时代有不同时代的生活追求和生活方式。

实现飞天梦想的伟大时刻

——《飞向太空的航程》教学反思

中国首位航天员杨利伟被送入太空，圆了中华民族的飞天梦。从嫦娥奔月、敦煌飞天壁画，几千年的梦想今天得以实现。有谁想到，我们的航天科技工作者默默地作着奉献。面对这样篇新闻，我得用心向学生展示这伟大时刻的同时，更多地让学生从中体会到我国的航天事业蒸蒸日上的前景，激发学生积极探索宇宙的梦想，这是作为一名语文教师应该有的责任。

一、新闻背景

课前，我特意要求学生提前预习，并在网上搜集查找相关资料，了解中国的航天事业及该篇新闻的背景，在课堂上进行展示。

王海：2003年9月20上午9时整，一艘中国的载人火箭，从酒泉的卫星发射中心顺利升空，经过21个小时、60万公里的绕行任务后，成功返回地球，降落在内蒙古大草原上。这个行动的圆满结束，向世人宣告了一个事实：继雄霸太空40年的美国、苏联之后，中国已经成为第三个掌握了太空科技的国家。

“神舟五号”载人飞船的成功发射与回收，终于圆了中华民族几千年的飞天梦。在“神舟五号”载人飞船研制的浩大工程中，陕西多家航天科技单位作出了重要贡献。可以说祖国的航天事业是千千万万献身航天科技事业的幕前幕后英雄的集体智慧的结晶。正是他们共同铸就了共和国“神箭”，是他们共同托起了华夏“神舟”。

二、阅读课文

为了让学生了解中国航天事业，激发学生的航天梦想。我特意从网上下载了“神舟五号”飞向天空的视频在课堂上播放，然后才让学生带着问题阅读。当我把视频播放结束后，学生们有了一定的兴趣，愿意主动阅读，并勾画新闻的重点信息。

三、课文探究

课堂教学方式主要是让学生提前搜集资料，然后结合课文内容进行整理，让学生在课堂上进行展示。针对疑难问题，师生共同探讨。视频播放结束之后，

李小强又主动向大家展示。

李小强：同学们，现在我大家一起回顾我国的航天大事记。

1957 年，苏联发射卫星，激励中国也立项研究。

1958 年，毛泽东提出“人造卫星”计划，专家学者制定发展规划方案。

1960 年，第一枚液体火箭发射成功。

1970 年，我国第一颗人造地球卫星成功升空“长征”一号火箭首发成功。

1980 年，返回式卫星和原苏联的飞船重量相当。

1986 年，“863”计划出台。

1992 年，作出实施中国载人航天工程的战略决策。

1999—2002 年，“神舟系列（一至四号）”成功飞天。

2003 年，“神舟五号”成功飞天，杨利伟顺利进入太空。

李小强的展示真是干净利落、突出中心、深化主题、锦上添花。

王海：本文大篇幅叙述了中国航天史，是建立在一个重大历史事件的基础上。面对这样一个重大的历史事件，每一个华夏儿女都会拥有自

豪感，同时也迫切想知道当中的一些细节，想更深入地了解这个艰辛的历程到底是怎样的。所以，针对这样的情况，本文提供了翔实的资料，包括一些首次披露的资料，且将资料按历史线索系统地呈现在读者面前。这对于满足读者的阅读需求无疑是及时的，这就体现了本篇新闻的价值所在。另外，这种狂欢之中的冷静回顾，也使得事件本身的意义更加突出，从而反映出本文作者立意的角度更高。他们认识到“神舟五号”发射的成功是中国航天史上具有里程碑式的事件。我们的目光不应该只是关注现实的场景，还需了解这一事件背后的故事。所以我们把目光投向了历史的深处，把事件放在了历史的长河中去考察，使得事件本身更加凝重。

四、课后反思

本文是一篇典型的新闻报道，在学习这篇文章时，我采用生态课堂教学的方式分三步：

第一步先是从网上下载航天的视频组织学生观看，然后又下载一些图片通过 PPT 展示给学生，目的是想通过图、文、视频，让学生把握新闻主体中几个具有重大意义的事件，直观生动地引导学生初步了解我国航天事业和国防科技事业的发展史，体会民族自豪感，对科学技术产生浓厚兴趣。引导学生了解成就的背后是无尽的艰辛与数不清的付出，我们在激动与兴奋之余，要多想想那些默默付出的无名英雄，以及集体力量的可贵。

第二步让学生按照新闻的结构来整体把握并提取信息概括内容。我在一边辅助点拨。

第三步是我设置几个问题，组织学生讨论。

我用 1 个课时就讲完了。因为学校语文组老师听课的缘故，感觉课堂效果并不是很好。总结起来有如下几点：

1. 高一（6）班学生基础较差，又害怕老师来听课，所以显得有些紧张，话都说不利落，声音发颤的。学生表情僵硬，语言贫乏，实在是无趣得很。

2. 课堂上我忘记展示教学目标，直接跳到飞天梦一节去了。再加我心理压力较大，整节课差不多都是我一人在讲，课堂气氛比较沉闷。

3. 课堂结构安排比较乱，条理不够清楚。

4. 本节课完全体现生态课堂教学的方式与方法，教学的流程，结构的安排、教学提问，学生的解读都符合生态课堂教学的基本理念。

第六章　人民教育出版社高中语文必修二

【第一单元】

在那荷叶飘香的季节

——《荷塘月色》教学反思

针对本课教学，我反复思考之后，还得采用生态课堂教学的理念，才能让学生真正体悟这篇散文的神韵与作者的情感。

《荷塘月色》是一篇抒情散文，又是一篇写景散文。作者表达的情感是复杂的，既有淡淡的忧愁，又有淡淡的喜悦。低调情绪笼罩着全文，如作者心里不宁静，路是幽僻、幽静的，云、月是淡淡的，树色是阴阴的。

早在 1927 年，蒋介石发动“四一二”反革命政变，北伐战争失败，大批共产党人和革命群众惨遭血腥屠杀，白色恐怖笼罩全国。正处在苦闷彷徨中的作者一直在呐喊、斗争，作为“大时代的一名小卒”的他毫不掩饰地表达自己的思想变化：“在旧时代正在崩坏，新的局面尚未到来的时候，衰颓与骚动使得大家惶惶不安。”面对现实的黑暗，又不能安心于这种超然生活，所以，作者内心感到非常苦闷。《荷塘月色》正是作者自己“超然”而又“挣扎”的心迹的真实写照。

一、阅读增进情感体验

让学生真实感受作者内心的情感变化，领悟文章优美的自然景观的同时，品味其语言的艺术魅力。我的教学方法是让学生阅读，只有通过阅读才能体会这种情感和意境。

我分了三步配合学生朗读。第一步是指导学生疏通文章的字词，将重点字标上拼音；第二步是让学生听录音朗读；第三步是让学生再次默读，要求学生用笔勾画重点信息，如作者的情感变化、作者所走的路线等。

从学生朗读的情况来看，第一遍没有感情。在听了录音朗读之后，基本上理解了作者在文中所表达的情感。第三遍朗读的时候情感基本到位。特别是学生朗读第二、三段时很有韵味，把月光下的荷塘和荷塘上的月光的意境读出来了。

二、探究论英雄

学生阅读完成之后，我就组织学生认真审视文章最精彩的片段，要求每一位学生结合课文提出自己的理解与疑难点，在课堂上进行展示。阅读三遍课文后，第二组的罗显兰主动发言。

罗显兰：我们第一组在交流中进行了认真的分析，认为这篇散文分三个部分。第一部分（1 ~ 3）：月夜漫步荷塘的缘由及来到荷塘的感受；第二部分（4 ~ 6）：荷塘月色的恬静迷人；第三部分（7 ~ 8）：荷塘月色的美景引动乡思。但从结构看，情感思绪是不静——求静——入静——出静，自然形成一个圆形。

张强：我们第二组探究总结认为，作者的感情变化应该是“心里颇不宁静”——淡淡的月光下，有淡淡的哀愁——在自然美景中，有淡淡的喜悦——发出“我什么也没有”的慨叹——惦念江南，欲超脱而不可得。作者在文中体现出的复杂思想感情是“淡淡的哀愁，淡淡的的喜悦”。实际上，从作者出家门——去荷塘——观荷塘——回家门可以看出，这显然是出门去散心，内心非常痛苦、彷徨。

杨洋：从作者描绘荷塘的美景来看，作者显然是从五个方面进行描绘的。一是描绘荷叶：“弥望的是田田的叶子”，用田田写出了叶子之多。“叶子出水很高，像亭亭的舞女的裙”运用比喻手法写出荷叶的风姿。由“出水很高”联想到“亭亭的舞女的裙”。两者不仅相似，而且写出其动态美。二是荷花：“层层的叶子中间……又如刚出浴的美人”，运用拟人、比喻的手法。“袅娜”写出荷花的饱满盛开状，“羞涩”写荷花含苞待放。这两个词本是用来描写女子娇美姿态、羞涩神情的，现在用来写荷花，赋予物以生命力和感情，这是拟人写法。接着连用三个比喻，分别描绘了淡月辉映下荷花晶莹剔透的闪光，绿叶衬托下荷花忽明忽暗的闪光，以及荷花不染纤尘的美质。写出了荷花的神韵，倾注了作者的主观感情，可以激发读者的想象。三是荷香：“微风过处，送来缕缕清香，仿佛远处高楼上渺茫的歌声似的”，由嗅觉向听觉转移。“缕缕清香”与“渺茫的歌声”在许多方面有相似之处，如时断时续、若有若无、轻淡飘缈、沁人心脾等，其间感觉的转移伴随想象的跳跃。“清香”与“歌声”同属美好的事物，把“清香”比喻成远处的“歌声”，烘托出几分幽雅和宁静来。四是荷波：“叶子与花也有一丝的颤动……这便宛然有了一道凝碧的波痕”，运用拟人的手法，写出微风过处叶花颤动的情状，既有视觉形象，叶子“有一丝的颤动”化为“一道凝碧的波痕”；又有听觉形象，风吹花叶颤动的声音。动静结合，形象地传达出荷塘富有生气的风姿，创造出了清幽恬静的氛围。五是荷韵：“叶子底下是脉脉的流水，遮住了，不能见一些颜色；而叶子却更见风致了”，作者把所见与想象结合，“脉脉”本指默默地用眼神或行动来表情传意，这里用来写流水，塘水在茂密的荷叶下是看不到的，作者却由叶子的“风韵”想象到那叶子下的水“脉脉”有情，真正做到了言有尽而意无穷。

罗敏：我认为，月色本是难状之景，作者用了“泻”“浮”“洗”“画”等传神的动词，描绘出了可感的月光形象特点。“泻”既照应了以流水喻月光，又写出了月辉照耀、一泻无余的景象，使月光有了动感。“浮”写深夜水气由下而上轻轻升腾，慢慢扩散、弥漫，以动景写静景，描绘雾的轻飘状态。“洗”写“叶子和花”在月光映照下呈现一种奶白色而又鲜艳欲滴的状态。“画”有“人为”动作含于其中，仿佛有无形的手在纸上描绘“倩影”，写出了投在荷叶上的月影之真、之美。所以，我们总结得出，本段虽着意写月色，但又处处不忘荷塘，用几个传神的动词，从不同角度写出淡月辉映下荷塘里雾光叶色、水汽交相杂糅而形成的朦胧景象，使难状之景如在眼前。

三、导图设计出奇招

1. 学生导图设计

见图 1。

2. 学生动手写

我们环境

高一（6）班　左莹莹

11 月 2 日，罗老师让我们学习朱自清先生的《荷塘月色》之后，我有些感动。读着这篇优美的散文，心灵好似被洗礼过一样清纯自然。

“荷塘之上，泻下牛乳般的月光，薄薄的青雾浮起在荷塘里，叶子和花仿佛在牛乳中洗过一样；又像笼罩着轻纱的梦。”这美好的月色，这柔软的月光，宛如亲临其境。

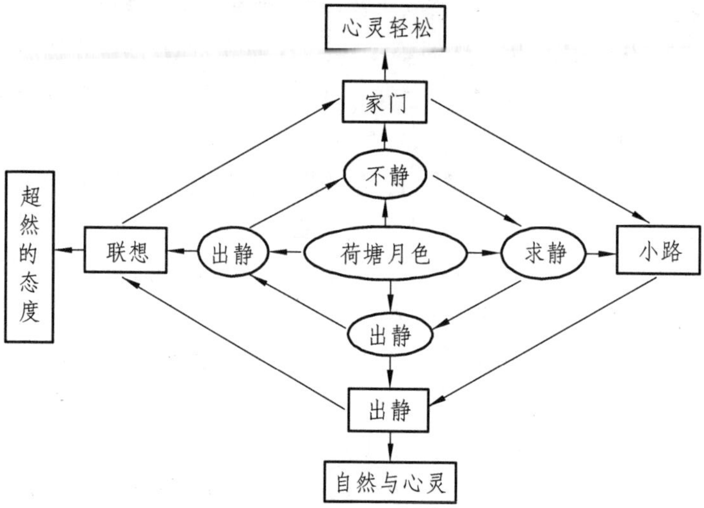

图 1 《荷塘月色》思维导图

荷塘下的月色柔美，荷叶像亭亭玉立舞女的裙，白色的荷花如一粒粒明珠，又像是碧天里的星星，清纯得如出水的美人，袅娜地开着。月光如流水般地洒在叶子和花上，仿佛为它们镀上一层银边。这是大自然赐给人类的美景，我在乡下的奶奶家也有过这样的体会。然而，这样的美景，在我们很多地方，由于人类的行为正在消失。

前几天，我去了一趟贵阳白云区蓬莱登仙岛。眼见满园的荷花，我不由自主地漫步于那几片大大的荷花园里。微风吹动荷叶，不时散发出阵阵清香，似乎自已真的进入仙境一般，此时才真正体验其妙处。

试想我们生活的环境正被工业污水、工业废物、生活垃圾、温室效应等一系列的污染毁坏着。听我奶奶说，过去的扎佐镇珍珠河，每到夜晚，月光宁静，小河里水质清澈；夏日，稻田里萤火虫漫舞，蛙声一片。可现在，建起了化工厂、水泥厂、造纸厂，安详的乡村的夜晚不再宁静，水稻田里的蛙声稀少而无力，就连皎洁的月光也失色不少。取而代之的是工厂的嘈杂声、汽车的喇叭声；空气不再清新，取而代之的是漫天的灰尘；河水不再清澈，取而代之的是刺鼻的臭味。我们看到的是烟尘滚滚、死去的鱼虾……再也看不到朱自清笔下那月光下的荷塘美景。那流水般的月光，柔美的月夜，还有那热闹的蝉鸣与蛙声，真让人怀念啊！

与其说地球是祖先留给我们的，不如说地球是子孙借给我们的。欠债还钱，天经地义。我们借了子孙的地球，也要还子孙一个美丽地球，适宜他们生存的地球。而要实现这个目标，就要爱护自然，保护环境，珍惜自然资源，循环利用。

让我们携起手来，保护环境，重现朱自清先生笔下的荷塘月色吧！

四、课后反思

《荷塘月色》是一篇以写景为主的抒情散文，写于 1927 年 7 月。那时，作者在清华大学教书，住清华园西院。文章里描写的荷塘就在清华园。这篇文章为我们描绘了一幅清淡素雅、超凡脱俗的月下荷塘图。教材中要求的是欣赏文章的意境美，因此我在设计教学时，主要从意境这方面引导学生学习欣赏。

我的做法是阅读，通过范读、伴读，分段读，读出感情，读懂，读透。

我首先让学生体会荷塘之美、月色之美，以及在描写荷塘月色时所用的语言之美，并探究语言刻画的手法；其次是让学生领悟“一切景语皆情语”，探索朱自清先生在文章中蕴藏的情感，紧扣开头的第一句（文眼）“这几天心里颇不平静”，对全文进行思想感情上的分析，因此我安排了 2 课时。

第 1 课时重点鉴赏文章的语言，欣赏美丽的荷塘月色之景。

第 2 课时从景入情，对其情感和所表达的思想进行分析，感受文章的意境美。

上完这节课后，我感觉最为得意的地方有两点：一是点评这一环节，学生的点评非常到位，甚至于有些学生的点评可以替代教师的讲析，例如有一位学生说：第四段中“曲曲折折的荷塘”，“曲曲折折”写出了荷塘形状的不规则，也写出了荷塘回环曲折的美感；而“田田”则写出了荷叶之多；“亭亭”写出了荷叶之高，荷叶的动感，荷叶的美；“袅娜”“羞涩”用拟人的手法写出了荷叶娇羞之态，像少女一般的美；而写流水则用“脉脉”一词来描述，把水写活了，写出了人的感情。二是学生画了导图上台展示，很好。学生把作者的思想情感变化通过导图的形式表现出，非常难得。学生展示时阐述的观点非常到位。还有一个学生对文中叠词进行改写，对比改写之后与之前对照。学生学会从语音、语言节奏的角度来鉴赏诗词、散文，学生在自主学习中寻找解决问题。

我注重课堂上让学生去自主探究，自发生成，避免出现预想不到的事情，学生在学习过程中也提高了自己的欣赏能力。

当然，课堂还是存在不足之处：

1. 在引导学生过程中，只注重了自己的预设，而忽略了在此中的引导。以至于一味地把学生往自己设定好的路子上引，却引不过来。学生不明白我在想什么，也不知道该如何回答。因此，我感觉到在预设与生成中，我的引导作用不可忽略。

2. 上课时语速太快，提问时没有注意语言的轻重缓急，让学生不能抓住问题的要点。课堂上学生反应较慢，无法达到预设的理想状态。学生无法从我的语言中体味到文章舒缓朦胧的意境美。

3. 方式方法上还未完全体现生态课堂教学的特点。

故都那飘缈的歌声

——《故都的秋》教学反思

《故都的秋》是一篇优美的抒情散文，郁达夫在对故都北平秋景的细腻描摹中，流露出内心的眷念和落寞之情。全文紧扣故都秋的“清、静、悲凉”的特点，描绘了“小院秋晨”“秋槐落蕊”“秋蝉嘶鸣”“闲话秋凉”“秋果胜景”等几幅画面，通过以情驭景、以景显情的方法，将客观景物与作家的主观色彩自然完美地融合在一起，表达出秋中有情的眷念和情中有秋的落寞。

一、在阅读中体会作者情怀

本文写于1934年8月。由于国民党白色恐怖的威胁等原因，郁达夫从1933年4月由上海迁居杭州。这段时间，他思想苦闷，创作枯淡，过的是一种闲散安逸的生活。郁达夫是“创造社”的重要成员，1930年参加中国左翼作家联盟，抗日战争爆发后，积极投入抗日救亡运动。家庭的变故、国家的现状，激起了他无限愤慨，后流亡苏门答腊，坚持抗日战争。

面对这感情浓厚、韵味隽永、文辞优美的名篇，我将教学的重点放在有感情的朗读和景物分析上，体会作者对故都的深深眷念和自身的落寞之情。

诵读宜慢不宜快，认真体会景物描写所蕴含的思想感情。当读到作者直抒胸臆部分时，更要认真感受作者的心意、情怀。要注意课文的文眼，即“可是啊，北国的秋，却特别地来得清，来得静，来得悲凉”。此句提纲挈领，笼罩全文，更要认真领会，循此线索整体把握文章大意。

为了让学生读懂这篇抒情散文，体会作者的思想感情，我的教学方法是通过有感情的诵读，体会作者对故都之秋的眷念之情。诵读共分三个步骤：第一步是让学生初读一遍，把文章里的字词及拼音读对；第二遍是伴音朗读；第三遍就细读，读出感情。

二、探究互动显真情

李红：我在阅读、感悟“故都”两字时，体会到了深切的眷念之意。“秋”确定描写的内容，与“故都”结合在一起，暗含着自然景观与人文景观相融合的境界。题目明确而又深沉。本文通过对北平秋色的描绘，赞美了故都的自然风物，抒发了对故都之秋的向往、眷恋之情，并流露出忧郁、孤独的心境。

杨艳：我认为，文章开头和结尾都拿北国之秋和江南之秋作对比，表达了对北国之秋的向往之情。中间主体部分从记叙和议论两方面描述故都纷繁多彩的清秋景象。记叙部分采用并列结构，根据“清”“静”“悲凉”三个层次，逐一描绘故都的自然风物，共有五种景况，即清晨静观、落蕊轻扫、秋蝉残鸣、都市闲人、胜日秋果。议论部分，从喻理的角度，进一步赞颂自然之秋，赞颂北国之秋。首尾照应，回环往复。中部充分展开，酣畅淋漓。

罗海洋：我们组讨论认为，本文采用对比手法。开篇提到“江南，秋当然也是有的”，结尾提到“南国之秋，当然也有它的特异的地方的”，并作了适当的展开，以此与北国之秋作对比。对比的目的非常明确，即抑彼扬此，北国之秋胜于南国，是作者的主观感受，表达作者对故都的秋的热爱。这种感受既来自空间的对比，也来自时间的积累。

余敏：我看还有平民意识。这里写的不是上流社会人士或文化人士，而是平民，即“住着很厚的青布单衣或夹袄的都市闲人”。为什么让他们作为故都人的代表？想必他们的形象更有地方特点，而且作者觉得与他们更亲近，表现出作者的平民意识，似乎也能觉察出作者很想像“都市闲人”那样，过着无忧无虑的生活。

三、学生动手

1. 学生动手画

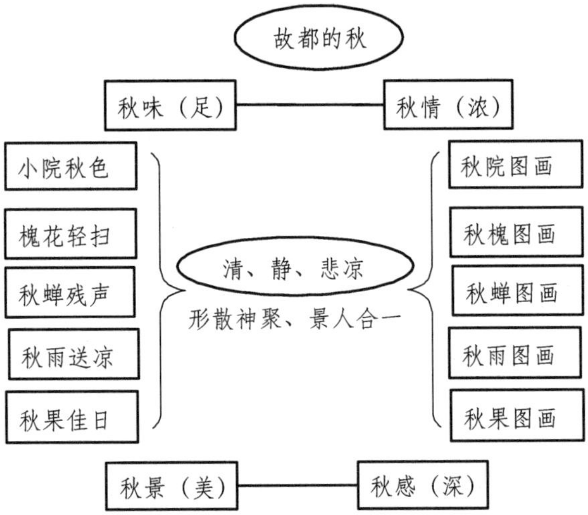

图 2 《故都的秋》思维导图

2. 学生动手写

落寞是一种美

高一（6）班　王敏

罗老师组织我们学习《故都的秋》，在感受这篇优美的散文的同时，更多的是深切地感受到作者内心世界情感诉说的一个通道。郁达夫写他对北平秋的感怀时，表达出的只是属于他自己的那份独特体验。在我看来，恰恰是他挟着清清爽爽的悲凉的这份秋味，让自己记住曾经生活过的这座城市——北平。

他爱北平，这种特殊的爱意已经深深地与北平混合在一起，黏合在一起，无法分开。每每品读、欣赏与玩味，情感的世界便涌现出一种馨香。这份馨香只属于他自己。当他用自己的笔书写出这份秘密的时候，我们才有幸获得了他的这份情感。

从这个意义上来说，落寞、悲凉就是一份情感体验。它无所谓积极与消极，因为它不是伦理道德层面所能判断的范畴，而是情感层面的自我审视、自我体验。

生活本应该是美好的。当情绪落寞的时候，涌现在自己视野的往往是曾经生活过、曾经爱的那些人或事。每当回忆的时候，心灵深处即使有许多说不清、道不明的东西，这样的落寞却也是一种美的体现。

四、课后反思

针对郁达夫的《故都的秋》这篇传统的散文名篇，我在教学之前就动员学生预习。我同样阅读了两遍之后才开始备课。

我认为这篇散文，只有通过生态课堂教学的方式与方法组织教学，才能利于学生进行审美鉴赏训练，进入审美艺术的殿堂，从而使学生体悟情与景之间的关系，掌握以情驭景、以景显情的写作手法。

但作为经典,《故都的秋》距离学生的实际生活较远，学生在领悟上有一定的困难，所以我以文眼“可是啊，北国的秋，却特别地来得清，来得静，来得悲凉”为突破口，结合背景资料，师生互动，以品读、联想等方式进入散文的鉴赏。

首先我让学生阅读三遍之后，才让学生说课文、说作者和背景。随后和学生一起理出文章的写作思路：作者通过对故都的秋的思念，抒发了对故都的秋的眷恋和赞美之情。接着抛出四个总纲性问题：

1. 故都的秋的特点是什么？

2. 找出带有色彩和声音的词语，说说作者描绘的秋声秋色有何特点。

3. 假如你是一个孤独的漂泊者，面对如此冷清的秋色，倾听如此微弱的声响，你的内心会有什么样的感受？

4. 作者描绘了几幅画面？有什么特点？

从教学流程看，我觉得设计较有特色，目的比较明确，但并没有完全达到预期的教学目标。课后在与其他老师及学生交流时我才意识到，一是课前学生预习并不充分，对课文内容并不熟悉，感伤、悲凉的情感没有较好地领悟出来；再是课堂品读的时间不够，学生没能很好地进入作者所创设的意境之中，打乱了学生的接受心理，所以学生的讨论并没有想象中的那样热烈。

其实教材只是一个例子，对学生真实水平的关注才是关键。在教学过程中，我应该尊重学生的阅读体验，以学生为主体设置教学，多给学生品读的时间，让学生真正走入作者所创设的意境中去，才能有效地培养学生的主动探索与开放的思维，否则，就无法达到预设的教学目的。

语文生态有效课堂教学，追寻的就是自由、合作、开放式的教学模式。新教学大纲明确指出：“教育是一个开放的、发展的体系，教学的模式绝非是一个条条框框的预设。倘若教师背着框框进课堂，无论是教师自己还是学生个体，手脚都会被束缚，就不能成为活的课堂。”所以在以后的教学中，我会更加注重在备课中多设想学生的接受能力、感受能力，多倾听学生的意见，真正做到以教师为主导，以学生为主体的教学模式。

让语文课堂的生命绽放

——观《囚绿记》课后反思

2016 年 12 月 1 日，我们高中语文课题组开展研讨活动，听了 A、B 两位老师上《囚绿记》后，感触颇深，自然引起我对语文课的思考。语文课堂的生命在哪里？我们的语文课堂怎样才能活跃起来，确实值得我们沉思。

一、阅读各显生态特色

这篇饱含深情的象征性散文，课堂上让学生阅读和分析是不可少的。可惜 A 老师在课堂上却放弃了这一环节，而是直接让学生进入第二环节——让学生勾画导图。学生在勾画导图的过程中，A 老师又没有去观察学生，也没有对台上学生所勾画的作品进行点评，而是直接进入下一个环节——让学生分析概括文章的结构。结构分析出来了，才让学生分析作者的情感变化。这样一来，整节课就变得有些凌乱，缺乏生气，课堂显得沉闷。这确实有些遗憾。

这篇课文大家都比较熟悉，属于象征性散文，是我国现代作家、翻译家陆蠡在抗日战争爆发后写的一篇咏物抒情散文。课文讲述了作者与常春藤绿枝条的一段“交往”经历，描绘了绿枝条的生命状态和“性格特点”，也写出了作者的生存状况和真挚心愿，含蓄地揭示了日本帝国主义侵略下华北地区人民面临的苦难，象征地表现了作者和广大人民坚贞不屈的民族气节。

二、学生导图各显生态创意

课堂既是教师的舞台，又是学生展示生命活力的舞台。这一点两位老师都做得比较好，只是 A 老师给予的是被动的接受，而 B 老师课体现了学生自主性，两者采用的方式不一样，其教学效果有所不同。下面是两位老师在课堂让学生展示的内容：

A 老师给学生提供导图，让学生根据导图填空。

A 老师指导学生所画作者情感导图：

赏绿（1～7）<u>　喜爱　</u>；囚绿（8～11）<u>溺爱、怜爱</u>；释绿（12～13）<u>尊敬、祝福</u>；念绿（14）<u>怀念、期盼</u>。

从上面的结果显示，学生在完成老师的填空之后，还进一步回答每一部分的要点，只是结构的划分上有些区别，可看出学生对这篇课文是理解的，效果不错。

课后我过问学生，你们是否对这篇课文提前作了预习。学生说是的，老师在昨天就让我们预习，把今天要讲的内容提前做了安排。

听到这里，我明白了。实际上，这篇课文只要紧紧抓住作者的情感主线，组织学生去分析课文，找出常春藤与作者遭遇的相似点进行分析，效果应该会更好一些。

B 老师所采用的方式就比较灵活。课一开始，就大声介绍作者和经历，接着就对同学们说：刚才我们了解了作者，现在我们用 4 分钟的时间来读一读这篇课文，然后勾画文中的重要信息，特别是文章结构和作者情况的变化。

学生读完后，老师接着对同学们说：同学们刚刚阅读了一遍课文，现在请你们再次阅读，并勾画课文重点信息，然后用导图的方式把文章结构画出来。

B 老师引导学生勾画的文章结构导图：

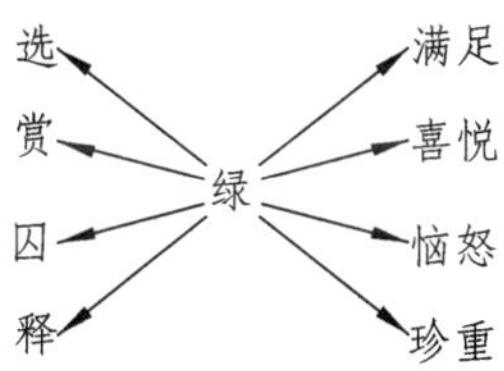

图 3 《囚绿记》思维导图

笔者注意到，在 A 老师的课堂上，学生都在动笔记录，同时还在老师的指导下勾画导图。但从老师提供的导图与学生自己设计的导图来看，学生的反而更有创意，且情感变化比较准确。但是，由于老师没有进一步的鼓励与调动学生，使得整个课堂气氛沉闷，缺乏生命力。

B 老师的课堂，老师没有给学生固定的模式，只是让学生根据课文内容及阅读去思考，然后根据作者的情感变化勾画导图。学生所画的导图很有创意，且对作者的情感变化的把握比较准确。老师还让各组学生分别上台展示自己的导图，并进行分析。各组学生在展示评比过程中相互争论，相互指出对方式的缺点。这样的争论整整持续 3 分钟，课堂显得有活力，有生命力。

两位老师处理同一内容，处理的方式与效果是不同的，课堂气氛与学生的参与感也是不同的。我觉得，语文教学特别是文学作品的教学应该体现“生命力”的理念，要让学生在理解作品的同时，更多的是理解作品所表达的思想情感，在讨论与争论中体现学生对作品的灵魂与生命力，让这种生命力绽放光芒。

三、问题的设置巧妙体现生态性

有生命力的语文课堂是在信任的基础上被激发出来。这不仅让课堂变得活力四射，更能挖掘出学生的潜力，收到意想不到的教学效果。学生的求知欲是靠教师课堂的组织能力与预设，预设到位，生存就能得到体现，才能激发学生积极探索文本的真谛。B 老师在这一点确实做得非常到位。他在课堂上紧紧抓住学生的特点，对学生们说：“同学们，刚才已经阅读了一遍课文，现在请大家再次朗读一遍，找出你难理解或你喜欢的句子进行讨论。”看似平常的一句话，实则把学生的兴趣调动起来了，紧接着 B 老师又故意设置一些问题，让学生们探讨：

1. 他把绿“囚”了吗？

2. 他为什么要“囚绿”呢？

3. 我知道作者“囚绿”是为了爱绿，作者的哪些举动反映了他对绿的喜爱？

4. 作者对这样的绿色是一种什么样的感情？你能说出来吗？

5. 在作者眼里，绿枝条被囚前后有什么样的变化，反映出什么的特点？有何启示？

6. 作者对绿枝条因爱而囚，你如何评价这一举动？

7. 怎样理解“它的尖端总朝着窗外的方向。甚至于一枚细叶，一茎卷须，都朝原来的方向”这句话？

四、课后反思

说实话，B 老师紧紧抓住学生的疑点，穷追猛打，层层深入追问，让学生根据文本体验与理解，有目的地与学生共同探讨生命这一话题，这样的课堂能不活吗？

A、B老师的“同课异构”教学，效果大不相同。A老师提前组织学生预习，并按照预先设置的程序进行教学，没有新意，激发不起学生积极探索的激情，所以课堂显得死板没有生命力。B老师尊重学生的个性特点，积极引导与点拨，师生共同探索作者在文本中所表达的情感变化，揭示作者生活生命的本质，这显然是符合当前新课标的。

这就是充满生命力的语文教学。在课堂上，B老师始终把学生放在第一位，给予学生充足的思考空间，循循善诱，点燃学生的生命火种，激发学生积极思考。学生在思考中增长知识，在探索中促进能力提升，在互动中寻求真理，一层激起一层浪。教师与学生一起分享彼此的思考。A老师在没有要求学生阅读课文的前提下，直接让学生去勾画导图。这显然是不尊重学生，同时，又很难让学生理解和掌握作品中作者所表达的思想情感。学生在被动接受的同时，就不可能拓展出新创意来，显然就谈不上碰撞出火花了。这样的课堂，学生的阅读能力得不到提升。

“课程标准”明确规定，学生应该注重积累与整合，感受与欣赏，思考与领悟，应用与拓展，发展与创新相结合。为此，教师应该在尊重教学规律的前提之下，给予学生充分的思考空间。特别是文学作品教学，课文所蕴含的思想感情，要让学生自己去品味，去体验，去理解，从课文中挖掘出自己创造的独特情感。正所谓“一千个读者就有一千个哈姆雷特”，因为每一个学生对同样一篇作品的理解与解读是不同的。根据笔者多年的教学经验，由于考试本位思想的指导下，我们许多老师在高中语文课堂上的教学基本上属于传统的“讲授型”，只有少数老师考虑学生的个性特点，努力去激发和挖掘学生的潜力，让自己的课堂教学绽放出光芒。

【第二单元】

精心预设才能精彩

——《〈诗经〉两首》教学反思

传统的课堂教学很难让学生体悟其诗歌的意味，特别是古典诗歌更难，所以，经过反复研究实践之后，针对诗歌，我重点采用生态课堂教学的方式与方法组织教学，效果非常好，具体步骤如下：

一、指导学生阅读

《诗经》是我国是最早的一部诗歌总集。是由周王朝通过各诸侯国的协助进行采集，然后命乐师整理、编撰而成的。《诗经》反映了公元前 11 世纪西周初年至公元前 6 世纪春秋中期的 500 年间的古代社会生活，是儒家的经典之一。《氓》是一首叙事诗。叙事诗有故事情节，在叙事中有抒情、议论。作者用第一人称“我”来叙事，采用回忆追述和对比手法。全诗分六章，每章十句。其中第一、二章追述恋爱生活；第三章，以兴起总述自己得出的生活经验：“于嗟女兮，无与士耽”；第四章，以兴起概说“三岁食贫”“士也罔极，二三其德”；五章追述婚后生活；第六章表示“躬自悼矣”后的感受和决心：“反是不思，亦已焉哉”。

作者顺着“恋爱——婚变——决绝”的情节线索叙事，通过写女主人公被遗弃的遭遇，塑造了一个勤劳、温柔、坚强的妇女形象，表现了古代妇女追求自主婚姻和幸福生活的强烈愿望。

要想让学生充分理解这首诗歌的内涵，我的教学方法之一先是让学生阅读。

为了配合学生阅读这一首诗，我自己先范读一遍，把字词协助学生弄清楚，重点的把拼音注上，然后再组织学生阅读课文。采取分组阅读、默读、听录音朗读。

二、师生互动探究

我们探究认为诗中的女主人公的形象是一位善良、热情、坚强的劳动妇女的形象。她热情、活泼，不顾家庭的反对，没有过高的物质要求，和“氓”自由恋爱，结为夫妻。她勤劳、淳朴、不畏贫苦，与“氓”结婚后，真诚地把幸福的希望寄托在“氓”身上。然而婚后丈夫对她日甚一日的暴虐和欺侮，使她“及尔偕老”的愿望完全破灭了。她由忍耐、不平而转为怨恨，终于发出痛苦的呼喊。

诗中她的怨恨多于悲伤，使我们看到封建社会中妇女所受的压迫和欺凌。女主人公的悲剧具有一定的必然性和普遍性，这是由社会特点决定的。在男权社会中，女性在经济上、政治上都处于附属地位。她们的生活天地都很狭小，生活的幸福与否都维系在丈夫身上。如果遇上一个对感情、对家庭不负责任的丈夫，那她的悲剧是不可避免的。

男主人公“氓”可以说是男权社会的一个代表性人物。在求婚时，他对女主人公的感情是真挚的。但是随着时间的流逝、女主人公容颜的渐衰，他的爱情也随风而去，全然不念往日恩爱，无情地遗弃了妻子，是一个对家庭不负责任的、始乱终弃的人。他以虚假的热情欺骗了淳朴的少女，用谎言空话赢得了女子的信任，一旦骗取到手，便露出了卑劣、凶暴的本性。

本首诗运用比兴的艺术手法及对比的手法，将抒情、叙事、议论融为一体，增加了叙事的感染力和抒情的深度。全诗韵律和谐，塑造了一个勤劳、温柔、坚强的妇女形象。她的遭遇值得我们同情，她的人格值得我们尊敬，而男青年的做法则应遭到我们的唾弃。

三、学生导图展示

1. 学生动手画

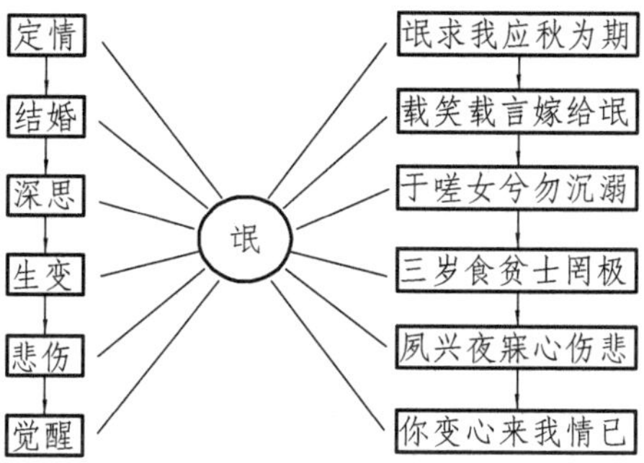

图 4 《氓》思维导图

2. 学生课堂感悟

她在爱河中迷惘

高一（6）班　王燕

老师组织我们学习《卫风·氓》之后，我对诗中的爱情故事感到不明白，特别是一句“淇水汤汤，渐车帷裳”有点莫名其妙。当“女之耽兮，不可说也”成为爱情的戒律，当“信誓旦旦，不思其反”成为愤怒的指斥，淇水则悄然从身边流淌过去，无知无觉。直到现在，为了应付考试，我再次捧起《诗经》重读，那荡漾的水波霎时冲破心灵阀门。

《诗经》里的爱情多半发生在水边，甚至可以说水边的爱情几乎成了《诗经》爱情的一种模式。“关关雎鸠，在河之洲”“泛彼柏舟，在彼河中”“有狐绥绥，在彼淇梁”“所谓伊人，在水一方”……唱不完的爱情就紧贴着流不尽的河水蜿蜒生长。四季奔腾的水流，成了见证爱情的象征。

淇水是《氓》中唯一出现三次的景物。它与《诗经》重章叠句中的重复不同，没有整齐的句式、一致的结构，而仅靠时间逻辑分布，分别出现在女子热恋、被弃、反思三个环节中。女子热恋，依依不舍地穿过淇水送情人；女子被弃，伤心不止越过淇水回娘家；女子躬身自省，斩钉截铁地走向淇水岸边。淇水，见证她的痴情，也见证她的悲哀，更以自己无声的浸润让她在撕裂的痛楚中走向决绝。淇水，就是爱情本身。她在水中央，在爱河中迷惘。

四、课后反思

这堂课自己没有认真准备。虽说是常态课，但还有些紧张。在高一（6）班仓促试了一下，第二天就在录播室正式开课。

我先通过教学资料及资源，向学生介绍《诗经》是我国第一部诗歌总集。接着就是组织学生朗读，分析诗中的人物形象。

整个流程很流畅，课堂气氛很活跃。学生互动也很强。对于学生的发言能够准确点评，加以总结整合升华。人物形象分析充分透彻。

最高兴的是课堂语言做到了简洁。在看回放录像时，明显感到自己有小小进步。

但是，我在指导学生诵读这两首诗的过程中，把重点放在了诗歌的内容及主题上。但是对一些句子的理解还是一个难点，教学效果还是不好。分析原因：一是学生对诗中的男子形象的理解有些偏见，误认为男子追求爱情是正常的，只是女子要求太高；二是对女子叙述爱情遭遇无法理解，因为女子不理解丈夫；三是人物形象的分析不到位；四是语文课要有大的定位，一定要体现语文属性，诗的讲解一定要有诗味；五是课堂开头解读环节要精彩，可惜我没有利用好这个环节；六是我说每一句话都太随意，应该力求精炼、概括、准确。

屈原，我为你而歌

——《离骚》教学反思

一、重点在阅读

《离骚》这篇课文我已经上过几遍了，但每次都有新的收获。每次学生的感受都不一样，但有一点值得肯定，都认为屈原的《离骚》比较难懂，里面有许多生僻字。所以，这次我重点是指导学生阅读。

为了配合学生阅读这两首诗，我先范读一遍，协助学生弄清楚字词，重点的把拼音注上，然后再组织学生阅读课文。采取分组阅读、默读、听录音朗读。

在阅读过程中，我们还要理解诗人热爱祖国、忧国忧民的情怀。其目的是培养学生爱国忧民的思想感情，并学习诗人不与恶势力同流合污、执著追求理想的高尚节操。

屈原是战国末期楚国人、杰出的政治家和爱国诗人。屈原一生经历了楚威王、楚怀王、楚顷襄王三个时期，而主要活动于楚怀王时期。这个时期正是中国即将实现大一统的前夕，屈原因出身贵族，又见闻广博，对时代风云变化了如指掌，而且口才好，很快成为楚国政坛引人注目的风云人物。

在中国历史上，屈原是一位广受人民景仰和热爱的诗人。所以在屈原投江自尽的日子，民间有吃粽子、赛龙舟的习俗。1953 年，屈原还被列为世界“四大文化名人”之一。

二、互动探究

第一组探究总结道：

从课文内容来看，屈原的确是爱国主义诗人。因为屈原的爱国思想其实是一种“爱君”思想。战国后期的“合纵”“连横”之争，是中国内部的矛盾斗争，因为它们都是周王朝的诸侯国，随着诸侯国势力的强大，他们都取代周天子而王天下，屈原力主联齐抗秦的“合纵”策略，一是为保卫楚的独立，二是进而实现楚“王”天下的企图，这只能说是为争夺全中国领导权而进行的内部斗争，并非是抵御外国的侵略，像他在作品中所说的“帝高阳之苗裔兮”就带有明显的血统夸耀。“来吾道夫先路”“恐皇舆之败绩“忽奔走以先后兮，及前王之踵武”，则是一种出于“家天下”感情和宗国观念的使命感和忧患意识。

第二组探究总结：

屈原为了自己的政治理想，最后抱石沉江。针对他的这一举动是出于无奈。想想看，作为那个时代的文人，即便他出身贵族，他和君王仍是附庸和主人的关系，他的理想只有在君王赏识并支持下才能实现，他的高洁的节操只有君王帮他力排众议时才能保持，当君王不赏识他，不支持他，他便失去了支撑他的柱石，若不想改节，不想改变自己，那么，他只有走这一条路。我想屈原走这条不归路是无奈的，并不是他真心所愿。

第三组探究总结：学习了这篇课文后，我的感想是：一个人即使身处逆境，也要为崇高远大的理想而奋斗，决不能动摇和悔改；人生的道路是曲折而漫长的，但为了追求真理，应不屈不挠，勇往直前；即使在污浊的环境中，也应保持自己的高洁品质，要热爱祖国。

三、学生导图展示

1. 学生画导图

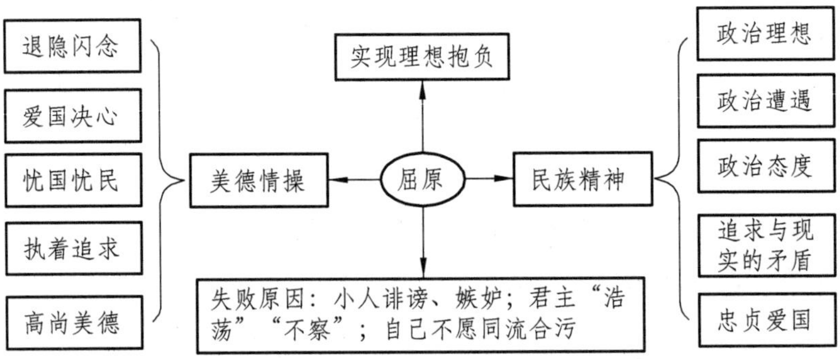

图 5 《离骚》思维导图

2. 学生写感想

心中的屈原

高一（6）班　潘丽

我以一种敬畏的方式走进离骚，走进屈原，走进了这座精神圣殿。我的心灵沐浴着一种光辉，沐浴着一种皈依的意味。

对国家的忠贞，虽九死犹未悔，以香草、芰荷为裳。只可惜，在小人奸诈、君王昏庸的压迫之下，“美政”的理想化作汨罗江上的一道忠魂，飘落在每年阴历的五月初五。

天为之哭泣，地为之颤动。

你的情操、你的美德、你的抱负、你的执着只能是你理想的音符，带你到充满希望、充满梦想的家园去实现。但你留下的是铁骨铮铮的英雄形象，人民敬畏你，爱戴你。

“路漫漫其修远兮，吾将上下而求索”“长太息以掩涕兮，哀民生之多艰”。不断求索的诗人，不断追求的诗人，时时掩面痛哭的诗人，我们为你哭泣，为你穿越时空，站在汨罗江畔，诅咒那黑暗的社会现实，为你的美丽心灵送上一份祝福。你是我们当今青年理想的典范，你的美德是我们中华儿女的榜样。我们要跟随你的足迹继续走下去，努力去实现自己的人生。

四、课后反思

针对这篇课文，我在组织教学时非常慎重。采用生态课堂教学理念是最好的，问题的设置、提问、阅读、分析等都体现生态课堂方式及方法，才能将文章的内涵渗透到学生心里。

《离骚》是古代杰出的抒情长诗，它的内容深厚，思想深邃，情感深沉，境界高远，语言奇伟瑰丽，想象新奇动人。作者屈原被推举为世界文化名人，更是值得每一位中华儿女引以为傲。他的忧国忧民的情怀、洁身自好的品质、献身理想的精神，千百年来感动并影响了无数后人。作为高中语文教师，对于这样的课文，我觉得有责任把它的美原原本本地“交给”学生。

我认为，只有通过阅读，才能让学生体会诗歌作品的美。所以，我将诵读作为一个重点。《楚辞》在语言上的特点可以通过诵读给学生以感性认识。在读的时候强调感情，并且还给学生示范。

注重文意的疏通。《楚辞》的语言有很多是古代楚地的方言。对这些无需关注太多，只是指导学生能结合注释翻译诗句即可。对于比较重要的文言字词，我在教学时还是不能放过。例如古今异义词、通假字，本课出现得较多且比较常见，我是指导学生归纳积累。至于实词的一词多义我没有过多强调，包括特殊句式如介词结构后置、宾语前置、定语后置，考虑暂且放过，留待以后解决。只要学生翻译准确，能调整语序即可。作为高一的学生我觉得讲太多不太合适，且本课是诗歌，重点不应放在此。

疏通诗句是为了整体感知诗歌的情感和思想。本诗的情感比较复杂，提示学生找关键句，然后总结。诗歌是节选的，只有两节诗，我觉得没有必要将屈原“美政理想”的内容加进来，在这两部分诗中，能把握住主要感情即可。

我用了 2 个课时才上完，把重点放在艺术手法上，让学生自己体会。

本次教学，我感觉完成了预想的任务，诵读的效果还不错，如果能再放开些，在感情上再投入一些，可能效果会更好。

我为美好的爱情歌唱

——《孔雀东南飞》教学反思

《孔雀东南飞》是至今流传下来的我国古代最早的也是最长的一首叙事诗，是古乐府民歌的代表作之一，与北朝的《木兰诗》并称“乐府双璧”。《木兰诗》《孔雀东南飞》《秦妇吟》并称“乐府三绝”。《孔雀东南飞》选自南朝陈代徐陵编的《玉台新咏》(《诗经》《楚辞》之后最早的一部古诗总集）第一卷，原题为《古诗为焦仲卿妻作》。这首诗多处运用铺排手法来塑造人物形象或渲染氛围，取得了强烈的艺术效果。例如在描写兰芝被遣回家时，作者不厌其烦地由足至头、至腰、至耳、至指、至口、至步，运用一连串夸张的铺排，描写了兰芝的装束、衣饰、姿态、容颜，写出了她超越世俗之美，更表现出了她的从容镇定。

一、阅读是教学的重点

面对这篇优美的爱情诗，要想让学生学懂、学透，我的教学方法仍然采取阅读。

一是帮助学生弄清字音、字义梳理，同时让学生通过对课本注释阅读去了解与掌握，初步了解故事的梗概。二是让学生通篇朗读，理出层次之后，再分角色朗读。虽然篇幅较长，但学生通过朗读，加上我对个别语段的点拨，学生基本可以弄懂文意。

为了配合学生阅读这首诗，我还播放了屠洪刚唱的《孔雀东南飞》：“孔雀东南飞，飞到天涯去不回，千般怜爱，万种柔情，相思成灰。心碎的时候秋声格外让人悲，天若不尽人意，我愿生死相随。”屠洪刚的一曲《孔雀东南飞》唱得荡气回肠，听得催人泪下。随后我范读一遍，然后再组织学生阅读课文。采取分组阅读、默读、听录音朗读。

二、课文探究突出重点

我们研究总结认为，诗歌开头“孔雀东南飞，五里一徘徊”是采用民歌常用的起兴手法。它为全诗营造了一种徘徊顾恋的情调，奠定了全诗凄恻缠绵、哀婉伤感的感情基调。又有提摄全篇、引出下文的作用。而结尾处化为鸳鸯充满了浪漫主义色彩，同时呼应开头，寄托人们追求恋爱自由、生活幸福的强烈愿望。

面对一个如此聪明、勤劳、善良、美丽的儿媳，婆婆为什么不能容她？我们通过文章进行深入研究认为：一是认为她出身卑贱，配不上自己的儿子；二是认为她挑战了自己的家长权威；三是刘兰芝没有生下一男半女，“不孝有三，无后为大”；四是婆婆长期寡居，蛮横无理，妒忌儿子媳妇的恩爱和美；五是恋子情节，不想有人分享对儿子的爱。

从刘兰芝再嫁后身价反高这个情节反衬兰芝容貌出众、美名远扬，突显婆婆逼退兰芝的不合理。考察汉代历史，可以发现当时的社会对妇人的贞节并不怎么看重，妇人再嫁无人制止，也有人愿娶，史学界已得出汉代妇女有离婚和再嫁自由的共识。史实上有许多这方面的例子，如西汉时的朱买臣妻嫌弃丈夫贫穷而逼迫丈夫写下休书后再嫁他人。东汉时蔡邕的女儿文姬初为卫仲道妻，卫死无子，归娘家。后被掠入匈奴，为左贤王妾，相处十二年，生二子。后被曹操以重金赎回，再嫁董祀，恩爱极笃，社会上也没人看不起她。由此可见当时贞操观念是相当淡薄的。

刘兰芝的殉情反映出她对冷酷的现实有了新的认识，她放弃了最后一丝幻想，只有死才能和爱人厮守，只有死才能警醒世人，所以她选择了殉情。本文以时间为序，以刘兰芝、焦仲卿的爱情、同封建家长制的矛盾冲突为线索，揭露了封建礼教破坏青年男女幸福生活的罪恶，歌颂了刘兰芝、焦仲卿的忠贞爱情和反抗精神。

三、学生课堂展示精妙

1. 学生动手画

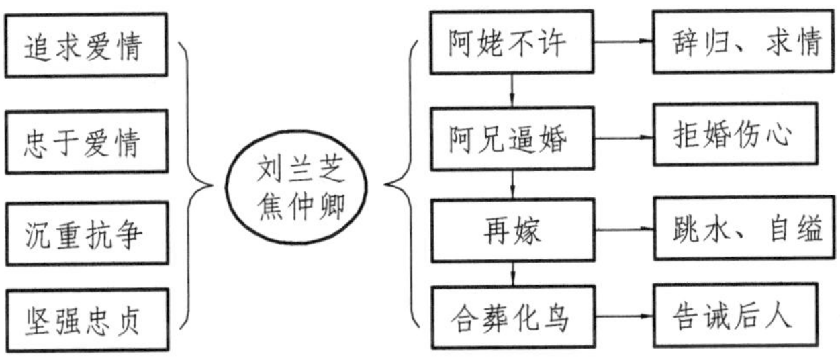

图 6 《孔雀东南飞》思维导图

2. 学生动手写

我为兰芝而歌

高一（6）班　苏芳

读《孔雀东南飞》的时候我的心在颤抖，在流血。在我看来，一段美好的婚姻被世俗禁锢，被礼教肢解，被无情的婆婆逼上绝路，这是谁之过？

婚姻本是美好的，感情本身容不得分离。死亡是一个过程，但是折射出来的是对人性的毁灭、对情感的践踏。

爱情的美好让人间的每一个凡夫俗子刻骨铭心，可是封建礼教的残酷竟让一对天造地设的男女双双殉情。兰芝、仲卿是为追求婚姻爱情自由而死，是为追求生命自由、维护生命尊严、追求幸福人生而死。如果仲卿、兰芝屈从焦母、刘兄的安排，就等于屈从了强权的支配，结果就不只是放弃了生活的自由、生命的自由、生命的自我。即使活着，即使各自再嫁再娶，也是在生命没有自由、没有尊严、没有自我的状态下活着。这样的人生失去了精神、灵魂，没有情感守持，没有生活自由，生命处于被奴役、被禁锢的状态下。这样的人生，价值又何从谈起呢？

我怀疑上天为人们定下缘分之后，总会制造出一些悲剧，让人们的生活更加生动，也更加凄美。如果它不想让这份缘分与感情被浪费，便会让人们去另一个世界，去继续他们未走完的路，只留下人间的空虚与悲伤。

因为上天的这个习惯，人们只得一次又一次为爱情苦恼而又无可奈何，于是便有了"物是人非事事休，欲语泪先流"，于是便有了"执手相看泪眼，竟无语凝咽"，有了"明月不谙离别苦，斜光到晓转朱户"的佳句与感慨。

于是，因为上天的这个习惯，人们只得一次又一次地接受苦难的洗礼。梁山伯与祝英台的魂化彩蝶，贾宝玉与林黛玉的红楼缘怨，《大话西游》中的经典对白，以至于网上《第一次的亲密接触》的生死绝恋……可以说，人每走一步，爱情就在人的脚边建起一座坟墓、一座情冢。

四、课后反思

《孔雀东南飞》是我国古代第一首长篇叙事诗。该诗叙述的故事有人物，有情节，有发展，有高潮，同时还运用白描手法刻画生动的人物形象。

高中语文新课标对古典诗文阅读教学的要求是“提高学生阅读古诗文的能力，学会解决阅读中的障碍，了解作品的社会影响等等”。如何在教学中达到新课标的要求，我的初步设想是让学生通过对本课诗句的阅读理解，从中学习人物形象的刻画手法；通过对主题的理解，了解作品的社会影响。于是，本课教学围绕这个思想展开。本篇教学用 3 课时：

第 1 课时帮助学生弄清字音、字义梳理。这一课除了个别字音比较难懂之外，一些基础知识学生可以通过课本的注释阅读去了解与掌握。在疏通的同时初步了解故事梗概。

第 2 课时让学生通篇朗读，理出层次之后，再分角色朗读。虽然篇幅较长，但学生通过朗读，加上我对个别语段的点拨，学生基本可以弄懂文意。

第 3 课时是人物形象分析，达到揭示主题的目的。这节课学生掌握起来难度较大，我的教学环节主要是：

1. 找塑造人物形象的诗句进行分析。我的办法是首先让学生从全文中找出能表现刘兰芝人物形象的诗句，通过学生朗读，初步体会文中人物的性格。

2. 找人物性格的诗句分析。学生通过分析人物的性格归纳出人物的形象，再通过故事情节认识人物的悲剧结局。学生通过对文中诗句的分析，从不同侧面了解到文中人物的性格，勾画出人物的形象。

表现刘兰芝的美丽诗句有“鸡鸣外欲曙，新妇起严妆。著我绣夹裙，事事四五通。足下蹑丝履，头上玳瑁光。腰若流纨素，耳著明月珰。指如削葱根，口如含朱丹。纤纤做细步，精妙世无双”。

体现刘兰芝勤劳能干诗句：例如“鸡鸣入鸡织，夜夜不得息。三日断五匹，大人故嫌迟”。

体现刘兰芝聪明、知书达理诗句有“十三能织素，十四学裁衣，十五弹箜篌，十六诵诗书”。

体现刘兰芝的善良、懂礼诗句有“勤心事公姥，好自相扶将”“今日还家去，念母劳家里”“念母劳家里，好自相扶将”。

体现刘兰芝对待爱情的忠贞诗句有“感君区区怀！君既若见录，不久望君来。君当做磐石，妾当做蒲苇，蒲苇韧如丝，磐石无转移”“兰芝初还时，府吏见叮咛，结誓不别离。今日违情意，恐此事非奇。自可断来信，徐徐更谓之”。

学生对诗句进行以上的分析、思考，就能发现文章是通过人物的外貌描写、语言描写塑造人物性格的。在此基础上，再启发学生思考造成刘兰芝悲剧结局的根本原因是什么。这样的问题对学生来说难度较大，即使学生能够说出封建家长制是悲剧根源的话语，也不一定能真正理解，毕竟他们缺乏对当时生活与社会的体验。

最后我抛出了一道开放式思考题：假如在今天，这个悲剧是否会发生？刚开始学生们无从答起。后来我启发，假如你就是故事中的主人公，你会怎么办？有男同学说，会做好母亲和妻子的工作。有女同学说，我会努力让婆婆喜欢我。虽然学生的回答还很肤浅，离我预设的答案相差很远，但他们毕竟对这个问题进行了认真思考，他们还是有所收获的。

课后我反思：如果我的教学体现生态课堂教学的理念，教学环节是引导学生对"孔雀东南飞，五里一徘徊""中有双飞鸟，自名为鸳鸯""多谢后世人，戒之慎勿忘"等诗句的理解，再把学生引向对爱情的忠贞思考的问答，那么这堂课就会更加突出主题。一个爱情悲剧、一篇文学作品是可以引发诸多社会问题的讨论的。语文新课标指出："学习从历史发展的角度理解古代文学作品的内容实质，评价其积极意义与历史局限。"基于此，语文教师在教学中应从学生的生活体验出发，提出具有思考价值的问题，借以加强学生对文学作品的理解。

直面挫折，学会放弃

——《诗三首》教学反思

一、朗读的基础上说课文

《诗三首》为高中语文必修二第二单元的内容。为了让学生充分理解和背诵这三首诗，我的教学方法还是阅读，只有采用生态课堂教学的方法，才能掌握诗歌所表达的情感，增强对诗歌的理解。我的步骤是首先让学生自己阅读，把诗歌中重点字和词弄清楚，读不准的字标上拼音。然后是听录音朗读，我范读。

在学生熟读的基础上，要求学生上台来说说这三首诗的创作背景。当我向同学们提出这一要求时，李娜同学就主动起来说。

李娜：我认为《涉江采芙蓉》这首诗，早在东汉末年，一些中下层文人为了寻求出路，往往要离乡背井，外出游学或游宦。他们或游京师，上太学；或奔走权门，进谒州郡，请求举荐，以获得一官半职。他们长时间远离家乡，过着坎坷辛苦的生活，自然要产生沉重的乡思乡愁情绪。但诗歌中出现了两个画面：一是涉江采芙蓉——所思在远道；二是还顾望旧乡——忧伤以终老。

张兰：建安十三年，曹操“挟天子以令诸侯”，先后击败吕布、袁术等豪强集团，又在著名的官渡之战一举消灭了强大的袁绍势力，统一了北方。这一年冬天，曹操亲率八十三万大军，列阵长江，欲一举荡平“孙刘联盟”，统一天下。在赤壁大战前，曹将大宴众文武官员，饮至半夜，忽闻乌鸦向南飞，五十七岁的曹操有感而发，写出了《短歌行》。全诗以感慨开始，继之以慷慨、沉吟，再继之以忧愁、开朗。一忧一喜，忽徐忽急，倾诉了作者慷慨激昂的情怀。

杨洋：《归园田居》写在陶渊明辞去彭泽县令后的次年，是诗人告别旧我的宣泄，也是迎接新我的战歌。它所反映的深刻思想变化，它所表现的精湛圆熟的艺术技巧。开头八句写归田的原因，可以说是整组诗的一篇总序，以议论启之，跌宕飞动，而结束于“归园田”；“方宅”以下十句写田园景象，天然逼真，是一幅生动的村居图；最后两句换笔另收，与首段呼应。全诗以质朴真淳的语言写出，而音节铿锵，元气淋漓，得自然之美。

通过 3 位同学精彩的陈述，学生对课文内容的理解已经差不多了，接下来我开始第二环节，组织学生探究课文内容。共分三步进行，第一步探究第一首诗；第二步探究讨论第二首；第三步探究第三首诗。

二、课文探究互动

第一步：第一组研究认为，“涉江采芙蓉”这首诗有两个突出的特点，一是意境高洁、清幽，二是含蓄不尽，余味悠长。首四句是平缓的叙述。“芙蓉”“兰泽”“芳草”等语，让人顿感抒情主人公形象的雅洁以及所表达的感情的纯洁、美好。“采之欲遗谁？所思在远道。”这两句自问自答，语气也是较为缓和的，不过“远道”一词已为下面的情绪转折透露了一些消息。五六句承“远道”而来，“还顾望旧乡，长路漫浩浩”将“远道”的意思说尽。“还顾”一词，动作性和画面感很强，读者似乎看到主人公孤单、忧愁、怅惘地立在船头，徒劳地往故乡的那个方向张望，他看到的是什么呢？他不敢去仔细计算迢迢路程！“漫浩浩”一词，读起来即给人以路途绵延无尽的感觉。故乡在哪儿？“所思”在哪儿？至此，主人公感情痛苦到极点。可是，这两句并没有直接点明主人公的痛苦，这给读者留下了很大的想象空间，具有含蓄不尽的效果。最后两句也并没有顺接上面两句，而是从眼前想到此后的生涯，主人公更深的担忧是，如果两个相爱的人此生都不能相聚相守，那就只能是“忧伤以终老”了。黯然的情绪真是令人销魂！

第二步，第二组研究认为：从《短歌行》中，我们深切体会到诗人的“忧”与“愁”。全诗表达了作者求贤若渴、礼贤下士的心情，希望像周公一样礼迎天下之士。“山不厌高，海不厌深”二句也是通过比喻极有说服力地表达了人才多多益善。

曹操“忧”什么？他深知“人生苦短”，为什么还要那么辛苦地“但为君故，沉吟至今”？为什么还要去“明明如月，何时可掇”呢？为什么还要去“忧从中来，不可断绝”呢？为什么还要去“周公吐哺”呢？为什么要干什么“统一大业”呢？岂不很苦吗？因为世上多的是“享用人生”的人，多的是庸庸碌碌但安逸的人。所以，要想解除心中的忧愁，便“唯有杜康”了。

第三步：陶先生归园田的目的是什么？我们认为他反对机巧圆滑，反对官场生活中的八面玲珑、尔虞我诈，怕自己受到官场不良环境的影响而失其本心，官场是个是非之地，没有那种当官的本领，很难往上爬。所以，一个正直清高的人就会感到精神上很压抑，没有自由，所以诗人把自己比作“羁鸟”“池鱼”。

摆脱污浊官场，追求清新的农村自由生活。这种情绪，用一个词来概括叫作“返璞归真”。所谓“真”，指做人要真实正直不虚伪，具有人的本性；所谓“朴”，指处世要朴实，不造作，不追求豪华富贵，而是自由自在潇洒之至。这是一种与污浊的官场生活相对立的生活方式，也是历代文人学士所追求的至高至真的境界。

师生共同探究总结：陶渊明所追求的，恰恰是我们当代人的共识。他的归来，他的舍得，在我们心中留下了许多：“不为五斗米折腰”的浩然傲气，鄙弃官场、厌恶功名的高洁情怀，他不仅创作了世界上最美丽的诗文，而且塑造了世界上最完美的人格。他的独特艺术个性及伟大品格深刻影响着，且将继续影响着一代又一代的中国人！

三、总结经验，学会反思

通常情况下，1 课时讲完三首诗歌，的确有难度，教学内容多，课堂容量大，容易造成填鸭式教学，师生都会觉得累。我把这三首诗歌放在一起讲，对这些内容进行了巧妙的安排与选择，教学顺序合理，融三诗一体，难度是有点大的。

我在课堂上分三步走，第一步引导学生解读《涉江采芙蓉》，让学生归纳诗歌的风格特征：意境的阔大性、意象的密集性、意蕴的包孕性，以及诗歌的主体风格。第二步，运用这些风格特征，自读《短歌行》体会曹操诗歌的艺术风格。第三步，结合陶渊明诗歌的形象来抒发自己热爱自然、隐居田园生活的情怀。

开头导入部分使用多媒体播放《短歌行》吟唱片段，通过视觉和听觉的冲击，能让学生尽快地走入我为本篇课文创设的情境，激发学生阅读诗歌的兴趣，调动学生主动探究的积极性，为诗歌鉴赏作好情感铺垫。

结尾部分的“学以致用”是对学生鉴赏方法能力的检测，因为《诗三首》属于自读课文，将本课所学到的方法，迁移到其他两首，培养学生自学能力，通过当堂训练，效果还算不错。

虽然之前已经学过《诗经》《离骚》《孔雀东南飞》，但是高一学生在鉴赏诗歌方面仍然缺乏整体思维，尤其当学生拿到一首诗时，不知道应从哪里入手去鉴赏，也就是诗歌鉴赏的方法和能力需要训练和提高。因此我想把曹操的《短歌行》作为一个突破点，让学生从课文学习中掌握一定的诗歌鉴赏方法，为学生以后鉴赏诗歌打下良好的基础。从基础知识的掌握上升到鉴赏能力的培养，使学生初步形成鉴赏古典诗歌的能力。

于是，整节课的重心是放在《短歌行》分析上。当然，诗歌鉴赏的方法有很多，可以从题目入手，挖掘重要信息；可以从作者入手，知人论世；也还可以从意象入手，抓住意象特点，揣摩诗歌情感……到底哪种方法结合本课更好呢？

我认真钻研文本，参阅大量资料，梳理思路，在反复诵读中我发现其实本诗抓住“忧”这个关键字，就可以理出一个思路：忧思难忘——何以解忧——忧之根源——归心解忧。

于是我想到抓住关键词句进行点拨，以点带面，通过点拨法设置问题，当然问题的设置要由浅入深，使学生能够比较顺利完成这节课的教学重点，同时通过小组讨论，合作探究，也体现了课堂上的师生互动、生生互动，让学生掌握这种诗歌鉴赏的重要方法。也就是我们常说的不仅“授之以鱼”，更要“授之以渔”吧。这节课在学生基本鉴赏能力的培养上，希望能达到这个目标。这是一个思路。

另一方面，阅读鉴赏是人教版高中语文教材的主题，尤其对于古诗更是这样。新课标对这部分的要求是学生能在反复诵读中不断充实精神世界，完善自我人格。因此应加强吟诵，在反复吟咏中体会诗中感情，让学生吸取诗歌积极的精神营养，丰富自己的情感世界。但是在处理时，我觉得有些仓促，因为要顾及到后面诗歌鉴赏方法和能力的培养，所以花的时间不够充分。这也显示出在课堂教学的节奏上把握不是很好。

【第三单元】

群英聚会，畅抒幽情

——《兰亭集序》教学反思

高一学生对序不太了解。序也叫序言，是古代的一种文体，是写在书籍或诗文前面的说明性文字，序言有的是作者或编者写的，有的是别人写的；其内容和作用，是说明编写的情况、目的，阐述某些观点、原则、介绍或评价作品等，篇幅一般较短，内容简明扼要。

本文是一篇因宴集赋诗结集的书序，不像一般书序那样把写作的重点放在对书的内容和特点的介绍上，而是把笔力集中在由这次集会而引起的对人生无常的感慨上，所以理清作者思想感情的脉络是学好这篇课文的关键。又因为本文有一定的消极色彩，所以教学中必须正面引导学生认识作者在深沉感叹中的积极情绪。这是全文学习的难点。

一、阅读教学的重点

根据高中语文第一册教材对文言文学习的总体要求和本单元的具体要求可知，本课学习的重点是对课文思想内容、作者思想感情的理解，前提是必须弄清写作背景和社会背景。弄清了创作缘由，学生们自然会在整体感知的基础上实现熟读背诵，而后顺利划分出层次结构。

兰亭，是东晋时期会稽郡治山阴（今浙江绍兴市）城西南郊的名胜。这里山清水秀、风景幽雅，是当时名流雅士时常集会的地方。东晋穆帝永和九年（公元 353 年）三月三日，五十一岁的王羲之（当时任会稽内史）和友人谢安、孙绰等四十一人在兰亭聚会，他们做曲水流殇之饮，当时要求每人作四言、五言诗各一首。之后王羲之将诸名爵及其诗作一一记录集结成集，是为《兰亭集》，并为此集作序一篇，这就是《兰亭集序》。

背诵全文是本单元和本课的具体要求，所以必须督促学生去完成。在指导学生阅读时，我的要求是学生自己阅读，把文章重点字和词弄清楚，读不准的字标上拼音。其次是听录音朗读，我范读。再次是熟读、背诵课文，理清思路，划分层次，然后采用导学、提问、讨论相结合的教学方法，根据学生的实际水平，随机控制教学进程，解决课文中的重要问题。

二、学生自主探究

第一组探究总结认为，作者所在文章里表达了一个“乐”字，总结起来，一是名士相聚之乐，“群贤毕至，少长咸集”；二是环境优美之乐，“崇山峻岭，茂林修竹，清流激湍，映带左右”；三是气候宜从之乐，“天朗气清，惠风和畅”；四是相聚狂欢之乐，“虽无丝竹管弦之盛，一觞一咏，亦是以畅叙幽情”。真所谓赏心、乐事、良辰、美景——四美并具。

第二组赞同第一组的观点。因为作者围绕“乐”这个主题来展开，由乐而忧，由生而死，围绕人生重大问题抒发感慨。从第一自然段的“乐”转入本节的“忧”的原因是“向之所欣，俯仰之间，已为陈迹，犹不能不以之兴怀，况修短随化，终期于尽”。

第三组探究认为，作者在文章所中抒发了一是“一死生为虚诞，齐彭殇为妄作”；二是“后之视今，亦犹今视昔”的感慨。又从“临文嗟悼”说到“一死生为虚诞，齐彭殇为妄作”，表达了作者认为死就是死、生就是生，二者不得等量齐观，暗含有生之年应做些实事，不宜空谈玄理的意味。在对老庄哲学虚无主义世界观的批判中，含蓄地表达了作者对生的眷恋和热爱。

第四组探究认为，作者在文中发出对老之将至、人生无常的感叹，情调有些低沉，这种消极情绪从第一自然段中就已经出现，表面上看，作者心情愉快地对此次宴集环境进行了描述，“所以游目骋怀，足以极视听之娱，信可乐也”道出了作者对生活的热爱之情。第二自然段，虽然作者对时光飞逝、人生短促而发感慨，但字里行间、深沉的慨叹之中，暗含着对人生的眷恋和热爱之情，从而与第一自然段的“乐”相一致。第三自然段，作者在慨叹人生无常的同时，批判了庄周“一生死”“齐彭殇”的虚无主义思想，这在玄谈之风盛行的东晋时代是非常有积极意义的。

三、教学反思

我在教学这篇《兰亭集序》时，深知学生很难体会这篇文章的思想感情。所以，我采用生态课堂教学的方法，重视对文本的阅读教学，其目的是通过阅读，让学生真正理解和体会作者当时的思想感情。

对于文言文教学，我曾以讲解为主，不重视学生诵读，因为文言文中的实词、虚词、句式、情感、背景等，都可以讲出很多内容来。这种教学方法并不是不受学生欢迎，不少学生坦言爱听我“侃”。但这种做法却不能使学生真正喜欢文言文本身，他们喜欢的只是其中的所谓文化。于是我参照新课标尝试改变文言文教学思路，由学生诵读，学生来说课文，由学生来组织翻译和谈自己的感悟。

《兰亭集序》是一篇文言散文，作者借助富于韵味的文言语言，极富魅力地表达了当时人们的生存体验。我把这节课的诵读设计为四步：

第一遍诵读：听录音，小声跟读，引导学生边听边校正自己的字音、句读错误；还让学生勾画出自己有疑问的字词，读完后讨论。

第二遍诵读：自由诵读第一自然段，边读边勾画出自己喜欢的句子，并说说喜欢的理由。

第三遍诵读：齐读，从每一段中找出一个字概括作者的心情。

第四遍诵读：带着感情诵读，在朗读中分别表现出欢乐、痛苦、悲伤的感情。

在阅读的过程中，我抛出几个问题让学生思考：例如，第一段中，作者欢乐的因素有哪些？第二段中他为何而痛？第三段中他又为何悲？这样，让学生带着任务去读书，每一遍诵读都有目的，每一遍诵读都有任务。

通过诵读，使学生身临情境，直入文本深处，切身体验“此景此情”，与作者进行面对面地沟通与交流，产生心灵之间的感染与共鸣，从而在更深层次上感悟文本、感悟人生。

采取诵读的教学方法后，我发现，许多过去需要讲解的知识在诵读中就解决了，学生在诵读中就能够有所感知，就能够增加积累，就能够形成语感。当然，这节课还有很多缺憾，而我感到最大的缺憾，是因为时间原因没有展开过多的讨论，没有给予学生更充分的诵读时间。如果学生在这节课中能够当堂背诵全文，那么，即使没有分析其中蕴含的人生哲理，也是一节成功的文言课。

乐观豁达情怀，造就精彩人生

——《赤壁赋》教学反思

《赤壁赋》这篇属文赋，文质兼美，音韵和谐，乃苏轼之传世名篇。尽管文章抒发的情感、反映的思想有些深奥，但文章在诵读、鉴赏、审美等各方面，均可视作古代散文的经典。同时，体悟文章的精美高妙，对培养学生学习文言文的兴趣，体会作者豁达的胸襟，提升学生的文学素养乃至综合素养，有很大的帮助。

一、在阅读中体会作者的情怀

所以，要想指导学生学好这篇文言散文，我认为得从如下几个方面入手：

我在指导学生阅读前，先用 PPT 展示《苏东坡传 · 序》里林语堂对苏的评价："一个不可救药的乐天派，一个伟大的人道主义者，一个百姓的朋友，一个大文豪，大书法家，创新的画家，造酒试验家，一个工程师，一个憎恨清教徒主义的人，一个瑜伽修炼者，佛教徒，巨儒教育家，一个皇帝的秘书，酒仙，厚道的法官，一位专唱反调的人，一个月夜徘徊者，一个诗人，一个小丑……"

让学生先了解苏东坡的大致情况，再要求学生阅读课文。阅读是教好文言文的基础，所以，在指导学生阅读时，一是要求学生自己阅读，把文章重点字和词弄清楚，读不准的字标上拼音；二是听录音朗读；三是理清思路，划分层次；四是采用导学、提问、讨论相结合的教学方法，根据学生的实际水平，随机控制教学进程，解决课文中的重要问题。

二、在互动中探究

本文描写了月夜的美好景色和泛舟大江饮酒赋诗的舒畅心情，然后通过客人洞箫吹奏的极其幽怨的声调，引起主客间的问答。全文有诗情、画意，哲理，表达了作者旷达乐观的处世态度。

李保强：第一段，显然是描写夜游赤壁的情景，展现了一个诗情画意的境界，清风明月交织，露珠和水色辉映。在这澄澈、幽美的夜景中，主客秋夜荡舟，把酒诵诗。置身于如此良辰美景之中，作者油然而生“遗世”“羽化”之乐，不禁飘飘欲仙，从而为全文定下了一个悠扬和谐的基调。

李强：从文章第二段来看，作者饮酒放歌的欢乐和客人悲凉的箫声。如箫声起，悲意生。用这哀怨、爱慕、哭泣、倾诉，潜龙舞，新妇泣六个比喻，渲染箫声的悲凉，主客触景生情，由欢乐转为悲凉氛围。

王磊：第三段表达了客人感慨人生短促无常的悲观情绪。作者是借主客问答的方式抚今追昔，畅述对天地人生的感触。客人从眼前的明月、江水、山川，想到曹操的诗。世间万物，英雄豪杰，不过是过眼烟云，随着岁月的流逝而灰飞烟灭，风流散尽。想到自己贬谪黄州，青春虚度，不禁悲从中来。

刘莉：第四组，作者丢开了个人的愁怀，流露出欣赏大自然美妙风光豁达开朗的心情。从“苏子”的回答，说明世界的万物和人生，都有变的一面，又有不变的一面。从变化的角度看，天地万物就连一眨眼的工夫都在转变；从不变的角度看，万物和人类都是永久不变的，用不着羡慕明月的永恒，也用不着哀叹人生的短促，而应保持旷达乐观的态度。

杨洋：第五段写客人转悲为喜，主客开怀畅饮，兴尽入睡。这个结尾意味深长，既照应了开头超然欲仙的快乐，又是向政敌的一种暗示：我虽然遭受迫害，贬谪黄州，但我的日子过得并不错，既不寂寞也无苦恼。这实际上是一种抗议。

三、学生课堂展示

我想学苏轼

高一（6）班　王兰兰

学习了《赤壁赋》这篇文章后，我为赋中所描绘的图画所陶醉。有清风、有明月、有饮酒、有赋诗、有高歌，再加上有洞箫相伴，使得整个夜游充满了诗情画意，仿佛进入美妙的神仙境界。在这样的场合之下，怎能不醉。

我真是羡慕古代文人的雅致与情趣，关键还在于陪同参加夜游的都是当时的文人，没有高官。没有地位的高低，没有争权的氛围，有的只是独特的享受与快乐，尽情高歌，吟诗作赋，与知己畅想，不亦乐乎？

人生在世，要学会豁达，要活得潇洒。个人恩怨，你把它看得很大，它就会压垮你，不如尽情享受“江上之清风，山间之明月”，“飘飘乎如遗世独立，羽化登仙”。

或许，好山好水，才能养出好人吧。一个地方呈现哪一种生命气质，并非偶然的。城市有城市的气质，山水也有山水的偏好。我们贵阳同样也有好山好水，是否会出现一个像苏轼一样的文豪呢？

我真的想学苏轼的这种豁达的情怀，但是，作为现代的一名高中生，有的只是羡慕。我还得面对现实，努力在书中寻找属于自己的那份快乐。

四、课后反思

这篇课文我已经上过 3 遍，每一次过后都有收获。但这一次上这篇课文，实属环境特殊，因为我们语文组的老师要听课。

说要听我的课之前心里有些忐忑。文言文历来是最难上的，稍微不慎，课就成为讲读课，学生无兴趣，老师费力不讨好。所以，准备一定要做足，由字到词，由字到句，由句到文都得细细琢磨。

今天，终于上完了，再回过头来反思我的教学，收获多多，需要改进的地方也很多，总结起来有如下几点：

（一）亮点

1. 指导学生在阅读方面比较成功，我历来教文言文，把阅读作为重点。所以，这一次同样如此。

2. 在指导学生阅读的过程中，在疏通文本字词方面比较到位，基本上在阅读的过程中就能扫清文字障碍。

3. 在探究问题过程中，我设置的几个问题比较有针对性，课堂气氛比较活跃，学生参与率高，在激发学生求知欲方面比较成功。

4. 学生分组讨论环节和各组上台展示部分比较成功。同时这也是课堂教学的高潮部分，其中有两位同学的展示还比较精彩，赢得了在座的老师的好评。

5. 教学目标基本达到，教学效果还算不错，学生有收获，整节课学生积极参与，老师相对比较轻松。

6. 课堂教学完全体现生态课堂教学的理念，教师的任务是提问，问题的设置符合生态课堂的具体要求。

（二）不足

1. 对背景没有作过多的解释

2. 老师的角色定位不够明确

3. 只是在步骤上没有遵循生态课堂教学的基本原则，从而导致课堂有些沉闷

教师的角色应是方向的引导者、探究的合作者、情感的激发者、方法的指导者。所以，我的教学方法有如《焦点访谈》式的独白，用学生的回答来证明我提出的问题，从而被动让学生接受；课堂应该是《实话实说》式的对话，问题的选定要有目标，问题引发体悟，对话交流呈现思想，点拨梳理渗透观点！正如叶圣陶所说："教师之教，不在于全部讲授，而在于相互诱导。"

在课堂上，学生是学习的主人，是发展主体；教师是学生学习、发展的帮助者、促进者，起主导作用。作为教师，主导作用应体现在"学生学习目的不明确时点拨学习目的，引发学习动机；学生难以把握自己时，点拨学习心理，让学生自己掌握；学生学习出现疑难时，点拨学习疑难，帮助跨越障碍；学生学习方法欠佳时，点拨学习方法，交给钻研钥匙；学生不能学以致用时，点拨知识运用，传递收获乐趣。

但在课堂上，在某些关键句子上，我的点拨还不到位，比如就"变"和"不变"的理解上，学生不能理解为何"自其不变者观之，物与我皆无尽也"。我的解读有无力之感，这说明自己在文本的研读上还存在缺陷。

4. 对课文基础知识的疏通方面有些欠缺

高一的学生正是培养习惯和打基础的最佳时期，所以老师一定要在抓基础上下工夫。对于文言文教学一方面要注重文，但是基于文言文的特殊性，要注意对言的处理，只有言落实好了，文的教学才能水到渠成。

按叶圣陶先生的说法，"在课堂里教语文，最终目的在达到'不需要教'，使学生养成这样一种能力：不待老师教，自己能阅读——教师才真正起到了主导作用。"因此，课堂教学要点燃学生的学习热情，让学生成

为体验者；教师积极引导，让学生成为发现者；教师精心组织，让学生成为探索者；教师巧妙设计，让学生成为创造者；教师灵活调控，让学生成为反思者。

回顾《赤壁赋》的教学，虽然有较多的不足，但是总结起来还是有收获。课堂上学生踊跃发言，不但学会了举一反三，还学会了积累、整理相关知识点。

人贵有志，坚持就是胜利

——《游褒禅山记》教学反思

《游褒禅山记》属于游记，却不以表现山水之美为主，而是在记游的基础上，进行大量的议论。文章紧紧抓住山川风物的特点，抒发作者感情。

一、阅读中领悟课文背景

针对文言文，我还是认为阅读是学好文言文的基础，应把阅读教学放在重要位置。在指导学生阅读时重点弄清字和词，生僻字标上拼音，然后听录音朗读，指导学生理清文章思路或游览路线。阅读的方式我通常采用个别朗读、分组朗读和整体朗读，读出、读懂、读透文章的意蕴与情感。

在指导学生阅读完后，要求学生主动说课文，说作者和说写作背景。这次我要求语文科代表王浩同学上台说。

王浩：大家都知道，这篇游记是北宋政治家、思想家、文学家王安石所作。他三十四岁时（公元 1054 年）从舒州判通任上辞职，在回家的路上游览了此山，三个月后以追记的形式写下此文。虽然是游记，却是借记述游山来说理。王安石游褒禅山和曾巩游玉山的经历一样，都因游者不想前行，而未能穷尽山洞。但这时的王安石比他的朋友曾巩大了十几岁，思想也深刻得多，他并不是像曾巩那样只是遗憾于“遗泉石之胜”（曾巩《游信州玉山小岩记》），而是由此事生发开去，讲出一番求学问、做事业的道理，并辩证地提出了“物”“志”“力”的关系。这篇文章所表现出的深邃思想、高远志趣、坚毅品格给后人以有益启示。古往今来的仁人志士，虽然其立场和世界观各不相同，但他们莫不具有远大的抱负和坚韧顽强的追求与奋斗精神。革命先驱李大钊有诗云:“绝美的风景，多在奇险的山川。绝壮的音乐，多是悲凉的韵调。高尚的生活，常在壮烈的牺牲中。”这诗闪耀着无产阶级思想的光辉，也凝聚了历史上优秀人物的思想精华。

二、探究互动

通过阅读与探究，我们认为本文不同于一般的游记，不重山川风物的描绘，而重在因事说理，以说理为目的；文章以记游的内容为喻，生发议论，因事说理，以小见大，准确而充分地阐述了一种人生哲理，给人以思想上的启发，使完美的表现形式与深刻的思想内容和谐统一。

本文的主旨在于阐述要“有志”“尽吾志”的观点，另外也涉及“深思而慎取”，因此，文章的选材、详略无一不经过精心裁定，紧扣这两个观点。记游部分就写景来看，似乎平淡无奇，实际上是深思熟虑、刻意安排的。

文中的一些句子，如“入之愈深，其进愈难，而其见愈奇”“夫夷以近，则游者众；险以远，则至者少”“世之奇伟、瑰怪、非常之观，常在于险远，而人之所罕至焉”“尽吾志也而不能至者，可以无悔矣”，都是平实而深刻、言简而意丰的警句。

三、课后反思

课后经过反复研究认为，本课教学基本上体现生态课堂教学的理念，其效果非常明显，值得肯定。

实际上，通过前面《兰亭集序》和《赤壁赋》的教学，我总结出了文言散文的教学规律。《游褒禅山记》是人教版高中语文必修二第三单元的第三篇课文。这个单元学习的是古代游记散文，属于文言文教学单元。

我的教学方法一般分四个步骤：

第一步是要求学生参照注释，自主翻译本节课规定的学习内容。

第二步小组讨论，并根据语境推断个别难懂的字词、句子的用法和句式特点。

第三步是对学生质疑的问题，课堂上师生共同探究解决。

第四步设置有针对性的问题，激发学生对本节课内容的深入思考，理解、吸收课文的思想精华。

我认为文言文教学离不开文言知识传授，但不能仅局限于文言知识。文言文中蕴藏着深厚的传统文化精华，是古人深邃思想的体现、高尚人格的展现、超人智慧的表现。文中所蕴含的人文精神以及其精巧的结构布局都是非常值得我们学习的。倘若教师只局限于文言知识的教授，真的有些舍本逐末了，况且大部分课文下面的注释比较详细，学生参照课文下边的注释，基本上就可以疏通大部分的文句了，而且大部分文言知识也是要靠上下文的文意来理解的。

所以在教授文言文单元时，我的教学过程基本上是按照以上四个步骤安排的。

我自认为这样就可以把我从一字一句的讲解困境中解脱出来，利用更多的时间去观察学生的学习状态，也可以给予学生及时的指导和点拨，从而使每节课都落到实处，让每位学生都有所收获。

通过三节课，我总算完成了教学任务。有几位听课的老师对我说，你的课非常漂亮，师生互动性很强，完全采用探究式的教学方法值得推广与借鉴，但是，你在教学过程却忽略了学生的反应。

是的，教学是没有边际的，我还需努力，探索新的教学方法，尽量关注学生，让学生在我的课堂上有所收获，这才是从师的道。

《第四单元》

抱定宗旨，端正学风

——《就任北京大学校长之演说》教学反思

演说词，是指在重要场合或群众集会上发表讲话的文稿。在各种会议上，它用来交流思想，表达感情，发表意见和主张，提出号召倡议。《就任北京大学校长之演说》这篇演说词是 90 年前，著名的教育家蔡元培先生在北京大学的一番讲话。提起北京大学这所无数学子梦寐以求的百年名校，我们的心中就会生出无限的向往与仰慕之情。可又有多少人知道办学之初的北京大学是怎样的情形呢？北京大学为什么能成为世界一流的大学呢？

要想学生真正理解蔡元培先生对学生们给予了什么样的希望，唯一的办法就是阅读，同时在阅读中加强理解。

一、学生的说课精彩

课堂上我指导同学们阅读和疏通了文字障碍之后，我又请语文科代表左银滢上台说这篇演说词的内容。

左银滢：蔡元培是清末进士，又是一个真诚的民主主义者。他旧学深厚，深刻理解中国传统文化，却又有着明确的开放思想。1912 年他曾担任南京临时政府第一任教育总长，担任过北京政府的教育总长是伟大的爱国主义教育家、中国近代学术与教育的奠基者。教育论著有《蔡元培教育文选》《蔡元培教育论著选》等。《就任北京大学校长之演说》是 90 年前蔡元培在北京大学的一番讲话。

在演讲中，他开门见山，简单地回顾了自己与北大的渊源，之后就以校长的身份直截了当地对青年学子提出了三点要求：抱定宗旨、砥砺德行、敬爱师友。这几点要求绝非泛泛而谈，而是直接针对当时的社会风气和北大的沉疴提出的，可以说每一点都极富针对性，都事关北大的前途和命运。

二、课堂探究互动

王兰：蔡元培先生高屋建瓴地提出了大学的性质，明确了求学的目的。他指出，大学不是做官发财的跳板，而是研究高深学问的地方。以前北大学生多抱做官发财的目的来此读书，专业多以实惠取巧的法科为主，对于教师不以学问的深浅来衡量，而是只问官阶之大小等等。这些现象之所以产生，深层原因恰恰在于学校办学宗旨不明，大学日渐急功近利和庸俗化。蔡元培明确提出，为求学而来到北大者，会倍加珍惜这几年的大好光阴，孜孜苦读，为今后的发展打下坚实的底子。而如果只为做官发财而来，则往往容易敷衍塞责，误己误国。

杨洋：我们第二组探究认为，蔡元培先生的演说，着眼于品行，这一点是有的放矢的。他希望北大的学子能以天下为己任，以身作则，担当起匡正流俗的职责，为天下人做道德的楷模。即使娱乐，也要力求正当之娱乐。这些教诲既严肃认真又体贴入微，可谓语重心长。

刘莉：我认为蔡老还希望北大学子能尊敬师长，团结友爱。特别是同学之间要相互勉励，共同维护北大的荣誉。他还以自己在德国的亲身经历，论述良好的社会风气之必要，勉励青年学子相互友爱，共同进步。最后，他告诉在座的青年学子，自己近期要做两件事，一是改良讲义，二是添购书籍。这两件事情虽小，却是建构一个优秀大学的基本条件，也是北大学子们迫切需要的。作为一个校长，蔡元培为学校、为学生考虑得不可谓不深，不可谓不细。

马强：我们第四组探究认为，作为北大的新一任校长，蔡元培对青年学子寄予了厚望。他深知当时社会的污浊与北大的沉疴，因此，在演讲中，他开门见山，有针对性地提出了三点要求。可以说，每一点都事关北大的前途和命运，也是青年学子们普遍关心的。

三、课后反思

这是一篇演说词。学习这篇课文，感受北大之父蔡元培的人格魅力。要把这种魅力传递给学生，我的教学非常慎重。

为了把课堂气氛做浓厚一些，我特从网上下载了美国前总统奥巴马给中学生的一次演讲《我们为什么要读书》视频让学生观看，旨在吸引学生们走进新课。

这是一篇半文言的课文，对于高一学生来说，理解课文内容不是太难。但是为了扫清学生字词障碍，在检查预习这个环节，我把学生易读错的字和不懂的词做了总结和疏通。

本单元是演说单元，而本文又是本单元的第一篇。所以课一开始，我就利用 5 分钟的时间向学生介绍演说词的特点。但遗憾的是我没有引导学生感受演说词的另一特点——内容的鼓动性和语言表达的综合性。还好我给学生布置了总结演说词特点的作业，领悟演说词的特点。

在课文探究方面，我设置了三个问题：一是本文的整体结构；二是“三点要求”是什么？三是“三个希望”是什么？我在组织学生探究第三个问题时，穿插了背景介绍，其教学效果非常好。我认为这个环节较为合理，符合学生认知规律。学生既感知了课文，又了解了背景，而且还了解了演说词的结构特点。

在分析关键语句方面，我让学生深入理解文章内涵。在问题设置上，我注重问题之间内在的逻辑性，使问题环环相扣。学生在充分预习课文的基础上，能够积极地思考，并踊跃地回答问题，表现得非常好。

在拓展延伸部分，我设置了一个问题：“如何理解蔡元培校长的‘三点希望’？结合现实谈谈你的看法。”问题的设计也非常明确，学生有话可说，有感可发，结合课文，又深入现实。

我在用心与他们交流的时候，学生的发言个个感人肺腑。有一个女生在谈“抱定宗旨”时，她结合了自身的经历，真是情真意切。我被这女生的话语深深地感动了。我当时夸赞她道：“如果蔡元培听到你的这番话，他会由衷地为你欣慰；如果你是他的学生，你一定是他最骄傲的学子！”

课堂教学技能我还有待提高：一是语言需要更凝练、优美、富有情感；二是在评价时，要学会一些技巧。

正义的呼唤，时代的呐喊

——《我有一个梦想》教学反思

自16世纪非洲黑人被贩卖到美洲为奴，他们漫长而苦难的奴隶生涯便开始了。南北战争后，林肯于1862年9月22日签署了《解放黑奴宣言》，他们才获得法律上的自由。20世纪50至60年代的美国，种族歧视和压迫仍然十分严重，美国黑人仍挣扎在社会底层，挣扎在饥饿和贫困的边缘，遭受虐待殴打，无法享受与白人同等的人格和活动自由。1963年8月，林肯纪念堂前，马丁·路德·金发表了题为《我有一个梦想》的演说，希望美国黑人享有白人一样的待遇，没有种族歧视，没有压迫与剥削，只有团结各族人民一起共同建设自己美好的家园。

要让学生理解马丁·路德·金的演说词所表达的强烈感情，真正领会他的梦想是什么，为什么有如此的感召力和号召力。体会此篇演说词的思想性与艺术性、鼓动性与形象性的特点。我的教学方法还是阅读，只有通过阅读才能体验和感悟作者的情感世界。

《我有一个梦想》是20世纪最为激荡人心的声音之一。穿过近半个世纪的时间隧道，我们仍能感受到悲愤而热烈的情感。即使在这一场波涛汹涌、黑人不满情绪一触即发的集会上，马丁·路德·金仍然以他惯有的理性向人群宣讲，这是一个非暴力提倡者的理念之花，演说中处处闪耀着民主、平等、自由、和平的思想光芒，并大量运用反复、排比、比喻等修辞手法，大量形象的描述，体现了演说词的思想性与艺术性、鼓动性与形象性的特点。

我们从大量的资料看到，有人认为马丁·路法·金的演说是失败的。在今天看来，虽然梦想没有完全实现，但黑人地位提高了。如今越来越多的美国黑人成了明星大腕、政坛领袖，美国黑人的地位已今非昔比。马丁·路德·金虽然已经过世了，但他是一位胜利者。他以博爱的心灵，用自我的奉献与牺牲，为美国黑人赢得了社会地位的空前提高。

要知道，身体的消灭并不妨碍精神的升华，他已成为黑人心中不灭的明灯，也得到了全世界的敬仰。

同样是演说词，这篇课文与《就任北京大学校长之演说》有一定区别。所以我在备课时，觉得所讲的东西很多。我在设计方案时，重点利用课文中的排比句，借助它来把握课文的情感，了解这篇演说词之所以伟大的原因。

叶圣陶先生在《〈精读指导举隅〉前言》中说："讨论要进行得有意义，第一要学生在预习的时候准备得充分"，否则，"没有一个人开口"或者"只说一些不关痛痒的话。"所以我在课前设计了几个问题 让学生带着问题预习。让学生带着自己的经验去阅读、去碰撞、去感悟，并用简洁的文字表达出文章的大致内容。

本节课最大的亮点如下：

1. 这堂课教学效果良好，三维目标和教学重点都得以落实。

2. 本课体现了新课程的教学理念，始终贯穿一切以学生为主体、教师为主导的教学理念，充分有效地发挥学生的主体作用和教师的指导作用。在课前让学生自主查阅有关资料和预习，在课上让学生独立思考，给予学生发挥空间，进行全班交流，让他们畅所欲言。

3. 本课教学思路清晰，完全遵循生态课堂教学的基本原则。我首先为学生设置了几个问题："梦想是什么""为什么有这样的梦想""怎样实现这个梦想"。我没有按照马丁·路德·金的演讲思路来分析，而是按学生的思路来分析课文，并让学生在文中找出所对应的段落，并概括：马丁·路德·金的梦想是什么？为什么会有这样的梦想？怎样实现这个梦想？学生得出结论，也就理清了作者的演讲思路。

4. 读写结合运用较好。本课的教学重点体现生态课堂教学的理念：感受排比句式的表达效果，应用到写作中去，提高表达能力。我让学生通过比较阅读来领会作者倾注的真切情感。在诵读中体会比喻、排比等修辞手法的运用和表达效果。正如著名教育家于漪老师所说的："精彩片段，不惜重锤敲打，直到打出火花。"所以重点段落我让学生读了两遍。

学生能体会到激情飞扬、极富感召力的语言特点和排比句式的效果和妙处。顺水推舟，引出课堂练笔，出示四幅图片，让学生以“我有一个梦想”为题，当堂训练写一段排比句，表明自己对治理环境的渴望，5分钟后，我让学生展示自己的作品，然后师生共同点评。

简约而不简单，彰显语文之美

——《在马克思墓前的讲话》教学反思

这是一篇悼词，学生是第一次面对这样的文章，教学要特别慎重。为了让学生真正理解和掌握悼词的写作特点和作者在文中所表达的思想感情，我采用生态课堂的教学方法是重在阅读。阅读是理解文本的前提，只有让学生在读懂，读透，且还要用心读。准确理解恩格斯带着什么样的情感在马克思墓前的讲话。为了给学生阅读增添氛围，我还特从网上下载录音伴读。

马克思和恩格斯于1844年在巴黎相识。之后他们共同战斗，共同创造革命理论，共拟《共产党宣言》，合作《资本论》。到1883年3月14日马克思逝世，他们将近有40年的友谊。可以说对马克思了解得最深刻的，莫过于恩格斯；对马克思的逝世，最悲痛的也莫过于恩格斯；对马克思的逝世所造成的巨大损失，最清楚的也莫过于恩格斯。列宁曾对他们之间的友谊有着极高的评价：“超过了古人关于人类友谊的一切最动人的传说。”

葬礼上恩格斯痛哭失声，满面流涕，是人之常情。用刘德华的歌词来说，这时候就应是“男人哭吧，哭吧，不是罪”。

一、课文互动探究

对课文进行认真阅读探究可知，正是由于马克思参加了推翻资本主义制度、解放无产阶级的伟大实践，才创立出伟大的历史科学理论，并在革命实践中不断改进、完善自己的理论。他创立革命理论的最终目的也是为了推动革命实践的前进。可以说，马克思用自己的行动真正地实践了他的科学观、理论观。所以马克思是一个伟大的革命家，同时还是一位伟大的思想家。只是两者相比较，马克思在革命实践中的作用更为重要，意义更加重大些，故把革命家排在首位。由此可见，课文第2段中的两个“对于”的位置也是不可互换的。

我们还从“在马克思看来，科学是一种在历史上起推动作用的、革命的力量”这句话概括了马克思对科学的作用的基本观点，也可以说是马克思的科学观。他的科学观是与他所发现的人类历史的发展规律相一致的。马克思认为科学的进步将改变人们赖以生存的物质资料的生产，将导致经济基础的变化，所以归根结底将导致人类历史的前进和飞跃。这在历史上不乏其例。比如 18 世纪 60 年代始于英国的产业革命，就是资产阶级革命胜利后，资产阶级广泛采用新技术的一场革命。先以纺织业开始，到了 80 年代又发明了蒸汽机，蒸汽机的发明和使用使产业革命得到进一步发展，遍及化学、冶金、采掘、机器制造等部门。这次产业革命使资本主义生产由工场手工业过渡到机器大工业，大大促进了资本主义生产力的发展。基于这一系列认识，马克思对科学高度重视。

二、课堂学生动手互动

1. 学生动手画

这就是在课堂上，学生分组探究所画的课文结构思维导图。

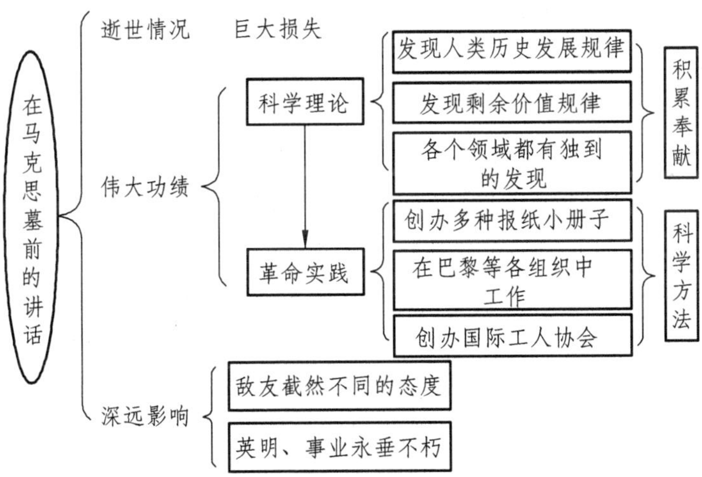

图 7 《在马克思墓前的讲话》思维导图

2. 学生动手写

学识渊博的马克思

高一（6）班　潘丽

学习了《在马克思墓前的讲话》这篇通俗易懂而震撼人心的悼词，

我对马克思充满了深沉的敬仰之情。他一生博览群书，学识渊博而精深。只可惜我不是一个拥有大智慧的人，只是一个普通的高中生。哲学一直是自己无法深入涉足的领域。虽然课堂上罗老师讲了不少，但仍然不敢妄加评论。

我认为，这篇悼词语言典雅，结构精致，言简意赅地阐述了马克思的经历、观点和意义，堪称一座具有崇高风格的建筑，令观者身不由己地沉浸其中，仰慕，赞叹，萌生追随之心。

“一个幽灵，共产主义的幽灵，在欧洲游荡。旧欧洲的一切势力，都为驱除这个幽灵而结成了神圣的同盟。”这句《共产党宣言》开篇的话令人久久无法忘怀，再学习《在马克思墓前的讲话》，文章不足千字却铿锵有力，高度概括了马克思的一生。

人们对马克思的评价太多了：最伟大的共产主义者，革命者，哲学家，思想家……我只是觉得那是一个睿智到难以形容的头脑。达尔文发现有机界的发展规律——进化论，而马克思发现了人类历史的发展规律，在直接的物质生产资料的基础上产生了政治、科学、艺术、宗教。物质、意识、经济基础、上层建筑，这些在今天只是简单的一句结论，我却难以想象在一个半世纪前，马克思如何语出惊人地做出这一跨时代的发现。

剩余价值的发现，正像恩格斯所说的“豁然开朗了，而先前无论资产阶级经济学家或者社会主义批评家所做的一切研究都只是在黑暗中摸索”。在那个机器大生产使生产力飞速发展、资本主义处于上升阶段的年代，马克思竟然透过一切迷雾揭示了剩余价值的存在。对资本主义的剥削本性、对资本家赤裸裸的榨取工人剩余价值的揭露，可谓给上层资本家致命的批判，也给予了无产阶级所有斗争最强有力的理由和武器。也难怪有人说马克思是“当代最遭嫉恨和最受诬蔑的人。各国政府——无论专制政府或共和政府，都驱逐他；资产者——无论保守派或极端民主派，都竞相诽谤他，诅咒他”，他给人类的旧思想以撼动，他使人的思想豁然开朗，人们再也不会在迷雾里犹豫徘徊，人们终于有了坚定的信念：无产阶级就要反抗丑陋的资本主义社会，无产阶级就要解放全人类！是啊，有什么比思想的力量更强大的呢？

“最伟大的头脑停止思想了。”这篇悼文不是个人的悲伤，而是像其所说的“这位巨人逝世以后所形成的空白”，恐怕再也难有人有这样一个睿智的头脑，马克思达到了所有想要追求不平凡的人的人生理想。这位大胡子哲学家的画像将被世人瞻仰，永垂不朽。

三、课后反思

《在马克思墓前的讲话》这篇演讲稿，更是一篇悼词。1883 年 3 月 14 日，马克思去世。3 月 17 日，在伦敦海格特公墓举行的葬礼上，恩格斯发表了这篇著名的讲话。

中学生很少接触此类文章。这篇文章是对马克思一生的伟业的高度概括，理论性很强，知识面很广，涉及的历史背景纷繁复杂，如何使学生读懂这篇文章，理解文章的精髓和思想内容，同时感受作者驾驭语言的功底与艺术，的确难度很大。

我在课前让学生预习，疏通文字障碍，然后提出三个问题：一是恩格斯与马克思的关系怎样？二是恩格斯在悼词总结了马克思的哪些功绩？三是分析悼词的特点。

我这样做的目的是让学生带着问题去阅读，去理解，去寻找悼词的写作结构与特点。

在课堂上如何引导学生阅读呢？我想，借用马克思青年时期喜爱的一句座右铭——“怀疑一切”，以马克思固有的独立思考的方式来学习课文，也许效果会好一点。我的教学目标是学生提出疑难点，经过自己思考后，提炼出来，又经过师生共同解答。因为学生在读懂文章的同时，更重要的是学会阅读的方法，这是最宝贵的金钥匙。

但在课堂上，学生主动提问的较少，我只好提出自己的问题，再让学生去探究，然后师生互动。课堂上从学生的反应来看，效果还是不好。

怎样引导学生去“悟”？如果教学处理不好，这篇理论性很强的议论文，很可能就上成了政治课了。为了解决“悟”的问题，我引导学生在阅读中循着作者思路，结合文章词语前后搭配关系和语言环境来理解其含义，弄懂文章的思想与内容，体会作者驾驭语言的准确、生动、凝练、传神。语文教学只有完成这一步，才能算是真正上了一堂语文课。就这一点，虽作了一点尝试，但感觉收效也不大。

比如，在讲文章最后一部分时，学生提出了一个很有价值的问题：“恩格斯说‘他的英名和事业将永垂不朽’。这个‘将’字怎么理解？”这是课文中最后一句话，一般情况下很容易被忽略。如能抓住这个“将”字，就可以进行一次“以道悟文”的教学活动。

我说一般人在追悼会上会说“某某同志永垂不朽”，不会说“将永垂不朽”。同学们想想，这里恩格斯为什么要说“将”永垂不朽？有学生认为，这要结合当时的时代背景来理解。马克思当时所处的环境是资本主义社会，相对来说，社会主义社会和共产主义社会还比较遥远，因此，恩格斯认为马克思的事业“将”永垂不朽，就是说共产主义事业的胜利可能是将来的事。这个“将”表示的是一种预见。

第七章　人民教育出版社高中语文必修三

【第一单元】

月窟仙人缝缟袂，秋闺怨女拭啼痕

——《林黛玉进贾府》教学反思

《红楼梦》是中国古典文学的巅峰，全书共120回，后40回文字一般认为是高鹗所补。本文节选自第三回，通过一个从未进过贾府的少女林黛玉的眼光，对贾府的环境和主要人物进行了细致的描绘。针对这篇古典小说的欣赏，我在指导学生阅读的过程中，一是先让学生阅读第一遍，扫清文字障碍；二是组织学生观看《红楼梦》关于《林黛玉进贾府》这一段；三是组织学生再阅读一遍。旨在增加对课文内容及人物形象的了解。

一、学生说课探究体现生态性

阅读和观看视频之后，要求学生上台来说课文，在说课这一环节，学生表现得非常积极，其中夏于红同学主动起来说。

夏于红：曹雪芹，名霑，字梦阮，号雪芹，又号芹圃、芹溪。从他曾祖曹玺开始，祖父曹寅、父亲曹頫，曹氏三代世袭江宁织造的官职。他的曾祖母做过康熙皇帝的乳母，祖父曹寅做过康熙皇帝的侍读。康熙皇帝六次南巡，就有五次以江宁织造署为行宫。由此可见曹家的显赫以及与皇室的密切关系。

曹雪芹在少年时代经历过一段“锦衣纨绔”“饫甘餍肥”的贵族生活，雍正即位后，展开了一场残酷的清除政敌的斗争。在皇室内部争夺权力斗争的牵连下，他的父亲曹頫因事获罪被免职并抄家，后又遣回北京，家道从此衰落。到曹雪芹著书时，他已过着“蓬牖茅椽，绳床瓦灶”“举家食粥酒常赊”的贫困生活。

曹雪芹一生经历了曹家由盛而衰的过程，他也由贵公子跌落为“寒士”。这种天壤之别的生活变化不能不引起他对过去经历的一切作一番痛苦而深刻的回忆，从而产生思想上的矛盾：一方面，少年时代贵族家庭生活在他身上留下的烙印，使他对本阶级怀有温情的眷念，思想上带有空幻的色彩；另一方面，社会的腐败，统治阶级的丑恶，使他对本阶级的面目有了深刻认识，性格上具有叛逆的特征。这些都为他写出《红楼梦》这部伟大的作品提供了良好的基础。

《林黛玉进贾府》选自《红楼梦》第三回，是全书序幕的一个组成部分。《红楼梦》的序幕由前五回构成，分别从不同角度，为全书情节的开展作了必要的交代。它们之间既有联系，又各有侧重。因此，为了学习《林黛玉进贾府》，就有必要对前五回的内容作个大概的了解。

第一回是开篇。先用“女娲补天”“木石前盟”两个神话故事作楔子，为塑造贾宝玉的性格和描写宝黛的爱情故事，染上一层浪漫主义色彩。

第二回是交代贾府人物。通过“冷子兴演说荣国府”，简要地介绍了贾府中的人物关系，为读者阅读全书开列了一个简明“人物表”。

第三回是介绍小说的典型环境，通过林黛玉的耳闻目睹对贾府做了第一次直接描写。林黛玉进府的行踪是这一回中介绍贾府人物、描写贾府环境的线索。

二、课堂互动探究体现生态性

我们第一组探究总结认为，贾府地处街市繁华人烟阜盛之处，黛玉来到门前看到宁、荣二府相隔不远，都是三间兽头大门，两边蹲着两个大石狮子，门上悬有“敕造”的匾额，门前有“华冠丽服”的侍役。这不仅表现了贾府建筑的宏伟气派，也显示出贵族之家的威严和显赫。又从黛玉进入贾府到贾母处，是经过荣府西角门进去，走“一射之地”，转至垂花门，过穿堂，绕插屏，再经三间过厅，后面方是贾母居住的正房大院。“正面五间上房，皆雕梁画栋，两边穿山游廊厢房，挂着各色鹦鹉、画眉等鸟雀。”这样穿堂过厅一路行来，仆役、婆子、丫环轮番更换，的确给人以侯门深似海的感觉。然而贾母居处还不是正内室。这都体现封建大家庭的豪华奢侈的生活与气派。

第二组探究认为，黛玉去拜见二舅舅时往东，“穿过一个东西的穿堂，向南大厅之后，仪门内大院落，上面五间大正房，两边厢房鹿顶耳房钻山，四通八达，轩昂壮丽”。堂屋中迎面“一个赤金九龙青地大匾，匾上写着斗大的三个大字，是‘荣禧堂’，后有一行小字：‘某年月日，书赐荣国公贾源’，又有‘万几宸翰之宝。’”屋内摆设有名贵的家具，珍贵的字画、古玩。“又有一副对联，乃乌木联牌，镶着錾银的字迹，道是：座上珠玑昭日月，堂前黼黻焕烟霞。”由堂屋进入东耳房，这里是起居室，另有一番布置，再到东廊三间小正房王夫人的住室，又别有摆设。真所谓“贾不假，白玉为堂金作马”。这宏伟豪华的府第，那皇帝御书大匾，郡王手题对联，以及等级分明的礼仪，的确与别家不同。

第三组研究主认为，黛玉在府内所见到的人，可分为两大类：一类便是“座上珠玑昭日月，堂前黼黻焕烟霞”的少数主子，他们的荣华富贵依恃那握有“万几宸翰之宝”的皇帝；另一类则是人数众多的为主子服役的小厮、媳妇、婆子、嬷嬷以及等级不同的丫鬟，他们是受压迫、被奴役的奴隶。

第四组研究总结认为，透过林黛玉的眼睛，我们看到了贾府那宏伟的外观、讲究的布局、华贵的陈设，那皇帝御书的金匾、乌木錾银的对联，那等级分明的礼仪，豪门贵族的气派，果然与别家不同。从中我们也看到了封建统治阶级骄奢淫逸的生活和阶级对立，可以说贾府这个典型环境就是封建社会的一个缩影。

三、学生动手体现生态性

1. 学生动手画

我把学生分成四个小组用 4 分钟的时间当堂画，各组根据小说内容及人物画思维导图，并上台进行展示。这一幅（图 8）是第三组同学画的，由李强同学展示。

2. 学生动手写

为林黛玉的痴情而悲

高一（6）班　潘丽

学习《林黛玉进贾府》之后，我对林黛玉在贾家那种步步留心、时时在意的心情有了了解，因为毕竟不是在自己的家，可以随心所欲。

从课文中可以看到，林黛玉的到来，虽然在贾母看来没有什么，贾家所有的人都没有什么，但是林黛玉看来还是有些别扭，这种说不清道不明，最多的还是心理障碍，一时还不够适应造成的。

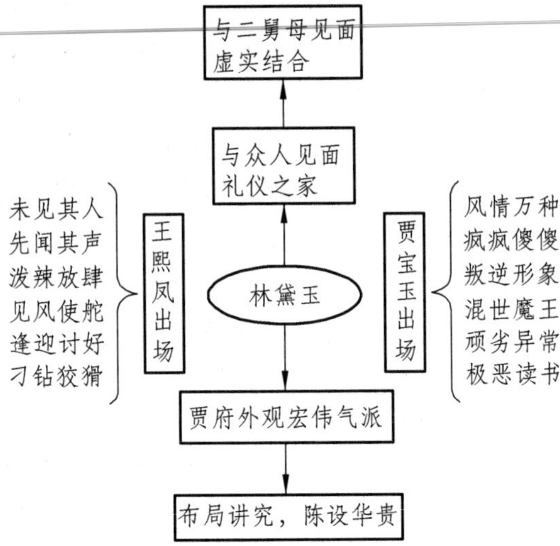

图 8 《林黛玉进贾府》思维导图

林黛玉进贾府所看到的一切，真是让她感慨不已，对眼前的一切看得惊呆了，这气派，豪华的陈设，这雕梁画栋的房屋，这皇帝的赐匾等等，无不体现着封建豪门家庭的兴旺与气派。这对林黛玉来说，是不小的心理压力。

我们学习这课后，回家我又从网上下载看了几节，对林黛玉既佩服，又为她失落。我对她的评价是一个多情的女子。当她看到宝玉离去，悲恨嫉妒纷涌而来，在绝望中，她无力自助，没有勇气担当，水做的女子啊！何必让这浮华纷乱的种种矛盾吹散你那一缕香魂？

“虽怒时而若笑，即嗔视而有情”“转盼多情，语言常笑”的多情女子对“天然一段风骚，全在眉梢；平生万种情思，悉堆眼角”的贾宝玉太痴情。

或许，和一个人相处久了，会厌其非知己；等一个人久了，会觉得累；喜欢一个人久了，会伤心只因落花有心而流水无情。

可是林黛玉不懂得，换个地方，换一方海，懵懂睡一夜，晓日初升，无梦而醒，面朝大海，亦能春暖花开。

四、课后反思

生态课堂确实能激发学生的积极性，让学生的有限的时间里面，想到协助，师生互动，无不体现生态课堂教学的优越性。

我上这篇小说，用了 2 个课时，还显得时间不够，原因是我用在学生阅读和介绍时代背景上花的时间比较多，从而导致课堂探究环节没有把握好，但教学效果还是不错的。

我是采用传统的教学方法，先用电视剧《红楼梦》中的人物剧照及电视剧片段来吸引学生、活跃课堂气氛。没有想到的是学生的注意力集中在片中人物的外在形象上，而忽略了对名著语言的品味鉴赏，这与语文教学的宗旨是相悖的。从这一点上看，有些失误，没有真正组织学生去品味小说语言的艺术魅力。

作为语文教师，应该以培养学生对语言文字的感觉，提高学生的语文素养。我在上这节课时，组织学生分析讨论了 3 个场面：一是贾母出场的场面，贾母对林黛玉的到来表示满心喜欢与心疼。对林在与众人见面时的情境进行讨论，如林黛玉看到了什么？体现了什么？二是王熙凤出场的场面。先闻其声，后见其人体现王熙凤什么样的性格？三是贾宝玉出场的场面。贾宝玉在林黛玉眼里是个什么样的形象？

这 3 个场面，我都让学生认真阅读，展开探究。我充分利用语言文字的间接性，通过“点评式读法”的介绍和运用，再加上对欣赏方法的适当点拨，引导学生尽可能地贴近文字，走进文字，与语言文字亲密接触，从而领略文字所蕴涵的丰富内容，从文字中感受形象，感受文学大师运用文字的高超技艺，提高欣赏水平。

在与学生共同探究语言文字时，我的重点还是放在片段描写上。比如：两弯似蹙非蹙罥烟眉，一双似喜非喜含情目，态生两靥之愁，娇袭一身之病。泪光点点，娇喘微微。闲静时如姣花照水，行动处似弱柳扶风。心较比干多一窍，病如西子胜三分。

在组织学生画思维导图时，各组学生都展开讨论，所画的导图各有特点，但最值得的欣赏的还是上面我展示的这一幅。

这堂课上，我还重点提示学生特别注意“愁”“病”等词，体会林黛玉的“体弱多病”，注意“含情目”一词，体会她的“多情”，并在原文加上一些点评符号如着重号等以提醒学生注意。接着对这一段文字点评道：“气质超凡脱俗，容颜美貌多情、体弱多病。”

这样，不仅使学生通过对一些关键词的理解一步步地走进文字，更深入地理解人物的性格特点，还提示学生要培养良好的欣赏习惯。“认真揣摩语言，细细咀嚼品味。”这样一来，其实就是让学生将那些朦胧肤浅的感觉用文字进行加工、提升表达出来的过程。换言之，也就是引导学生读文学作品从“看热闹”的层次提升到审美鉴赏的层面。

这样的教学处理，既避免了学生浅尝辄止的不良思维习惯，又使学生能更明确、更有深度地理解文字、解读名著，提高鉴赏力。

祥林嫂，是谁杀死你的？

——《祝福》教学反思

《祝福》写于 1924 年 2 月 7 日，是鲁迅短篇小说集《彷徨》的第一篇，最初发表于 1924 年 3 月 25 日出版的上海《东方杂志》半月刊第二十一卷第 6 号上，后收入《鲁迅全集》第二卷。

《祝福》反映了主人公祥林嫂悲惨的一生。她是一个典型的旧中国妇女，勤劳善良，对生活一无所求；她饱受封建势力、封建礼教、封建宗法制度的摧残，终于凄然无声地死去。我想让学生准确把握祥林嫂的形象特征，理解人物悲剧的社会根源，认识封建礼教的罪恶本质。我的教学方法还是先是让学生自己阅读，不懂的字和词先标注好，然后查字典和词典；第二步是抽学生来轮换朗读，让学生了解课文的主要内容及主要人物；最后是组织学生观看视频。

在阅读的基础上，我就提前让学生结合自己身边的资料，重点了解作者创作的背景及人物形象。

一、课堂探究互动

在组织学生探究课文的时候，我先分组，让各组根据我设置的问题进行研讨，然后由各组学生委派代表展示。

第一组研讨认为，关于祥林嫂的三处肖像描写，其用意是不同的。第一处：初到鲁镇。“头上扎着白头绳，乌裙，蓝夹袄，月白背心，年轻大约二十六七，脸色青黄，但两颊还是红的。模样还周正，手脚都壮大，又只是顺着眼。”“她反满足，口角边渐渐的有了笑影，脸上也白胖了。”表明祥林嫂精神状况良好，能独立生活，对生活有希望，是一个勤劳能干的农村妇女。

第二处：再到鲁镇。“仍然头上扎着白头绳，乌裙，蓝夹袄，月白背心，脸色青黄，只是两颊上已经消失了血色，顺着眼，眼角上带些泪痕，眼光也没有先前那样精神了。”这一次说明精神上受打击，心情没有以前好了，但是还是对生活充满希望。

第三处：死前与作者相遇。“五年前的花白的头发，即今已经全白，全不像四十上下的人；脸上瘦削不堪，黄中带黑，而且消尽了先前悲哀的神色，仿佛是木刻似的；只是那眼珠间或一轮，还可以表示她是一个活物。她一手提着竹篮，内中一个破碗，空的；一手拄着一支比她更长的竹竿，下端开了裂：她分明已经纯乎是一个乞丐了。”这说明她完全失去精神支柱，精神压力大，内心痛苦而无助，看不到希望与未来。

第二组探究认为，初到鲁镇时，祥林嫂是一个勤劳、朴实、善良、温顺，要求极低，易于满足。但再到鲁镇时，两颊和眼睛发生了变化，说明精神上受到刺激，极度悲伤。第三处则显示其遭遇悲惨，乞讨无路，陷于绝境，内心受到摧残，精神麻木，已是濒于死亡。作者正是用了白描手法，在对比中显示人物的境遇、内心的痛苦和悲哀。三处描写完全表现了祥林嫂悲惨的命运。

第三组探究认为，鲁镇人对祥林嫂的态度以及他们自己的生活状态也是一种环境。这种环境同样也显示了祥林嫂悲剧的社会性。这些人是怎样把祥林嫂往绝路上逼的呢？我们先来看看鲁四老爷。

鲁四老爷两次对雇用祥林嫂的态度是“皱眉”，讨厌她是寡妇。祥林嫂被抢走时，他用两次“可恶”和“然而”来概括。第一次“可恶”的是婆婆抢的举动，给自己带来了麻烦。第一个“然而”是祥林嫂私自逃出，礼教不容，婆婆做主，理所当然。第二次“可恶”是针对卫老婆子，先荐祥林嫂后又合伙劫她，闹得沸反盈天，有损鲁家的体面。第二个“然而”找到像祥林嫂这样比男人还勤快的劳动力是不容易的。从中可以看出他自私伪善、冷酷无情，对祥林嫂的迫害大都是他的授意或得到他默许的，是他通过“祝福”阻断了祥林嫂的生路，把她逼向死地。他也是导致祥林嫂惨死的人物。

第四组讨论认为，导致祥林嫂死去的还有婆婆柳妈和鲁镇的人们。其中婆婆强迫祥林嫂改嫁，说明旧社会劳动妇女没有人身自由，丈夫死了还得受制于婆婆。绳子一捆，塞在花轿里，以八十千的价格“卖了”。实际上是封建思想在支持她的婆婆，祥林嫂的反抗是不应该的，然改嫁又偏偏是祥林嫂最大的罪名。可见在这个巨大的矛盾中，我们根本看不到祥林嫂的活路。

二、课堂学生动手展示

1. 学生动手画

在组织各组学生画思维导图时，先让学生讨论，然后才开始画，画好之后各组委派一名代表上台展示作品，效果确实很好。这是第一组学生所画、由王磊同学展示的作品：

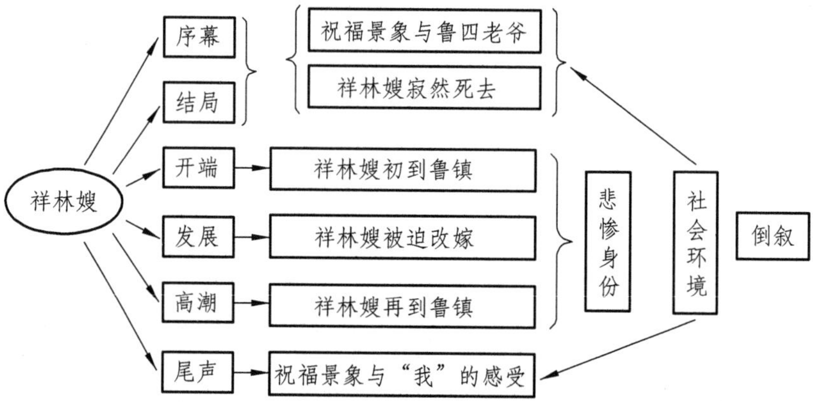

图 9 《祝福》思维导图

2. 学生动手写

课程快要结束的同时，我给学生留了 7 分钟的时间给祥林嫂一封信，写完之后上台朗读。

可怜的祥林嫂

高一（6）班　陈梓晨

亲爱的祥林嫂，你好！

我阅读了《祝福》这篇课文之后，对你的遭遇表示同情，对你所做的一切表示理解。你是旧中国典型妇女，勤劳善良。可是，在今天看来，我还得向您说一声：“祥林嫂，你真是太傻了，你不应该反抗，纵然你有千万委屈。”你的遭遇、你的痛苦，你的死去，都怪不了别人，怪不了鲁四老爷的顽固，怪不了婆婆的逼迫让你改嫁，怪不了柳妈的无知，要怪就怪你自己不懂得男尊女卑，不懂得逆来顺受，不懂得听天由命。

如今看来，像你这样冤死的妇女何其多啊！难道她们没有抗争吗？难道今天的中国妇女都能像你一样吗？我相信，会有和你一样的，但是，她们不会像你一样默默地死去，因为她们对生活充满希望与向往。你太相信封建迷信了，柳妈的玩笑你就当真了，鲁四老爷的责你就失去信心？

当然，我理解你周围的人们总摆出封建礼教的架势，困扰着你的心灵。但是你要想想，一个弱女子你能做什么呢？只有认认真真做自己应该做的事，好好地在鲁四老爷家当好长工且不快哉？

当然，自己的孩子死确实让你饱受精神痛苦，但是你应该振作起来，重新生活一回，不要相信柳妈的话，更没有必要去捐什么门槛，踏实生活吧！

三、课后反思

说实话，这篇课文我已经上过四回了，但每一次教学效果都不尽相同，学生的反应也不相同。这一次我改变原来的教学思路，重新进行了教学设计，想好好发挥一下。

为了上好这节课，我把现当代专家、学者对《祝福》的教学研究都仔细研究了一番，把新华书店有关的书目都翻了个遍。经过广泛学习，开阔了视野。充分吸收借鉴和思考后，我意识到，传统的《祝福》教学认为祥林嫂的悲剧仅仅是封建礼教造成的说法值得商榷：祥林嫂的丈夫如果不病死，儿子阿毛如果不被狼叼走，她都有活下来的可能。自然的力量无法抗拒，老天都不让她活，这是多么的悲惨！大量阅读了同类题材的悲剧后，我又关注到这样一个问题：在漫长的封建社会里，封建礼教禁锢着每一个女性，而普天之下茫茫人海中，子死夫亡，被婆家所卖所典的又何止祥林嫂一个？可是为什么有的能坚韧地活着，有的却如祥林嫂般死去？这又让我意识到自身的性格、心理和能力也是造成他们命运差异的一个不可回避的因素。这样我就成功地颠覆了传统教材的解读，创造性地解读了祥林嫂悲剧的内外成因。

我想，一个优秀的语文教师必须有丰富的文化底蕴支撑起自己的人性，必须有着高超的教育智慧支撑起自己的灵性，必须有宏阔的视野支撑起自己的活性，必须有着远大的职业境界支撑起自己的特性。而这一切大多来自于读书学习，来自对前人成果的审视，来自对文本的潜心钻研，来自自己智慧的思考。我这样去做了，尽管过程是痛苦的，但收获时的幸福是无与伦比的。

从授课过程来看，学生并不能理解祥林嫂生活的那个时代及那个时代的人，不理解为什么祥林嫂的再嫁居然会有那么大的悲剧，居然会遭到那么多人的歧视。因此授课过程中总是出现一些不和谐的因素，面对着祥林嫂的悲惨遭遇，学生居然可以笑得出来，面对祥林嫂反复地说阿毛的故事，学生更是不解。祥林嫂在学生的眼中是个不值得同情的人。

面对学生的笑声，我竟无言以对，这不能不说是一种悲哀。面对我的提问，学生竟然不知如何回答，我想，我的课是不成功的，因为我没办法让学生入境。教学的切入点真是不容易找啊。

经典如何上好，这是摆在我们现代语文教师面前的难题。那个时代，那些人那些事，对学生而言是陌生的，我们如何能在有限的时间内让学生明白，把学生深深地带进去，再浅浅地走出来，这是一线语文教师要思考的问题。

伟大的作品，神奇的宇宙

——《老人与海》教学反思

《老人与海》这篇小说的情节并不复杂。主人公是一个名叫桑地亚哥的老渔夫，连续 84 天没捕着一条鱼。后来，他独自一人出门远航，在海上经过三天两夜的搏斗，终于捕到一条足有一千五百多磅的大马林鱼。然而，在归航途中，一条条鲨鱼陆续围了上来，尽管老人奋力拼搏，但还是没能抵挡住凶猛鲨鱼的进攻，等他回到海岸时，大马林鱼只剩下了一副巨大的骨架。

一、预习了解故事梗概

为了引导学生快速阅读抓住主要梗概，把握小说的主要内容，进而对重点段落和人物的内心独白进行细读，揣摩小说的语言和行文特点。在教学前，我先引导学生借助资料大致了解海明威的作品和风格。然后我又在网络上下载视频组织学生观看，让学生深刻感受主人公在海上同鲨鱼开展搏斗的惊心动魄，在给课堂教学增添气氛的同时，领会老人不屈服于命运，凭着勇气、毅力和智慧在艰苦卓绝的环境里进行抗争的精神。

课文节选的是老人与鲨鱼搏斗的情景，是小说临近结尾的部分，也是小说情节的高潮，约占全书的 1/6。从书中的描写我们可以看到，老人与鲨鱼的搏斗共分五个回合。用鱼叉杀死一条灰鲭鲨，鱼叉被带走，大马林鱼被吃掉四十磅；用刀子杀死两条星鲨，大马林鱼被吃掉四分之一；用刀子杀死一条犁头鲨，刀子折断；用短棍击退两条星鲨，大马林鱼半个身子都被咬烂了；用短棍劈打成群结队的鲨鱼，短棍丢掉又用舵把，大马林鱼再也没什么可吃的了，只剩下残骸……五个回合的搏斗结果是一无所有，“他知道他终于给打败了，而且一点补救的办法也没有”。

二、课堂互动探究

这一环节是我教学研究实践的重点部分，通过课堂教学、组织学生探讨、分组探究总结发言，其效果超出我的意料。下面就是第一组的王磊同学说课的内容：

王磊：我们探究总结认为，这是一篇具有象征意义和富有哲理的小说。这是一场人与自然搏斗惊心动魄的悲剧。老人每取得一点胜利都付出了惨重的代价，最后遭到无可挽救的失败。但是，从另外一种意义上来说，他又是一个胜利者。因为，他不屈服于命运，无论在怎么艰苦卓绝的环境里，他都凭着自己的勇气、毅力和智慧进行了奋勇的抗争。大马林鱼虽然没有保住，但他却捍卫了“人的灵魂的尊严”，显示了“一个人的能耐可以到达什么程度”，是一个胜利的失败者，一个失败的英雄。这样一个“硬汉”形象，正是典型的“海明威式”的小说人物。《老人与海》中桑地亚哥的形象就是这种性格的发展与升华。小说中的大海和鲨鱼象征着与人作对的社会与自然力量，而老人在与之进行的殊死搏斗中，表现了无与伦比的力量和勇气，不失人的尊严，虽败犹荣，精神上并没有被打败。可以说，这样一个形象，完美地体现了作者所说的“你尽可把他消灭掉，可就是打不败他”的思想。

左银滢：我非常赞同王磊的观点。至于桑地亚哥“可是一个人并不是生来要给打败的”，“你尽可把他消灭掉，可就是打不败他”这句内心独白，是小说的核心精神，它生动地揭示了桑地亚哥的内心世界和人生追求，也是作者海明威的思想观与价值观的反映。这句话意味着，人生的使命是奋斗，是与命运做不懈的抗争。人生下来虽然面临种种自然与社会的挑战，也许这些挑战强大到足以把人的肉体消灭，但一个人只要保持旺盛的斗志，以及在任何艰难险阻面前不屈服的精神，人就永远是胜利者。老渔夫桑地亚哥虽然最终没能保住大马林鱼，但在与鲨鱼搏斗的过程中，他表现出无与伦比的力量和勇气，不失人的尊严，是精神上的胜利者。

杨斌同学说：一个年迈的老渔夫桑地亚哥与鲨鱼进行五个回合的搏

斗，分别是与鲭鲨鱼斗、与星鲨鱼斗、与犁头鲨鱼斗、与星鲨鱼斗、与群鲨鱼斗。

王磊说：是啊！一方是孤独的老人，一方是强悍的无数鲨鱼，一方是弱者，一方是强者，他们的较量，谁会胜利？老人在不断的挑战中，战胜自我，精神上的胜利者，是成功者。

实际上，让学生动脑是非常好的一个环节，充分体现学生的自主性特点，课堂的争论与对答，把课堂气氛一步步推向高潮。

三、学生在课堂上动手

在课堂上，我同样给学生留 8 分钟的时间让学生写感想，或者评价这老人的形象。写完后让学生到台上演说自己的作品。以下这篇《我被老人的精神所折服》就是朱丹同学当堂所写的感想。

我被老人的精神所折服

高一（6）班　朱丹

今天，罗老师让我们学习这篇《老人与海》，我真切地了解到老人在海里捕鱼的故事，在海上打到一条大鱼时的情景。《老人与海》这篇小说里蕴含着许多哲理，这些人生道理让我受益终生。

一位生活非常简朴的老人，在海上终于打到了一条特别大的大马林鱼，鱼拼命地挣扎着，老人也竭尽全力与他的鱼搏斗着。直到最后，鱼终于被老人捉住了。可是在返回陆地的途中，大鱼的气味被鲨鱼闻到了，饥饿的鲨鱼跟着老人的船，发疯似的啃咬着大鱼身上的肉。老人回家的路上，一直都在与鲨鱼做斗争，等到回到家中，大鱼已经只剩下一副骨头了。

读完这个生动的故事，我深深地被老人的英雄事迹折服。

老人不怕困难，坚持不懈的精神是我们学习的榜样。我以后也要学习他那种精神，在学习上不怕困难，勇敢面对；在生活中，干什么事情都要坚持不懈，不能半途而废，不怕累，不怕苦，要做什么事情就坚决地做下去。我是新时代的中学生，我应该具备这样优秀的品质。老人克服了自己的年老体迈，用坚韧不拔的意志，在远离海岸的深海域与恶劣的大自然作斗争。老人费尽心思捉住了这条大马林鱼，不料，鱼的血开始泛滥，老人必须开始往回走，正在走的时候，突然一条鲨鱼冲了过来，朝大马林鱼尾部扑了过去，老人拿起鱼叉将它制服了。这时，有更多鲨鱼向这里游来。最后，老人用光了所有捕猎的东西。大马林鱼也被吃光了，只剩下了骨头。学完这篇课文之后，我确实被老人那不屈的精神所折服。

四、课后反思

面对《老人与海》这篇伟大的作品，我想把文章的宗旨完全灌输给学生，采用生态课堂的教学方法可能不行，教学效果显然欠佳。本文讲述了“一个名叫桑地亚哥的古巴老渔民，在海上三天两夜捕鱼的经历”，其故事的完整性、震撼性、寓言性、人文性，使我初读、深读后受到感染和感动。那苍茫的大海、孤独的老人、艰辛的搏斗、不屈的灵魂、巨大的象征意义以及似乎能从中找到的自己生活的影子，激发也激励着我去深入挖掘人物形象和主题意蕴。

要知道，任何一部伟大的作品都是一个神奇的宇宙，我想努力看到冰山下更为丰富的世界，我想努力把感染和激励了自己的伟大作品从更高层面上介绍给学生，看到学生心领神会地颔首，也是老师最大的欣慰。

我先是让学生认真阅读课文，然后归纳文章层次和理清结构。在课堂上，完全由学生自主学习，我分别组织学生讨论、共同探究，找出课文的疑难点，师生共同解决，其教学效果非常好。

这一节课最大的亮点：一是圆满完成预设的学习目标；二是教学节奏紧凑顺畅，课堂自然天成；三是学生学有所得；四是教师有教学成就感；五是课堂教学符合生态课堂的理念及要求。

这节课我基本圆满完成了教学任务，从动画导图到朗诵导入以及了解故事内容，从分析故事情节到初步把握人物性格，从深入感受人物真实而强悍的性格特征到定性、分析人物形象，最终探究小说的象征意义，拓展到作者海明威的人生以及带给我们的震撼和对于人生意义的思考。

可是课堂上对于学生的回答，由于实力不够、经验不足，我有时因倾听不仔细，没有敏感地把握住学生分析的亮点，及时给予学生肯定，而失去了很好的引导契机。

学生学有所得，是老师的最大收获。通过这节课，学生全面了解了小说的主要内容、重点情节和人物性格，同时也通过深刻的心理剖析，辨析了人物形象，在大多数读者的阅读思维定式下有了新的认同，桑地亚哥不只是一个勇敢面对失败的硬汉，更是一个在生活的艰辛中看到生存的意义、在战斗残酷中展现生命价值强悍的胜利英雄。同时学生也领悟到生命旅程就像是大海，激励自我要如桑地亚哥一样，在人生长河中坚守生命尊严，为了理想永不言败而且永不停息地奋斗。

从教学的成就感来说，莫过于精心选择教学内容，在课堂的层层推进下引导学生从模糊到清醒、从质疑到认同、从理解到深受感染，在课堂上我看到学生心领神会的微笑、情不自禁地挺直身背，结束时似有不舍与回味。同时通过学习这一篇课文、这一部伟大的作品，也激励着在今后的人生长河中，永不屈服、永不放弃、永不停息坚持人生的方向，实现自我的价值。

课堂总是一项遗憾的艺术。上完之后，掩卷沉思，对于课堂内容的设计、对于与学生的交流、学生回答问题的评价都还有很多不足，需要我不停息地弥补、加强、完善。

【第二单元】

迎难而上，超越自我

——《蜀道难》教学反思

一、学生动口阅读

常言道，“书读百遍其义自见。”古诗更应该提倡阅读。因为只有通过阅读，才能体会诗人所表达的情感和语言艺术魅力。面对李白的诗，我做的第一步就是组织学生自读，先扫清文字障碍，划分层次，寻找文章疑难点。为了配合学生阅读，我特意从网上下载朗读音频给学生播放，让他们品味飘逸豪放、自然的语言，体会诗歌的章法、意象、基调及其艺术风格。随后与学生共同探究课文。

阅读结束后，我要求学生说课文。《蜀道难》是李白的成名之作，在描写蜀道之难的过程中，以丰富的想象、卓越的艺术构思、纵横飞扬的辞采，创造出了一个神奇的艺术世界，可谓前无古人，后无来者，值得我们鉴赏。李白对“蜀道难”一咏三叹，一叹蜀道之高险，二叹蜀道之惊险，三叹蜀道之凶险。本首诗的艺术特色是丰富的想象、奇特的比喻、夸张扬厉的笔法、流转华美的韵律。

二、学生动脑互动

在课堂教学过程中，我让学生自主学习的同时，多鼓励学生分组讨论，并将各组探究的结果总结汇报。

经过 5 分钟的讨论，第一组的杨兰说：我们探究总结认为，本诗以惊人的艺术夸张，丰富的想象和雄伟磅礴的气势，描绘出蜀地山川奇险壮丽的形象，表现了诗人对祖国大好山河的无限热爱之情，同时也流露出了诗人对当时军阀割据局面的深刻忧虑。

杨兰继续解读说：开头用“噫吁嚱，危乎高哉!”因为“噫吁嚱”三个字都是感叹词，是蜀地方言。“噫吁嚱！危乎高哉!”这些感叹词的连接使用，是诗人在激情的冲动下随口吐出的，它包含着巨大充沛的感情力量，所以才能使人在这一声并没有多少具体描绘的惊呼中，感觉到蜀道的高峻、艰险。“蜀道之难，难于上青天!”诗的开头是副句在前，主旨句在后。副句“噫吁嘻！危乎高哉”写诗人仰望蜀道时发出的感叹，突出地表现了蜀道的高不可测，正是为下文写太白鸟道、天梯石栈、高标回日、扪井历参等作铺垫。

杨斌：我认为“蚕丛及鱼凫，开国何茫然！尔来四万八千岁，不与秦塞通人烟”这一典故，目的在于把人引向一个悠久迷茫的历史时间领域。一方面，从时间的悠远上加强了诗的感染力量；另一方面，经过这番渲染，激发起读者对蜀地情况的好奇心。这样一个历史悠久、而又长久与内地隔绝、从没有人去过的地方，那里究竟是一种什么景象呢？人们会从蜀地时间悠久的观念中，感觉到这是一个奇险幽深、神秘莫测的地方，并产生一种探求的欲望。

李洋：“西当太白有鸟道，可以横绝峨眉巅。”读这首诗，如从画廊经过一般，一幅幅动人的画面接连不断地出现在你的眼前，那阔大的意境，那逼人的气势，使你叹为观止。“西当太白有鸟道，可以横绝峨眉巅。”在诗人的想象中，他仿佛将秦蜀之间重山叠岭、千里不绝的图景一览无余。如此雄奇的地貌，真是罕见啊！

……

学生的发言真是漂亮，把课堂推向高潮，课堂掌声不断，这就是我向往的课堂。

三、课堂学生动手

1. 学生动手画

接下来，我主要是组织学生根据课文内容画思维导图，然后让学生上台呈现。在课堂上，学生所画的导图共有 25 幅，图 10 是第四组所画的，由杨洋上台展示的作品。

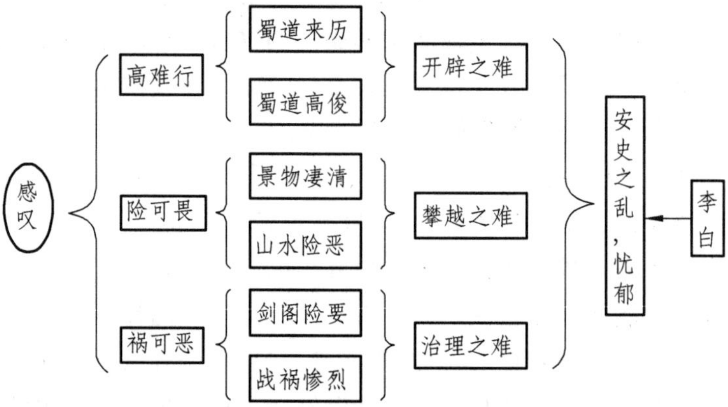

图 10 《蜀道难》思维导图

2. 学生动手写

在课堂上，学生利用写作的时间，各自都发出对李白的感叹与情怀，在同学们写完之后，李爽主动上台演说他的作品。写得非常好，有感悟，有激情。

李白的志气

高一（6）班　李爽

我学习了唐代伟大诗人李白的代表作品《蜀道难》之后，真为李白丰富的想象和豪放所折服。

如今看来，面对困难，很多人都是意志消失，垂头丧气，自怨自艾，自暴自弃；可是在李白看来，他怀抱远大理想与志向和多年的梦想，入仕为官却只是任闲职，他所发出的“难于上青天”感叹，非但没有丝毫的萎靡之气，反而让我们感到有一个不屈的灵魂在泥淖中挣扎，虽然跌倒，但总会站起来；让我们看到一个不畏艰难险阻，勇于开拓、敢于探险的斗士，战斗在这“壮”而“奇”的绵绵险途中！

让人唏嘘感慨，虽历经千年，而始终传颂于口；虽满眼怪字，却仍令人如痴如醉。何故？只因其中含有跨越时空的不变情怀，而这种情怀打动着我们的祖辈、父辈，如今仍然打动着我们。

“危乎高哉！蜀道之难，难于上青天！”这是李白对蜀道发自内心的描述，也是在诗歌开始对蜀道的总体概述。危乎高哉的地方，难于上青天的地方，我们为什么还要去呢？我们就不能不去吗？不能啊！

我们今天面临的一切多么像李白诗中描述的境界！李白当年写诗的时候有没有走过这段路程已经不重要，重要的是他传达出了一种面对人间万难的豪迈气概和博大胸怀。不管前面的人生之路有多少艰难险阻，不管脚下的奋斗之路有多少天灾人祸，既然迈开了脚步，就只能走下去，而且要堂堂正正、踏踏实实地走完它。虽然有时很悲苦，有时很恐怖，有时很惊险，有时很崎岖，但是可以畏它、怕它、怨它、骂它甚至诅咒它，却永远不能放弃它、背离它、逃避它。今日的“北漂一族”不是正经历着“蜀道难”的困境、发挥着《蜀道难》的精神、克服着“蜀道难”的恐惧、走向李白那条泛指的“蜀道”之路吗？

四、课后反思

从本单元开始，就进入诗歌单元了。第一首诗就是李白的《蜀道难》。这一课不好讲。一是李白的诗歌文意很清晰，反而不容易挖掘很深；二是学生不感兴趣；三是要想办法让学生深刻体会李白的独特风格。

我认为《蜀道难》这篇文采取生态课堂的教学方法，重点在背，指导学生更加容易地背诵这篇课文，这是课堂要解决的问题。要背诵，当然得先理解。除了要求学生在理解的基础背诵课文，同时还采用如下教学方法：

第一，指导学生阅读。

课堂上，我的做法是先让学生自己去阅读，理清文章脉络和结构层次，然后听录音朗读。第二步是分组朗读，要让学生读懂、读透。第三步是让学生说课文，了解课文的历史背景。第四步是要求学生根据层次：总叹蜀道之高、蜀道的历史、蜀地的交通、蜀道的由来，去辅助背诵。

第二，明确要讲哪些内容。

同时，我还要分清哪些内容可以由学生自主完成，哪些内容要老师讲解。对于本课，李白的风格必须由老师总结概括，而诗歌诗句的理解完全可以由学生自主完成。体会李白豪放飘逸、充沛浩大的特点，谈谈李白的诗歌风格是如何在这首诗里体现的。

第三，要求学生课堂交流讨论。

这个环节主要由学生自己完成。在师生互动中，纠正学生认识上的偏差，讲解诗歌的要点。张兴同学在分析“朝避猛虎，夕避长蛇”一句时，讲到这里体现了李白征服自然的勇气，就不是非常合适的，他忽略了后面“锦城虽云乐，不如早还家”一句，没有顾及诗的写作背景。学生亲自实践，收获还是比较大的。

第四，指导学生借助参考书，对于文意的理解。

在完成这课教学时，我认为还是有不足的地方，一是学生在梳理第二、三层的关系时不是很有条理。第二层还好，给学生勾画了一个人上蜀道的图景，学生基本上能把第二层串联起来，但第三层的内容就讲得有点含糊不清了，学生并不能理解。二是大部分学生在课堂上不能背诵课文。三是教学目标虽然达到，但教学效果并不是很好。

所以，在以后的教学中，还有待加强对教材的研究，总结这次的经验，重新再备好课，努力让自己的课堂充满活力与光彩。

艰难繁双鬓，寂寞壮心惊

——《杜甫诗三首》教学反思

诗歌教学最好的办法是让学生在阅读的基础上背诵，最好是课堂结束就能背诵。为了增添学生的阅读积极性，我在课前给学生布置作业，能在上课前就能背诵并解读清楚这三首诗的同学，老师将给予一定的物质和精神奖励。

还好，在我上课前就有 3 名学生主动要求背诵，一部分同学是在课堂结束之后背诵，小部分是在课堂上指点背诵的。

一、学生说课文

在课堂上，我先请能提前背诵的同学来说说这三首诗的写作背景及诗的内涵。

苏芳：公元 759 年，杜甫为避“安史之乱”，携妻儿由陕西入四川，寓居成都，依靠四川节度使严武等人的接济维持生活。765 年四月，严武病逝，杜甫失去依凭，于是离开成都，经重庆等地到了夔州（今四川奉节），住了两年左右。《秋兴八首》即是他旅居夔州时（766 年）写下的一组诗，共有八首，“玉露凋伤枫树林”是其中的第一首。写此诗时，他已五十五岁，已处在人生之秋，眼看来日无多，叶落归根之想更为迫切。正是在此种悲人生之秋和国运之秋的心境下，他写下了这首诗。而《咏怀古迹》是一组七言律诗，共五首；内容包括缅怀庾信、宋玉、王昭君、刘备、诸葛亮；主旨为借古迹古人抒发自己漂泊之感和思念故乡之情。《登高》是杜甫大历二年（767 年）秋在夔州所作。夔州位于长江之滨、瞿塘峡口，以水急、风大、多猿著称。诗中抒发的不只是诗人个人的不幸。当时，安史之乱已经结束四年了，但地方军阀们又乘隙而起，相互争夺地盘，造成社会动乱、民不聊生。在这种形势下，诗人只得继续“漂泊西南天地间”。他的郁闷是多种因素造成的，这里有时代的苦难，也有家道的艰辛，个人多病和壮志未酬，再加上好友李白、高适、严武的相继辞世。为了排遣浓云一样时时压在心头的郁闷，他抱病登台，但悲凉萧瑟的江峡秋景反倒使他增添了新的悲哀。

二、课堂学生探究互动

实际上这一环节是课堂教学最重要的部分，用时多，学生讨论争论的也多，师生碰撞激烈的瞬间非常精彩。

左银滢：我在研读的过程中，我们组共同研究认为，这首《秋兴》的首联以秋风起兴，以枫叶凋零、秋气萧森寄寓老人伤悲、凄苦落寞的情怀。颔联紧承首联“巫山巫峡气萧森”语意，进而描绘巫峡景象：骇浪滔天，似暗寓了时局的动荡不安和心潮的翻卷不息；阴云匝地，又象征着国家命运的光景黯淡和作者心情的阴沉郁闷。颈联倾诉思乡衷曲，以“丛菊两开”“孤舟一系”的图景，表达出思乡之情的深沉浓烈和欲归不得的无奈与凄伤，章法上，“丛菊”暗承首联“玉露凋伤枫树林”所隐示的季节特征，“孤舟一系”则由颔联“江间波浪兼天涌”生发二处。尾联突出在秋风里，一片捣衣声的环境、气氛，衬托了游子无家可归之惆怅凄凉，紧承上文之“故园心”，又暗扣题目，绾结全诗。

王磊：我们第二组读完《咏怀古迹》后，对昭君的悲剧是否是毛延寿造成的进行了讨论，大量资料显示不是。有人曾为毛延寿鸣不平，写过这样两句诗：“意态由来画不成，当时枉杀毛延寿。”

金圣叹也曾对此发表评价，大意是：毛延寿固然是一个小人，但昭君之所以抱憾终生，难道不是皇帝造成的吗？搜罗那么多良家妇女充斥后宫专供你皇上你一人受用，你连亲自挑选之劳都不肯费，也未免太过分了。可见，昭君的悲剧是由元帝的昏庸糊涂造成的。

张强：我们第三组联系写作背景，杜甫曾在十年前因上疏救宰相房琯触怒唐肃宗而遭贬。自己一片赤诚，尽忠进谏，皇帝却不分忠佞，无辜贬斥自己，杜甫当然怨恨，但又不能明说。所以诗题叫《咏怀古迹》，显然作者在咏叹昭君不幸的同时也在感慨自己的不幸，在表达昭君千载之怨的同时，也在暗中表达自己的深沉怨恨。

杨洋：我们从尾联“艰难苦恨繁霜鬓，潦倒新停浊酒杯”中解读出，造成杜甫愁苦的最根本的原因是国难，是连年的战乱。艰难痛苦和仇恨使他两鬓斑白了。苦，是什么意思？在国势艰难的时候，他极度痛恨，但已经老了，以致两鬓斑白了。苦，是极度的意思。这样更表现出杜甫的忧国忧民。杜甫想为国家出力，平定战乱，但是由于年老多病而不能为国家出力了。是一种忧愤的心情，心急如焚，才白发丛生，两鬓染霜。心有余而力不足。“艰难”也不仅仅指国家艰难，更重要的还有个人艰难。因为杜甫此时已经是晚年了，而且浑身是病，他估计自己也活不多久了，所以此时的杜甫想的更多的应该是自己的不容易。颠沛流离，坎坎坷坷，几乎伴随了杜甫一生。

三、课后反思

教杜甫《诗三首》实际上我用了 3 个课时才完成，效果还算不错，学生有较大的收获。一是大部分学生能够在课堂上背诵。二是生态课堂完全采取自主的教学方式，学生是课堂的主人，我只是课堂教学的主持者和参与者，与学生共同研究，真是其乐无穷。面对这三首诗歌，在组织教学时，应该注意如下几点：

1. 能诵读和背诵，并读出诗的韵律美。《秋兴八首》（其一）描绘了巫山巫峡的秋色秋声，烘托出一种阴沉萧森的环境气氛，抒写留滞他乡的愁绪，表达了强烈的忧国之情。诵读要注意景物、环境描写。这首律诗前四句重在写巫山巫峡的秋色秋声、长江的滚滚波涛，要读出“凋伤、气萧森”的感情；后四句旨在抒发思念“故园”之情，要读出思念之情。通过反复有表情地诵读，最好能在课堂上完成背诵。

2. 把握诗歌意象，仔细品味诗歌意境。秋天和大江是杜诗中最常见的意象，这首《秋兴》也以之为主体意象。诗人用一派弥天盖地的秋色将渭原秦川与巴山蜀水联结起来，寄托自己的故国之思；又用滔滔不尽的大江把今昔异代联系起来，寄寓自己的抚今追昔之情。诗中那无处不在的秋色，笼罩了无限的宇宙空间；而它一年一度如期而至，又无言地昭示着大自然的岁华摇落，宇宙间的时光如流，人世上的生命不永。那条“波浪兼天”的大江，是永恒的时间纽带，它牵系着人类的历史和未来，淘洗着无数王朝的更替，冲洗着无数生命的流程。读杜诗，要首先读懂他的秋天和大江。此外，诗中还有“玉露”“波浪”“丛菊”等几个意象，在教学过程中必须引导学生去细细解读，领略其中隐含的情感因素。

3. 培养学生创新思维能力。在教学过程中，我想应该注意启发学生多角度去解读一首诗。譬如可以从以下这些方面提出解读一首诗的途径：吟诵、意象、典故、炼字、知人论世、古人评论、比较阅读，从而让学生在课堂中体会到，原来一首诗可以从很多的角度去解读，逐渐培养起学习能力与创新思维能力。

同在天涯，知音难寻

——《琵琶行》教学反思

《琵琶行》这篇课很有特殊性，是实践研究生态课堂教学的最佳途径，通过几次的教学实践与研究，完全体现生态课堂教学的基本特征，效果非常好，值得肯定。

《琵琶行》属于最典型的乐府诗。其中“行”是古诗的一种体裁，统称“歌行体”。它的特点是“篇无定句，句无定字”，音节、格律比较自由，句法长短不一，富于变化。唐以后，歌行一般用五、七言古诗体裁。学习这首诗，要了解琵琶女的身世、体会诗人贬谪失意的苦闷心情。琵琶女的飘零身世和诗人的宦途潦倒，反映了封建社会摧残人才的黑暗现实。同时还要赏析这首诗的音乐美、意境美。领会作者运用多种手法描绘音乐形象，运用环境描写渲染气氛、烘托人物思想感情的写作特点。要提高学生的欣赏能力和朗读背诵能力，唯一的办法就是加强阅读，让学生读懂、读透。为了增添学生阅读的效果，初步了解琵琶女的身世和处境、琵琶女弹奏的技术和效果。我特意从网上下载了朗读音频播放，然后组织学生听一段琵琶演奏曲。在阅读过程中，让学生勾画层次和文章结构、重点和难点。

一、学生说课文

在说课文之前，我先组织学生阅读分析，然后让学生分组讨论和总结，委派一名代表上台来说。下面是第一组王磊同学的说课。

王磊：资料显示，白居易生活在由盛转衰的中唐时期。当时的民族矛盾和阶级矛盾很尖锐，外族不断入侵，自安史之乱后，国内连年战乱，民不聊生。朝廷宦官专权跋扈，藩镇割据作乱，统治阶级内部朋党之争日益加剧，整个社会的政治经济日渐衰微，人民生活困苦不堪。白居易早年避乱江南，接近人民，对政治的混乱、人民的疾苦深有感受。他为官有“兼济天下”之志。元和三年（808 年），白居易担任左拾遗（谏官），多次向唐宪宗上书，提出一系列改革时弊的措施，同时他又写了揭露黑暗政治、反映人民疾苦的《新乐府》《秦中吟》等讽喻诗，结果冒犯了掌握军政大权的豪门贵族，引起唐宪宗和一些权臣的恼恨。元和九年被改任太子左赞善大夫一闲职。

元和十年，平卢节度使李师道派人杀了宰相武元衡，向中央政权示威，白居易认为这是“国耻”。激于义愤，他率先上疏“急请捕贼，以雪国耻”，但被权贵们加上“越职奏事”的罪名。他们还造谣白居易的母亲因看花坠井而死，而白居易却作赏花诗、新井诗有伤风化，于是朝廷将白贬为江州刺史，继而又贬为江州司马。白居易获罪的真正原因主要是他写针砭时弊的讽喻诗，正如他自己所说，“始得名于文章，终得罪于文章”。

对于这次遭贬，诗人既感伤又愤慨。到江州后一年的生活更使他感受到社会的世态炎凉，他有满腔的怨愤无处倾诉。这首诗是诗人贬职到江州的第二年（元和十一年）秋天写的，当时诗人 45 岁。

二、学生课堂互动探究

在课堂教学过程中，我的重点还是放在与学生相互研讨，目的是通过让学生阅读，自主学习，自主研究，自主发现问题，分析问题和解决问题，然后要求各组针对我抛出的问题进行研究解答。

王磊：小序中说“予出官二年，恬然自安，感斯人言，是夕始觉有迁谪意”，对此，我的看法是“恬然自安”者，是话中有话，实际是说遭受贬谪的苦闷始终萦绕心头，一时无法自安，而“迁谪意”当然也不是“是夕”才感受到的。这两句反话，既是委婉地表达自己的抑郁愤慨之情，也是强调这次与琵琶女偶然相遇的事件给他的感受之深，是扣住“同是天涯沦落人”来说的。

杨洋：从诗的开头来看，这一段是全诗的引子，交代了故事发生的时间、地点、人物，引入了琵琶声。头两句写江头送客，正当秋夜，枫叶如丹，荻花飘白，风声瑟瑟，这就烘托了一种惆怅惜别的悲凉气氛。中间四句写船中饯别，“举酒欲饮无管弦”为琵琶女的出场埋下伏笔，并和后文“浔阳地僻无音乐”照应。在无管弦的寂寞中饮酒，自然“醉不成欢”，酒喝得虽多，却不成欢，言外之意是心情郁闷，一个“惨”字不但渲染出气氛的特点，而且含蓄地吐露了诗人的悲抑心情。而船外则是江面茫茫，月影沉璧。诗人的离情别绪有如荒江冷月。这些景物描写不仅带有浓厚的感情色彩，而且也为琵琶女的出场营造了环境气氛。

最后两句用“忽闻”造成语气的强烈转折，使人未见其人先闻其琵琶声，用水上传来的琵琶声打破了寂寞、郁闷和凄清。用“主人忘归客不发”突出琵琶声的艺术魅力，感情由悲抑转为惊喜。

李强：“寻声暗问弹者谁”一句中的“暗”字，有人把这个字解释为“偷偷地”“私下里”，表明诗人因自己的身份不便公开直接问。我的理解是诗人“暗问弹者谁”说明他并不知道弹琵琶的是歌妓，所以不存在顾虑自己为官的身份问题，后来知道是歌妓，诗人也没有因自己的身份顾虑什么，相反，对歌妓寄予了深切的同情和尊重。把“暗”解释为“轻声”反而更好，因为琵琶声太动人了，致使“主人忘归客不发”，在冷寂凄清的氛围中，琵琶声越发显得凄楚动人。“轻声”问才能表现出诗人被乐声所吸引而不忍去打断琵琶的弹奏这样一种心理状态，同时也从一个侧面显示出琵琶女弹奏的高超技艺。

罗敏：我们认为，琵琶女本不愿抛头露面，可为什么最后还是出来了？这主要是诗人“寻声暗问弹者谁”，又“移船相近邀相见，添酒回灯重开宴”，又“千呼万唤”，琵琶女深感盛情难却，却之不恭。诗中用了“寻”“问”“移”“邀”“添”“回”“开宴”这一连串的动词，生动地表达了诗人听到琵琶声后所激起的惊喜心情和邀见琵琶女的急切心情。在沦落天涯的不幸际遇中觅得知音，这对于琵琶女来说是一种莫大的慰藉和鼓舞。诗人的举动表示了他对琵琶女应有的尊重和礼貌，这是以艺会友，决不同于一般文人墨客狎妓，征歌点曲。所以琵琶女终于摆脱了重重顾虑，登上了诗人所在的船头。然而毕竟是陌生人，不免有些拘谨，也许还夹杂着一点儿羞涩，故而“犹抱琵琶半遮面”。

课堂上，同学们的争论非常激烈，讨论与问答同样激烈，掌声也很激烈。课堂就在同学们的问答与互对中进入高潮。课堂结束后，同学们个个露出笑脸，我同样依依不舍地离开教室。

三、课堂学生动手画

课堂教学的另一个重要部分是分组讨论，画课文思维导图，然后展示并说明理由。表面上学生是在画图，实际上学生在独立思考，展示的同学既得到体验，又得到锻炼语言表达的机会（见图 11）。

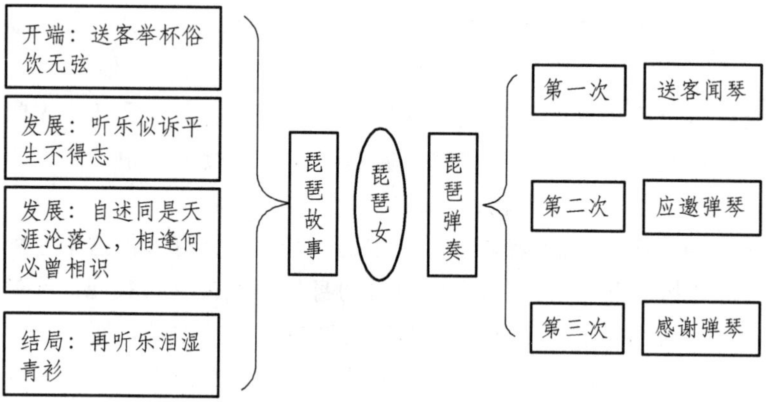

图 11 《琵琶行》思维导图

四、课后反思

今天教学《琵琶行》这一课，我用了 2 个课时才完成。从教学效果来看还算可以，从学生课堂上的反应及课后的练习来看是不错的，达到我预期的教学目的。

《琵琶行》是一首叙事诗，主要记叙白居易贬谪江州时，月夜送客江边，巧遇琵琶女一事。诗中主要塑造了两个人物形象：琵琶女和诗人自己。既表现了对琵琶女晚年沉沦遭遇的同情，也表达了诗人的凄凉心境。

（一）教学亮点体现生态课堂教学的理念

1. 首先是让学生通读全文，整体感知课文，读准字音，了解故事的内容，为下文的分析打下基础，了解全文的感情基调。

2. 再让学生找出全文中最能表现作者情感和主旨的句子，“同是天涯沦落人，相逢何必曾相识”便是这样一个切入点。让学生解释“沦落”的意思，并找出沦落人指的是谁，即琵琶女和诗人自己。

3. 既然琵琶女是沦落人，请找一找表现琵琶女沦落的段落。学生在感知第三自然段时，先让学生读，让其他同学点评一下该同学读得好不好。说说自己眼中的琵琶女是怎样一个形象，再让学生去读一读，品一品。

4. 我让学生讨论，琵琶女和白居易，一个是大男人，一个是小女子，一个是朝廷命官，一个是民间艺人，一个高朋满座，一个独守空船。他们之间虽然出身、经历有很大的不同，但是也有相似之处：（1）一个“本是京城女”，一个“去年辞帝京”，都是从京都长安来到遥远偏僻的江州；（2）一个是名满京都的艺人，一个是才华横溢的诗人，都有出类拔萃的才能；（3）一个因年长色衰而嫁商人，一个因直言相谏而遭贬谪，都有由荣至衰的不幸遭遇，都同样怀着满腹的“幽愁暗恨”，过着冷落凄清的寂寞生活。正因为如此，诗人写琵琶女高超的技艺，正是为了通过表现琵琶女的悲凉身世来唤起人们对琵琶女的同情；而诗人写琵琶女的悲凉身世，又是为了表现自己政治上的失意，抒发郁积心中的左迁之愁、贬谪之恨。这正是作者的写作动机。

琵琶女弹奏完后，为什么满座重闻皆掩泣？因为触发了人们对于自己坎坷命运的反思，进入了人类共同的情感领域，从而具有了永恒的生命力，跨越千年而不朽，这两句是全诗的主题所在。诗人通过沦落天涯的歌女的一生，来抒发自己忧国遭贬的政治苦闷。把对琵琶女的无限同情、对被贬谪的满腔幽愤、对封建社会冷酷黑暗的揭露交织在一起，是封建社会中一种带有普遍意义的典型情绪。这两句写出了人们对苦难生活的共同体验，又由于诗句简明准确，情意合一，所以能够在历史的长河中激起广泛的同情，成为人们表达同病相怜、互相慰藉的传诵不朽的千古名句。

5. 重读课文，加深对这篇文章的理解，读出自己的感受来。自由地读、大声地读、有感情地读。让学生分析精彩的段落，谈一谈、议一议。

（二）反思失误：还未完全遵循生态课堂教学的基本原则

1. 读得不够：诗歌是朗诵的艺术，多读才能体味出诗的内涵。开头可以让学生先伴录音读一遍课文，整体感知；在分析完琵琶女的形象后再读一读，感悟女主人公的内心世界，分析完诗人的经历后，可以读一读，体味诗人的情感；最后读一读全文可以增加学生的情感体验，感受艺术的魅力。

2. 对于学生的主体地位尊重不够。只有关注学生需要的课堂才能是高效的。我的讲解过多，没有让学生动起来。如，可以让学生读完第三自然段后，提一提自己的问题疑惑。

贵妃之死谁之过？

——《李商隐诗两首》教学反思

阅读、背诵是诗歌的教学重点，要在背诵的基础上，解读其诗的内涵及作者所表达的情感。所以，我的教学设计注重让学生细读诗歌，并能够在体会、理解、感悟、思考和比较中形成独立思考的习惯。由于本篇文章为单元最后一篇，是略读课文，而且在前面的学习中学生已经积累了一定的鉴赏知识；所以本课设计中相对开放，老师更多引导，除基础知识外，一般不给限定的答案和标准。设计中，让学生多次朗读诗歌，在朗读的过程中能背诵并逐步体会诗的美；另外，我采用分组讨论的形式，对诗的主题、艺术特色能够有更好的把握，引导他们养成良好的语文学习习惯。

李商隐的这两首诗，其中《锦瑟》主要运用了象征手法来表达情感，体现了一种深厚的朦胧美；而《马嵬》是一首咏史诗，在抒情中体现一种强烈的批判意识。所以，这两首诗，要让学生真正理解作者在诗中所表达的情感，我在组织教学的时候是非常谨慎。

本教案设计为 2 个课时，一首诗歌为 1 个课时。引导学生从宏观上把握这两首诗的意境、情感和表现方法。进一步训练学生读诗诵诗的能力，体会李商隐诗的意境。

一、课堂互动探究

在课堂上，我让学生自主学习与背诵，然后分组讨论。下面就是学生在课堂上针对《锦瑟》的探究场面。

王磊:《锦瑟》这首诗运用了四个典故，即“庄周梦蝶”“望帝啼鹃”“南海鲛人”“玉暖生烟”。其中，“庄周梦蝶”这则寓言故事，说的是庄周梦见自己身化为蝶，栩栩然如飞……浑忘自家是“庄周”其人了；后来梦醒，自家仍然是庄周，不知蝴蝶何往。作者此句是写佳人锦瑟，一曲繁弦，惊醒了梦中的自己，不复成寐。这里面隐约包含着美好的情境，却又是虚缈的梦境。其他三处书中有注释，大家可以自己去看。

杨洋：我认为首联“锦瑟无端五十弦，一弦一柱思华年”用的是民歌的起兴手法。大意是一晃年已半百，回首当年，一言难尽，感慨万千。而颔联“庄生晓梦迷蝴蝶，望帝春心托杜鹃”紧承上文“思华年”一语，写诗人回忆中的感受。用庄周梦为蝴蝶之事，似乎表达了这样的意思：昔日的理想和情思是那样美好，在回忆中又是如此真切，的确使人迷恋，致使诗人觉得那才是真实的存在，而眼下的困顿状况只不过是一场梦。用望帝魂化杜鹃的事，则似乎表明了诗人对“华年”的一往情深，即无论是梦是真，他都不会让自己的“春心”自生自灭，即使他死去，也要像望帝那样借杜鹃的啼声唱出自己的悲哀。

刘莉：颔联“沧海月明珠有泪，蓝田日暖玉生烟。”里，诗人用“庄生”“望帝”两个典故似乎已将他的“华年之思”说得差不多了，往下确实难以为继，孰料诗人在瞬息之间视通万里，给我们展示了这两幅美好的画面，真可谓奇峰突起。前一幅以深青色的大海和天上的一轮明月为背景，塑造了鲛人哭泣成珠的形象。这是从民间传说中演化出来的，但又有作者的创造。“珠有泪”者，珠光、泪光融成一片，难以分清之谓也，它使人怅惘而又联想无穷。

二、学生课堂动手

1. 学生动手画

这幅导图设计（见图 12）是学生在阅读研讨后所画的。学生在课堂展示解读其过程与目的，效果非常好。

2. 学生动手写

我为杨贵妃叫屈

高一（6）班　潘丽

我学习了《马嵬》这首诗，对马嵬兵变的理由表示质疑。原因是从文武百官把王朝的失利归咎于杨贵妃，这显然不符合逻辑推理，更是不符合天理。我为杨贵妃的含冤而死叫不平。

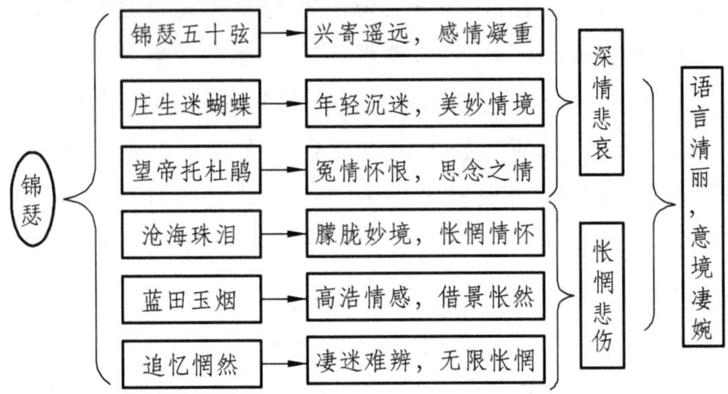

图 12 《锦瑟》思维导图

我从大量的历史资料看到，杨贵妃与唐玄宗的爱情是真正的爱情，我为他们的爱情点赞。可是，人们并不理解，误认为国家的失败与唐玄宗宠爱杨贵妃有关，这是什么逻辑。

实际上，六军逼迫唐玄宗的行为，纯属于无理取闹，是无能的表现。

中国历史以来，不爱惜女人的事情比比皆是。一旦战争起，打得赢就打，打不赢就把自己的女人推出去，要么送人，要么远嫁，常常标榜自己的颜面，打着“和亲”的幌子来掩饰自己的无能，这就是中国式的男人。

难怪人们常说，男人靠不住。作为女人，更多的还是靠自己，无论是事业、家庭和经济上都要独立，否则你会死得很惨。

三、课后反思

这两首诗，我在教学设计时就准备用 2 个课时完成，一首诗用 1 个课时。在教学之前，我先让学生进行阅读背诵，并弄清楚诗的内涵及作者表达的思想感情。在课堂上，组织学生进行有针对性的探究。具体教学步骤反思如下：

第一步：自读初读，找关键词。如：思华年、惘然。二读，结合注释。

第二步：课堂探究，讨论问题。中间两联说什么？要求学生回答，但是大部分学生说不出来，议论纷纷。随后，我对诗进行串讲，但是效果不是很好。

第三步：示范课。我在讲《马嵬》这一课时，我特意组织高中语文课题组的全体成员听课。为了给课题组成员起示范作用，头天晚上备课到十二点才休息，但内心还是充满自信与激动。上课铃声响起前，我深吸几口气，稳定一下激动的情绪，开始上课。我满怀激情地做了一个精彩的导入，学生们也许是看到教师后排坐的有听课的老师，每个人坐姿都很端正，个个精神抖擞，情绪饱满，比以前听课状态好得多。

我先是介绍李商隐和本诗的背景，接着我让学生齐读，并反复吟咏了这首诗。并找出最能体现本诗感情基调的词，并解释诗中几个关键字词的意思。接着让学生整体感知整首诗的内容，然后让学生说课文，随后要求各组学生画思维导图，上台展示导图。最后，让学生了解并学习如何鉴赏怀古咏史诗，并举出具体实例来训练，现学现用，当堂练习，巩固提高。

这一节课，虽然我提前做好了充分的思想准备，但是还是出现一些问题：

我让学生回答问题时，课堂上就很安静，许多同学都保持沉默，生怕一发言就会丢掉人格似的。所以有些拘束感，怕回答错问题。为消除他们的顾虑，我只好开导学生，让他们放松大胆发言，鼓励和表扬那些发言积极的同学。通过我的启发、点拨，学生沿着我引导的思路顺藤摸瓜，终于，有几个学生陆续举起手来了。我看到有学生主动发言，内心充满了一丝喜悦。

课结束后，我常反思这个问题。学生主动发言，能促使语言表达能力的提升。可是课堂上学生为什么不愿回答问题？是真不愿意回答？还是怕答错了？最后，我找了几名学生谈心，得知了学生不愿回答问题的真正原因。

在评议的时候，李成文老师说：课堂上要体现“以学生为主”，活动再丰富些就好了。令我困惑的是，不同层次的学生，如果让他们进行讨论，所花费的时间与在讨论中所获得的价值是成正比的吗？如不积极调动学生学习的积极性和兴趣，我们的教育可能事倍功半；如果我们能探索出一条能让学生自主学习的途径，教育将会事半功倍！

关注苍生，扶危济困

——《寡人之于国也》教学反思

《孟子》是一部全面反映孟子思想的语录体散文集，全书立论的根本点是“性善论”，核心是“仁政”思想，孟子主张行“仁政”而“王天下”，“仁政”的具体内容是“省刑罚，薄税敛”，使民有“恒产”，“养生丧死无憾”。所以，《寡人之于国也》对梁惠王解答“民不加多”的真正原因，从中就贯穿他的“仁政”思想。教学此文一方面要引导学生继续学习孟子高超的论辩艺术，另一方面还要引导学生透彻、清晰、深刻地理解孟子的“仁政”“民本”思想、“王道之成”与“王道之始”之间的关系，学生的理解容易浅尝辄止，老师要引导学生深入下去。唯有如此，学生对孟子思想的理解才能透彻、清晰、深刻。

一、学生阅读与说课阶段

面对这篇课文，把孟子的这种仁政思想传授给学生，我的教学方法主要是让学生去阅读。只有通过阅读，才能把握文本思想的脉络。为了增添学生阅读的效果和情趣，我特地从网络上下载音频，先让学生听一遍，然后组织学生阅读，弄清楚层次及特殊句式，理解文章重点句子的含义。学生勾画出谈及“民不加多”的语句，并以此续写标题。学生阅读两遍之后，在把握文章意思的前提之下，我要求各组再进一步讨论，委派一名学生来说说这篇课文。

二、学生互动探究阶段

第一组探究认为：“寡人之于国也，尽心焉耳矣。”这句话，应前句轻读，后句重读。语调沉郁，语速滞重，表情苦闷。“尽心”是梁惠王自评的核心语，要重读。“尽心”表现在“河内凶，则移其民于河东，移其粟于河内。河东凶亦然。”换为“尽心矣”削弱了表达效果，“焉耳矣”

三个句末助词重叠使用，是为了加重语气。突出反映了这一国之君对自己劳而无功的抱怨、困惑心理。“劳”表现在“河内凶，则移其民于河东，移其粟于河内。河东凶亦然。”，“无功”表现在“邻国之民不加少，寡人之民不加多”，“困惑”有“何也”为证。

第二组的王强：梁惠王为何对“民不加多”倍感忧虑？我们经过探究总结认为，早在春秋战国时期，列国战争和统治者的横征暴敛以及生产力水平低下，造成人口减少、地广人稀、兵员和劳动力匮乏。为达到富国强兵、拓扩疆土、问鼎天下的目的，各国诸侯的当务之急是千方百计地争夺、吸引和控制人口，以增加劳动力和兵员，发展生产力。增殖人口，是时代前进的需要和新的生产力发展的必然要求。基于人口的决定性作用，梁惠王理所当然会为“邻国之民不加少，寡人之民不加多”忧心忡忡。

夏于红：我认为，“王道之始”的三条措施分别是“农、渔、林”，主要强调“不扰民”；“王道之成”四条措施分别是“纺、畜、农、教”，既强调“不扰民”，又强调“制民产”，还强调“兴教育，治礼仪”。因此，前者是王道的初步措施，是后者的基础；后者是王道的根本措施，是前者的深化。

以上是学生在相互探究与回答中提出的问题。课堂气氛比较活跃，教学效果不言而喻。

三、学生动手

1. 学生动手画

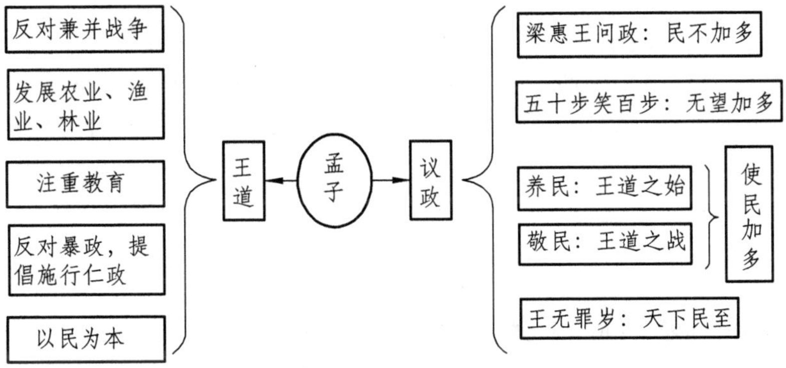

图 13 《寡人之于国也》思维导图

这一环节，我给学生留下 7 分钟的时间，让各组学生根据刚才探究的内容，结合文本画思维导图，各组委派一名代表上台展示。图 13 是第二组的杨洋展示的导图。

2. 学生动手写

孟子的理想

高一（6）班　杨洋

学习了《寡人之于国也》之后，我深切感受到了孟子的民本思想的伟大。他在《寡人之于国也》中有这样一句话："谨庠序之教，申之以孝悌之义——颁白者不负戴于道矣。"孟子认为，学校教学的重义，应该放在对学生的道德品质的培养上面。对"孝悌之义"的反复强调，不断突出，其功用绝不仅仅只是体现在家庭关系的和睦上，而且也能够使学生将这种亲情推及到他人身上，使得素不相识的"颁白者"也能够"不负戴于道路矣"，从而真正体现"老吾老，以及人之老；幼吾幼，以及人之幼"的和谐美好的社会。

实际上，孟子这一主张，完全是关注天下苍生，关心他们最细微的物质生存之艰难，是真正在用心爱百姓。

更难能可贵的是，孟子深刻意识到教化百姓的重要性。培养学生良好的思想品质，让他们懂得孝敬父母，尊老爱幼，这就是教育。同时还要大力发展农业、渔业和林业。让老百姓有吃穿，不受饥受冻。这是何等的大爱思想啊！让百姓物质上丰富，在精神上安乐，民无怨情，安居乐业。这是孟子畅想中的理想生活状态。

四、课后反思

《寡人之于国也》是必修三中的第一篇文言文，篇幅短，语法简单，学生很容易读懂。因此，我把诵读指导作为主线，采用思想串字词的模式，在串讲中突出重点字、词、句，并保证学生有充足的诵读时间，从而达到基本成诵。第 2 课时的教学，通过作业强化训练，课堂教学效果还是很好的。

（一）教学亮点体现生态课堂教学的特点

1. 课堂思路清晰，过渡衔接自然，重点突出

在教学时我既让学生把握文章的思想内容，又让学生在此过程中掌握了重点实词虚词的意义用法和特殊句式的特点。

因为文言文重在朗读和背诵，同学们在课前就已经反复朗读接近成诵。我在引导学生把握语言的节奏，对语言特点和文言语气词进行了强化。如，“然而不王者，未之有也”一句，学生很容易读成“然而/不王者，未之有也”而这里的“然而”并非现代汉语中的一个转折连词，而是“这样却”的意思，它是两个词。又如，第五段每句末几乎都用一“也”子，而第六段则几乎是“矣”字，此两者语气不同，表达的情感内容也不同，这就需要学生在反复朗读中认真体会。

2. 诵读指导详细，学生朗读文章的气氛较浓厚

我在教学本课时，懂得学习《寡人之于国也》先要掌握文中重要文言实词、虚词的意义和用法，归纳文言句式。其次是了解孟子施行王道、推行仁政的政治主张和具体措施。再次是学习孟子善用比喻说理的论辩方法。

3. 师生互动性比较强，探究自主学习比较到位

课堂上，学生的鉴赏活动是贯穿教学始终，无论是对文本意义的读解，还是对意境的感悟，都不是由教师传递、告知的，而是由主体通过探究发现的。学生拥有比较充分的鉴赏权、思考权、发言权，这就为主体“发现”提供了保证，学生不再是名义上、形式上的主体，而是实质性主体——成为学习过程的真正主人。具体教学中让学生对照注释、借助工具书阅读课文，理清作品线索，从整体上把握课文主要内容，调动学生自主学习的主动性和积极性。

4. 作业设计巧妙，既让学生有思考的空间，又让学生对文言句式有较深的感悟

我利用了研究性学习的方式，重视培养学生搜集和筛选信息。教学中通过组织学生课外分组、结合话题指导材料查找、搜集、筛选，改变了学生原来被动接受的局面。

5. 注重学习方式的多样化

例如，对文本内容的感知，要求学生通过自学来完成；对文本内容的理解，采用合作、探究式的学习方式，在合作中切磋，在合作中探究，在合作中学习。如小组解析疑难语句，对孟子的王道思想的深入理解。引导学生走进课文，联系历史和现实，结论虽不一定准确、全面，但在思考、合作、探究的过程中，学生的个性得到了张扬，思维得到了较好

的发展。

（二）不足之处：

1. 导语所涉及的内容太多，所用时间过长。

2. 如果学生事先没有预习，那么这节课将难以进行。

3. 内容安排较多，时间比较紧凑。

4. 还未真正遵循生态课堂教学的基本原则，同时还有严格按照生态课堂教学的评价标准去实施。

吾尝终日而思矣，不如须臾之所学

——《劝学》教学反思

我在教学《劝学》，我仍然以“读”为基调，即朗读、诵读、背诵。当然，对于高一的学生来说，在“读”的过程中，老师应该帮助他们扫清字、词、句阅读障碍，引导他们理清文章的行文思路，这对诵读课文、理解课文、背诵课文、提高阅读鉴赏文言文的能力很有帮助。针对这样的教学目的，我设计了三个教学环节：诵读课文（感性认知）、探究课文（理性认知）、背诵课文（能力升华）。

荀子是战国后期儒家代表人物，世称“荀卿”。荀子是孔、孟之后最著名的儒家学者，是战国时期的思想家、教育家。他学识渊博，重实践，具定朴素的唯物主义思想。《劝学》是《荀子》第一篇，“劝”是“劝勉”的意思。《劝学》论述了学习的意义、作用、方法和态度，反映了先秦儒家在教育方面的某些正确观点，也体现了作为先秦诸子思想集大成者的荀子文章的艺术风格。《劝学》里，荀子的目的就是要告诉后人，要从小读书自强、勤奋刻苦、珍惜时间，不能虚度光阴，否则到老的时候会后悔。

一、课堂互动探究

君子曰：“学不可以已。”这里的“君子”是一个合成双音词。“可以”在古汉语中是两个单音词，相当于现代汉语“可以、用它”的意思。在本文具体语境中，“以”已失去介词的作用，只协调音节。因此，这两个词中只有“可”有意义，与现代汉语的“可以”差不多；它还表示情理上应当如此，可译为“应该”。全句译为：有学问有修养的人说，学习是不应该停止的。

第二句“木直中绳，輮以为轮，其曲中规。”句中两个“中”作动词，“符合”的意思。“绳”指木工取直用的墨线，这个词的意义现在已扩大，泛指各种绳索。“輮”和“为”是两个动词，“輮”通“煣”，指古代用火熨木使之弯曲的一种方法，现作“揉”，解释为“使……弯曲”。“为”，做成。“以”在两个动词之间，表明它后边的行为是它前边行为的目的或结果，作连词用，译作“而”。全句译为：（一块）木材直得合乎（木匠拉直的）墨线，假如使它弯曲而成为车轮，它的弧度（就可以）符合圆规（画的圆圈）。

第三句“积善成德，而神明自得，圣心备焉。”句中“神明”即“神灵”；“圣心”指完美的品德和最高的智慧；“自得”不是现代汉语中的合成双音词，“自”是自然，“得”是通；“而”是表示因果关系的连词。这句译为：积累善行，养成美德，因而能自通于神明，完美的品德和最高的智慧也就具备了。

第四句：“假舟楫者，非能水也，而绝江河。”句中“舟楫”是合成双音词，偏义复词，联系上下文，偏指舟。“水”，名词用如动词，“游泳”。“绝”是会意字，意思是人用刀横断丝织品，“绝江河”很像横断水流，所以，“绝”引申为“横渡”。“江河”古人专指长江、黄河，现在的词义扩大了，泛指一切江、河。全句译为：借助船只的人，并不是能游泳，但是能横渡江河。

二、课堂学生动手展示

1. 学生动手画

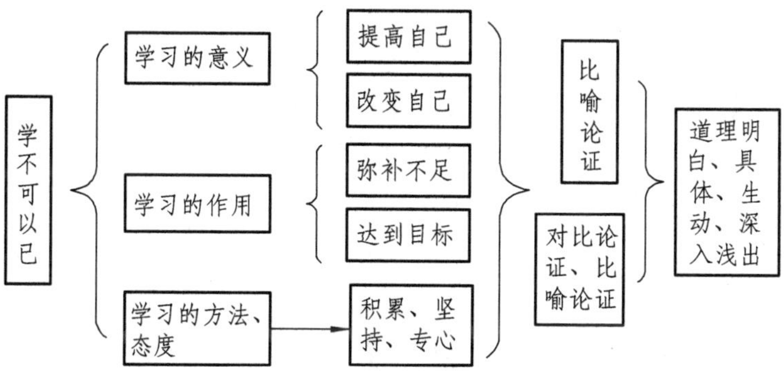

图 14 《劝学》思维导图

2. 学生动手写

提倡终身学习

高一（6）班　马燕

常言道："人不学要落后，刀不磨要生锈。"这句话告诉我们学习的重要性和必要性。一个人从出生以来，就与学习结下了不解之缘，不论通过什么方式，他总是在学习中得到不断的完善，继而让自己的生命丰富和充实起来。可以说，学习对提高每一个人的思想认识境界都有着巨大的作用。离开了学习，人生就成为了一片空白。

自古以来，苦口婆心劝勉人们努力学习的大家层出不穷。从孔子"学而时习之"到颜真卿"黑发不知勤学早，白首方悔读书迟"，再到王安石"问渠那得清如许，为有源头活水来"，都饱含着名家大师语重心长的激励。古代有苏秦"头悬梁锥刺股焚膏继晷"之发奋图强终成一代宰相，近代有童第周夜不眠寐廊光下苦读，终成一代大师的典范……所有这些都有共同的指向性，那就是"学不可以已"的谆谆教诲。而将这一主张全面、彻底、生动，形象地呈现在人们面前的人，是荀子。他的《劝学》成为千古名篇，也成为几经变革的教材中一直得以保留的佳作。原因在于它独特的魅力和与时俱进的精神实质。

三、课后反思

上完《劝学》课后我作了深刻反思，虽然在识字教学和阅读教学中完成了教学任务，但是对本节课的教学，回忆起来感到仍有许多不足的地方，现做一下总结，以便在今后的教学中加以改进。

（一）教学的最大亮点

1. 备课方面

我在备课方面下了一番工夫，介绍人物详细准确，在课题设计上注重激趣导入法，注重让学生积累词句。例如：在讲解之后，鼓励学生珍惜时间，努力学习，记住格言警句（"莫等闲，白了少年头，空悲切""少壮不努力，老大徒伤悲""盛所不再来，一日难再晨。及时当勉砺，岁月不待人"）。

学生不愿意学习文言文的原因，除了需要识记的知识太多，不易掌握之外，更重要的原因在于许多学生认为文言文与时代距离太远，于实际生活无用。在这个问题上，我想到的就是如何让学生觉得文言文有用。我首先设计了一个翻译的环节，把《劝学》中短小精悍、寓意深刻的文字，给学生展示出来并要求他们翻译。这样做的目的在于让学生更全面地了解《劝学》及荀子的思想；第二是让学生在翻译的过程中把刚刚学到的知识立即应用到学习中去，希望他们能感受到收获的喜悦与满足。接着是学习荀子的论辩语言和思维。《劝学》是荀子论辩才华的一次集中展现，这种能力恰恰也是学生在平时写作及生活中需要掌握的一种能力。在介绍完荀子论辩文的基本特点后，我给学生提出了一个命题："人性本善还是本恶"。提出"人性本恶"这个命题的原因是荀子的人性论思想，恰恰与儒家的另一位代表人物孟子的"人性本善论"相左。这个命题加深了学生对儒家两大代表人物"人性论"的理解。

2. 课堂教学结构严谨，思路浅析

在教学之前，我首先是让学生提前预习，并提出自己不懂的地方，在课堂上共同讨论解决。所以，课堂教学过程中，在组织学生阅读理解的基础上，大家针对学生的疑难问题进行讨论，特别是对有争议地问题，师生可以展开讨论，共同寻求最佳答案。

3. 采用自主学习的形式，效果特别好

这一环节，我让学生根据课文的内容画思维导图，然后让学生上台展示并阐述自己的观点。从课堂情况看，学生所画的思维导图很独特，学生的思维角度不同，所画的导图就不同，但是，综合学生的思维导图来看，课文所涉及的内容全部体现出来了。这一环节非常好且最精彩，把课堂推向高潮。

（二）不足之处

课堂讲得过多，耽误了时间。指导朗读，练习的时间也多，低年级的学生以识字教学为主，造成时间紧、指导写字时间太短。

在指导学习方法、课前预习、查阅资料方面还有待加强，要培养学生学会独立思考，做好提前预习的习惯，学会掌握一定的学习方法。

为此，今后我要引导学生在学习方法和学习能力上下工夫，循序渐进，从而提高教育教学效果。

勿忘历史，居安思危

——《过秦论》教学反思

一、阅读是教学重点

《过秦论》是贾谊的代表作。原文共有上、中、下三篇，本文是上篇。“过秦”即“言秦之过”，指出秦亡国的过失。论，一种文体，古文中所谓“论”，是论断事理，它包括论政、论史等。所以，面对这篇文言文，教学一定要谨慎，一是要将课文的内容传授给学生；二是要让学生认真阅读、理解作者是如何论述秦朝灭亡的原因的。所以，我的教学法则是阅读，阅读是我的教学重点。一是由我范读课文，提示学生注意朗读节奏，依据朗读节奏理解词句意义；二是学生自读课文，逐段让学生提出自己难以理解的词句，教师点拨学生猜度词义，并将重点词语形成板书；三是让学生在初步理解作品文字意义的基础上朗读课文，通过纠正学生朗读节奏的错误，指导学生正确理解作品内容，检查对词、句的理解、掌握；四是指导学生在笔记上总结重点实词、虚词、通假字、词类活用现象、重点文言句式。

二、课堂互动探究

韩燕：课文第二、三段，作者从政治、军事、文化、刑法、地理防务五个方面，总写秦始皇的功业。在统一天下前，秦在政治上，“吞二周而忘诸侯，履至尊而制六合。”军事上，“南取百越之地……北筑长城而首藩篱，却匈奴七百余里。”统一天下之后，采取了愚民、弱民、防民之策。文化上，“废先王之道，焚百家之言，以愚黔首。”刑法上，“隳名城，杀豪杰，销锋镝，以弱天下之民，执敲扑而鞭笞天下。”地理防务上，“践华为城，因河为池，良将劲弩守要害之处，信臣精卒陈利兵而谁何。”

张兰：我们组探究认为，在统一天下前，应由较强的语气读出，充分渲染一个“威加海内”的帝王形象。统一天下之后，秦王朝至此已达顶峰，这意味着从此转入守势。这段文字义正词严，充分揭露了秦的暴虐无道，故诵读时应有“声讨”之势。末句“天下已定”总承以上内容，其后应有长停顿，然后转入叙秦始皇的心态，用以反衬下文灭亡之速，读时须有嘲讽意，突出“自以为”“万世之业”等词语。

杨洋：我们在阅读后进行探究，认为作者写作这篇文章目的是借古讽今，强秦的速亡给后人的启示是“施仁政，行仁政”。贾谊生活在汉文帝时代。其时，社会经济已渐渐恢复，人民生活也较安定，但是阶级矛盾却在不断地滋生暗长，统治阶级日益滋长“淫侈之俗”，并横征暴敛，加重人民负担，以致逼迫农民卖妻鬻子。贾谊担心“大命将泛，莫之振救”，于是借此文，要求汉文帝以秦亡为警示，施行仁政，免蹈秦亡之覆辙。

王磊：大家的分析很有见解。在我国历史上有过不少像贾谊一样忧国忧民的知识分子，如战国时代有为楚国前途大声呼喊“岂余身之惮殃兮，恐皇舆之败绩”的爱国诗人屈原；南宋有“胡未灭，鬓先秋，泪空流”的忧患诗人陆游；有希望“试手补天裂”“西北洗胡沙”的爱国词人辛弃疾……这种关心国家命运的爱国传统在正直而富有理想的知识分子身上是一脉相承的。

三、课后反思

《过秦论》是贾谊的一篇非常有气势的政论文。从此文来看，贾谊是颇富才情的，他是西汉时期杰出的政论家和辞赋家，作为一个伟大政论家，他二十岁时就提出改革制度的主张，表现出卓越的政治才能，得到汉文帝的赏识。

所以，面对这《过秦论》，我得用心备课，认真组织教学。为了让课堂教学效果好，学生有所收获，我采用“五步三查”高效课堂教学模式：第一步，检查学生自觉独学；第二步，检查学生相互学习情况；第三步，检查小组学习展示情况；第四步，检查全班级展示；第五步，检测并整理学案。旨在重点培养学生自学、合作探究的能力，完成导学问题。学习内容重点是理解课文第一段的内容及其在全文中的作用。三个问题由浅入深，逐步探讨作者行文安排的匠心所在。

在课堂上，学生通过自学、对学、群学完成了基本问题，根据小组展示提出的问题，我们在全班重点展示、讨论思考题的第二、三题，特别是第三题是学生学习的难点所在。从课堂情况可以看出，学生自学和合作探究的气氛还是比较浓厚的。我也基本达到了让不同层次的学生都有所得，基本消除了原来有人上课睡觉的现象。

课堂教学自主学习探究比较好，学生能主动探究课文的内容及特殊语句。学生在画导图展示把课堂推向极致，让课堂教学气氛比较活跃。

当然，课堂教学同样存在不足之处：

1. 生生互动没有形成，学生间没有争论，也就没有产生碰撞的火花，课堂问题的生成也不够理想。

2. 学生自主学习的能力还有待提高。当学生说出自己的理解和答案时，对我进一步的追问却不知怎么回答；有的学生是为找答案，而不去认真思考，不去寻找思考的角度和解决问题的办法。这种自学能力还有待进一步提高。

3. 学生在学习时，还缺乏全局观念，不会利用课文内容和前后题的关系来帮助自己解决问题。

4. 我对自己课堂的调控还不够理想，时间的分配和使用不合理。第三题的讨论受阻，耽误了时间。在检测阶段，应该重点讲清第三题关于名词作状语的类型，由于在第二题上耽误了，最后就草草结束了上课。

总之，一节课有收获，有缺憾，但不会有失望。我会继续实验下去，力求改变我校学生因基础差而不学习的习惯，培养学生学会学习，实现由学会到会学的转变，使课堂学习真正有效，为孩子负责，把学习由黑板、讲台转移到课桌上，转移到学生动手、动脑上，把课堂真正还给学生，真正实现以学生为主体。这条路还很长，很曲折，很艰辛，但我会坚持，绝不懈怠！

道之所存，师之所存

——《师说》教学反思

韩愈在《师说》中开篇就说："古之学者必有师。"我认为今之学者也一定有老师，大才的出现同样离不开老师，他们与常人的不同之处只是智商高些罢了。用韩愈的话就是闻道在先者为师。"说"是古文中的一种文体，属论说文范畴，一般陈述自己对某种事物的见解。"师"是本文要着重论述的论题。"师说"意思是"说说关于从师的道理"。现在，老师的作用仍然是"传道、授业、解惑"，所不同的是"道"的含义、"业"

的内容都发生了变化。所以，如何引导学生积极探索韩愈在文章里提出的观点，是本课所要解决的问题。

一、阅读课文

所以，为了让学生真正理解此文，我先让学生诵读，然后带着问题去朗读，最后听录音朗读。

在阅读过程中，我结合《劝学》《过秦论》，总结文言文的基本学法：读通（搬字音、查字音），读懂（搬词义、问老师），耐心（要勇于研究注释），决心（树立学好文言文的决心）。除此之外，我还采用目标教学法，这种教学法的优点是既让学生知道要干什么，也让学生便于总结他们掌握了什么。作为文言文的整体理解，要力求把它当作现代文来上，把重点词义的解释放在理解课文中去进行。文章整体结构的理解要放在背诵前进行。要理解文言文的内容，需牵引学生进入文本采用问读法进行。

二、探索作者写作原因

在韩愈看来，教师是人类灵魂的工程师，我们每个人的成长都离不开教师辛勤的栽培。我国自古就有尊师重道的优良传统。但在历史上的魏晋南北朝时期，随着玄学和佛学的兴起，儒学一度衰落，师道也就愈来愈不被重视，这种风气一直延续到了唐代。当时仍沿袭着一种封建门阀制度，贵族子弟都可以入弘文馆、崇文馆和国子学。他们无论学业如何，都有官可做。因此，社会上产生了一种“耻学于师”的恶劣风气，求师学道往往会招来别人的讥笑。韩愈却偏偏不顾流俗，勇为人师，广招后学，培养文人。并以大无畏的气魄，抨击时弊，提倡师道，写下了中国文化史上第一篇集中论述教师问题的不朽之作——《师说》，当时被人视为“狂人”。

三、课堂互动探究

第一组研究过程中，觉得韩愈批评“耻学于师”的风气，涉及的面很广，例如开头是“今之众人”，接着是做父亲的人，最后又是“士大夫之族”，他的主要批评对象是士大夫之族。理由有二：第一，从行文的语气看，本段结尾对士大夫之族不仅表露了作者的不满情绪，而且显示出一种鄙夷和蔑视的态度，说他们瞧不起劳动群众，却不如劳动群众聪明，不懂得从师的道理。第二，“位卑则足羞，官盛则近谀”正是这类人的特殊心态，也是门第观念很深的反映，而门第观念跟以“道”为师的正确主张恰恰是格格不入的。

我们还从第一段研读中了解到，作者举出孔子询官于郯子，访乐于苌弘，学琴于师襄，问礼于老聃的事例，并引用孔子的名言，进而推断出“弟子不必不如师，师不必贤于弟子，闻道有先后，术业有专攻”的结论。这个结论，是对第一段提出的“道之所存，师之所存”的观点的深化，也是对士大夫之族耻学于师的进一步批判。

这一段的结论阐明了一种新型的师生关系，推论出“弟子不必不如师，师不必贤于弟子，闻道有先后，术业有专攻”的崭新观点，用相对的、发展的眼光看待师生关系，说明师生关系不是一成不变的，是可以相互转化的，教与学是可以相长的。这就将老师和学生之间那条人为的固定界限取消了，对自古以来“师道尊严”的传统提出了挑战，闪耀着朴素的辩证唯物主义的思想光辉。这种闪光的思想，被后世许多教育家引申发挥，对教育理论作出了很大的贡献。

另一组探究认为，作者称赞李蟠，既是对他不从流俗的肯定，也是对士大夫们“不从师”的有力批判，既针砭时弊，又进一步倡导了从师学习的态度，从而得出作者作《师说》的缘由，总结全文。从师要“不拘于时”和“能行古道”。反对“耻学于师”的坏风尚，赞成以道为师的好风尚。

以上是学生在课堂探究的精彩片段，大大激发了学生积极探究的兴趣，让课堂变得生动活泼。

四、学生课堂感悟

不耻下问

高一（6）班　李强

今天罗老师组织我们学习了韩愈先生的《师说》，我对文中如何当好老师、如何确立师生关系感触很深。在我看来，所谓老师，某方面学问肯定比我高，才称得上老师。人都会有不懂的问题要问，而如果不向老师求学，那岂不是始终不能解答这些问题了？

但是，如今看来，我认为老师不一定要比学生年纪大，难道年纪小的人就不配当老师吗？我的回答是否定的，只要他在某一方面知识高于我，能懂大道理，他就可以做我的老师。就像文中写的，“道之所存，师之所存也。”只要是有道理的地方，就一定有老师存在。

孔夫子被称为圣人，但他还是不耻下问，他曾以郯子、苌弘等人为师，他的学问绝对不比他们差，只是想学到其他他不会的知识罢了。他说：“三人行，必有我师焉。”民间俗语说：“三个臭皮匠，顶个诸葛亮。”的确是这样，不管是谁，都会有不懂的地方，例如，小学生做的数学智力题，有些连博士生都做不出来，就算你是大学中文系毕业的，也不会熟悉字典里的每个字。如果他们不懂得“不耻下问”的话，就远远不如圣人。这样的话，人又会有什么进步呢？

老师无处不在，却往往被忽略，甚至被耻笑。巫医、乐师和那些工匠们，经常互相学习。而那些士大夫们，自己没有学问，一听到有人称“老师”“弟子”等，就许多人聚在一块儿讥笑人家，还说：“他和他年龄差不多，道德学问也差不多啊，以地位低的人为师，多可耻啊，以官职高的人为师，又显得谄媚！”听起来好像老师的标准都是他们定的！

当代中学生学习了这篇文章后，应该懂得“不耻下问”“道之所存，师之所存”的道理。在遇到疑难问题时，随时都要警醒自己，要向懂得道理的人学习，坚持“不耻下问”的理念，拜其为师。

五、课后反思

说实在的，我在教学这篇课文时，用功不少，但是采用生态课堂教学效果并不是很好。

面对《师说》这样一篇具有深厚文化内涵的课文，我的教法仍然比较传统，没有深入开掘其蕴含的文化特色和时代精神。同时，由于过分强调背诵的落实，把对课文严密结构的分析放到次一等的位置，使学生在这个问题上的思维密度降低。即便有论证方法和逻辑思路的讲述，也仅仅是为背诵服务，并没有迁就到文学欣赏的高度，在提升学生的品位方面有欠缺。

而且，讲课时过分依赖事先设计和讲究各个环节的无缝连接，没有安排学生进行课堂讨论，使他们没有机会对课文内容和观点质疑求异。后来有位同学在写《师说》读后感时曾提出了自己的观点：“小学而大遗”不是“小的方面倒要学习，大的方面反而放弃不学”的意思，而应该理解为“小孩让他学习，大人反倒不学习”，这样，上下文的意思就贯通了。

姑且不论他的理解正确与否，单就这种深入思考、独抒己见的钻研精神而言，应该成为大家的榜样。如果我当时提供给他一个展示的机会，相信对其深入理解课文内容，以及探索创设精神都将起到非常重要的作用。

【第四单元】

你了解动物游戏的奥秘吗？

——《动物游戏之谜》教学反思

这是一篇科普说明文。学习需要了解这篇科普说明文的文体特色，同时还要解读动物游戏之谜，概括文章的大致内容，理清课文层次结构，培养起学生理解、筛选信息的能力。

一、阅读探究课文

为了增添学生的阅读兴趣，在课一开始，我就让同学们欣赏这些动物游戏的图片。然后对同学们说：你们看到这些可爱、有趣的画面，可见动物也有它们的游戏，那么它们为什么会有游戏？游戏的目的又是什么呢？

同学们带着问题阅读《动物游戏之谜》之后，深知动物游戏是非常复杂的，不同动物的游戏可能有不同的原因。人类对动物了解得还不多，现在提出的各种假说都有其合理性，也有其局限性。必须深入研究，才能解开动物游戏之谜。

这就要求我们对科学注重求实，即使是某种假说，也要经过实验的证明，不能贸然下结论。作者列举各种假说，让各种观点在宽松、包容的学术氛围中自由碰撞、融合，最终才能辨伪存真，求得真理。

二、课堂互动探究

刘莉：一般情况下，说明文字总是有些枯燥的，可是本文却充满了趣味。例如，猴的嬉戏一段描写：它们依仗长尾巴出色的平衡功能，在树枝上玩着“走钢丝”和“倒立”的把戏；它俩相互推挤，好像竭力要把对方推下树去，可被推的一方总是抓住树枝，巧妙地跳开去，绝不会失足坠地……通过一系列动词“依仗”“玩”“推挤”“抓住”“跳开”及修饰语“竭力”“巧妙”的运用，形象地描绘出叶猴游戏时调皮、可爱、灵巧的姿态。

再如马驹常常欢快连续扬起前蹄，轻盈地蹦跳；猴类喜欢在地上翻滚，拉着树枝荡秋千……此句与上句类似，将动词与修饰语巧妙搭配，把动物游戏的场面描写得形象生动，使读者如见其物，如临其境。

又如“一群北极渡鸦发出欢快的聒噪声。它们飞上坡顶，像小孩坐滑梯一样一只挨着一只滑雪而下，滑到坡底后，又飞上去……”此句描写时运用了比喻的修辞手法，把平时难以见到的北极渡鸦玩耍的情景与日常生活中孩子嬉戏的情景联系起来，使读者可以想见北极渡鸦的天真可爱。

杨洋：我们再来看看，动物在“战斗游戏时，动物亲密地厮打，看似战斗激烈，其实极有分寸，它们配合默契，绝不会引起伤害。”这说明它们的“厮打”表现出动物战斗游戏的“激烈”和动物行为的特点。“游戏行为使得动物从小就能熟悉未来生活中要掌握的各种‘技能’，例如追逐、躲藏、搏斗等等，熟悉未来动物社会中将要结成的各种关系。”研究认为，动物成年后，一般要脱离父母，自寻伙伴，所以用“结成”而不说“形成”，语义上有细微差别。“形成”是通过发展变化而成为某种特殊的事物，或者出现某种情形或局面；而“结成”是指在某种基础、条件上而具有特殊的联系，可以跟“关系”搭配。

王磊：本文是一篇通俗易懂的科普说明文，记叙、描写、说明浑然一体，语言简洁、平实、准确、全面、浅显易懂，使人在获得科学知识的同时，还能得到思想感情的陶冶和艺术上的享受。

三、课后反思

2016 年 5 月，我校高中语文课题组全体成员要求上一节生态示范课。面对大家的请求，再加上我作为课题负责人，没有理由推辞，于是就以《动物游戏之谜》上一节研讨课。

从教学效果来看很好，课堂教学完成得很顺利，学生反应积极，课堂教学氛围轻松、和谐、融洽。作为一名语文教师，能顺利完成一堂课的教学，从内心来说是很欣慰的。因此，对《动物游戏之谜》这篇文章的教学，我也进行了深入的反思。这节课最大的亮点：

（一）导语精心设置，激发学生兴趣

《动物游戏之谜》这篇文章在列举了各类动物游戏现象的基础上，引发了“动物为什么要进行游戏？”这一疑问，而后通过各种假说来解答这一问题。针对这点，我设计了这样的导语：“同学们，在童年时大家都做过游戏吗？做过哪些游戏？”然后让学生回忆童年游戏，并回答。接着导入“是的，游戏让我们的童年充满欢乐，其实，动物跟我们人类一样也会做游戏。那么，它们都会做哪些游戏呢？它们为什么要做游戏？难道也跟我们人类一样为了玩？今天，就让我们一起走进动物王国，学习科普说明文《动物游戏之谜》，去探寻动物游戏的奥秘。”

常言说：“兴趣是最好的老师。”趣味性的导入为整堂课营造了轻松、和谐的教学氛围，教学氛围的和谐轻松是这堂课得以顺利实施的一个重要因素。

（二）教学目标明确，环节紧密相扣

《动物游戏之谜》作为一篇科普说明文，有它的特点。文章思路很清晰，列举的动物游戏的现象非常有趣，语言也通俗易懂，饶有趣味，学生在阅读上没有什么障碍。那么这堂课学生最应该学什么？经过认真思虑，并结合新课程标准要求和导学案设计的题目，我确定了以下四个教学目标：一是掌握重点字音、字形；二是梳理文章结构，了解说明顺序；三是精读课文，把握内容；四了解说明方法，鉴赏语言。

上课时我首先让学生齐读了教学目标，目的是为了让他们清楚地知道本节课的学习任务；然后围绕着教学目标进行教学，由基础字词检测到培养学生的概括能力，再到文章重点部分的精读；最后围绕精读部分做了拓展延伸，让学生畅所欲言。由于教学各环节层层深入衔接紧密，教学过程进展很顺利。

（三）学生展示出色

本次研讨课，我采用让学生自主研修的教学方式。学生是主角，我是配角。整节课都由学生来讲，我只起到一个补充点拨的作用。我很欣慰学生的表现，可以说不管是从展示的答案内容、讲解仪态，还是从质疑探究、板书设计，学生都表现得非常出色。通过这节课，我认识到学生的思维是多样的，对同一个问题，答案也是丰富多彩的。尤其是对于语文这门特殊的学科，答案更是新奇多样。作为教师，我们可以针对学

生的回答做适时的变通，尽可能将其转化为有效的教学资源。

“人无完人，金无足赤”。这堂课整体效果很好，但不足之处也有，主要有以下几个方面：

（一）教学重难点不够突出，没有体现生态课堂教学的理念

虽然给学生列出了教学目标，也顺利完成了教学目标，可是我却没有点出四个目标中哪个是重点，哪个是难点，这是我以后的教学中应该特别注意的地方。

（二）对学生的点拨需进一步加强

如第 2 大题的第 2 小题“本文的说明顺序”这个题，学生很正确地出说了本文的说明顺序是逻辑顺序，甚至还对逻辑顺序的定义和类别做了必要的补充，但是却没有补充说明其他说明顺序，而我也没对这点进行相应的补充。若能在这个题中给同学们再补充一些说明顺序会更好。还有第 3 大题的第 4 小题，“本文的说明方法”，学生回答是打比方，举的例子是借喻，借喻也是比喻的一种，可是我却没有给予肯定。

（三）点拨不到位

我认为主要是因为自己对课文内容，对题目如何回答把握得不够好。所以今后应特别注意挖掘文本，深入理解课文内容。

（四）教学语言有待进一步提高

主要表现为，教学语言不够准确，容易重复，评价语言苍白单一。以后应多读书，提高自己的文学底蕴，给语文课的语言赋予语文特有的魅力。作为一名老教师，如何上出语文课本身的特色，将能力提升和文本教学密切结合起来，达到和谐和统一，将是我在今后教学中要思索的一个问题。

我的未来不是梦

——《宇宙的边疆》教学反思

《宇宙的边疆》是高中语文必修三第四单元的一篇科普说明文。科学

是人类认识世界的重要工具，是人类文化的重要组成部分，是标志人类文明的尺度。学习科普文章，可以启迪心志，激发想象，带领我们进入全新的科学天地，在科学海洋中遨游。从古代运用天文方法确定耕作时间，到现代对宇宙形成演变的种种假设，对宇宙的探索，已经成为人类生活的一部分。宇宙从何而来，向何而去，人类从何而来，向何而去，这些基本问题不仅具有科学意义，而且具有哲学的意味。

一、阅读课文探究

这篇科普说明文，我的教学方法分三步进行：第一步是让学生通读一遍，扫清文章里面的字词句。第二步是让学生结合课文标注说明顺序：时间顺序、空间顺序、逻辑顺序。空间顺序即按照事物空间存在的方式，或从外到内，或从上到下，或从整体到局部来加以介绍，这种说明顺序有利于全面说明事物各方面的特征。第三步让学生在文中找出表明作者探索行踪的语句。

二、课堂互动探究

王磊：研读过程中，有同学认为人类所关心的大多数问题都可以说是无关紧要的，甚至是微不足道的，我们在这个宇宙中只不过是空中飞扬的一粒尘埃，那么，我们为什么还要不断地去探索宇宙的奥秘？

我对这样的提问表示反对。虽然地球是宇宙汪洋之中的沧海一粟，虽然人类的努力和付出在宇宙中是微不足道的，但人类要求生存，求发展，就必须探索宇宙的奥秘。对宇宙及其他星体的探索，有助于我们更好地了解历史，更科学合理地驾驭自身，人类的未来取决于我们对宇宙的了解程度。

杨洋：书中说恒星的色彩可以显示其年龄的说法是正确的。因为物体的颜色受物体温度的控制，天上的星星也如此，天体的温度不同，它们发出的光在不同波段的强度是不一样的，一般来说，蓝色恒星表面温度在 25 000 °C 以上，白色恒星表面温度在 11 500 ~ 7700 °C，黄色恒星表面温度在 6000 ~ 5000 °C，红色恒星表面温度 3600 ~ 2600 °C。

杨燕：书里谈到有关外星人和不明飞行物的报道，而文中对此表述用“可能”“或许”，宇宙中有没有智能生物和星际文明问题，我们查阅资料得知，科学家推测在宇宙 100 亿个星系中，若每 10 亿个行星上有一个居住着智能生命，至少也有10亿个行星上有智能生物。1960年5月7日，第一个测听外星文明信号的“奥兹玛计划”失败。1972年，美国发射了携带人类名片的宇宙探测器。就目前来说，星际通信网已建立，只是还没有同外星人联系上，到底有没有外星人，只能用证据来说话。现在关于宇宙的智能生命的文学作品日益增多，越来越多专家致力于这项研究课题，寻找外星际文明成了一个国际课题。

以上是课堂教学探究阶段，学生根据课文内容抛出问题，查找问题，自己给自己设置问题进行探讨，立足于寻找相应的答案。这一环节是课堂教学最精彩的部分，是师与生、生与生相互碰撞、绽放火花的源点。

三、课后反思

生态有效课堂教学确实能激发学生学习的积极性。只要教师的课堂问题设置巧妙，有深度，有针对性，学生的收获是很大的。

这篇课文我用1个课时完成，教学效果很好，算是一节成功的课。因为，我在上课之前就让学生做好预习，提前把有疑难问题的地方标出来，在课堂上进行讨论。最大的亮点有如下几点：

（一）学生提前预习得很好。“凡事预则立，不预则废”。在预习过程中，学生把文章的字词句都弄清楚了，不懂的地方已做好标注。还有就是，我在上课之前同样看了两遍，同时还结合网上下载的相关资料，与学生们共同商量我们应该怎么学的问题：请同学们提出学习这篇文章的想法，我们选取多数同学赞同的方案进行，应该要先了解文章的基本内容，然后再对不懂的句子进行深入了解，最后看看这篇文章的说明顺序和说明方法。

（二）课堂教学结构清楚，逻辑性强。我完全让学生自主学习，大家就各自标注的问题进行讨论，然后结合后面的练习进行探究。我还让学生画思维导图，上台进行展示，并阐述自己的设想。

（三）学生参与率比较高。为了提升课堂教学效果，我还特地从网上下载了探索宇宙的相关视频与图片，让学生欣赏，然后结合课文进行探究。这样，学生的兴趣被调动起来了，学生对积极探索宇宙的兴趣就比较深厚。

（四）我设置的问题比较有针对性。例如：你知道太空有多少星系、行星和恒星吗？你知道最远的星星离我们有多远？你知道恒星为什么会散发出不同的光芒？你知道彗星为什么拖着尾巴呢？天文奇观使人类睁大了好奇的眼睛，宇宙的奥秘等待我们人类用智慧去不懈探索。这样的问题激发了学生的探索兴趣，积极主动去阅读课文，为课堂教学打下坚实的基础。

文章有些很打动人心的句子，例如，“从宏观来看，人类所关心的大多数问题都可以说是无关紧要的，甚至是微不足道的。这些探索活动提醒我们：好奇是人类的天性，理解是一种乐趣，知识是生存的先决条件。”通过对类似句子意思的理解，让我们感受人类生活相对于浩瀚的宇宙是多么的微不足道，启示我们面对生活应该豁达而乐观。

文章学到最后，虽说我们对宇宙还有太多的“不知道”，但至少让我们懂得了善待自己，如果从一课一得的角度来说，也应该算一种收获了吧。

总体来讲，对于科普说明文的教学，我历来有点犯难。一是因为这类文章一不小心就讲成了科学知识普及课，失去了“语文味”；二是因为我本人对这类文章很不喜欢；三是我对宇宙知识缺乏了解，虽然讲过一遍，早已忘却，这就证明了上一次的教学很失败。

让兴趣成为你的主人

——《一名物理学家的教育历程》教学反思

本课是科普文单元的最后一课，学生对科普文有一定的了解，基本上掌握了这类文章的阅读方法。在此基础上引导学生自学本文比较容易，我在教学中可以大胆放手，让学生自己阅读，提出问题，解决问题，探讨其中表现的思想内涵，引导学生体会科学精神，培养筛选、整合文章关键信息的能力。所以，我的教学方式如下：

一是让学生自读课文，整体感知，把握全文脉络；二是找出文中“童年的两件趣事”是什么。三是检测自学情况，字词注音检测，把握课文内容和梳理课文思路；四是快速浏览课文，筛选、梳理文中有效信息，初步了解文章内容，体会本文。

一、课堂互动探究

王磊：课文中说“鲤鱼科学家”对“世界”主要有以下几点认识：一是“水池之外看不见的世界没有科学意义。”二是“它们为睡莲自己能够运动而困惑不解”——它们以神秘的“力”来掩盖自己的无知。三是“鲤鱼科学家”的“消失”和“重现”——它们认为是“奇迹”，是“恐怖的事情”，而不肯去探究原因。四是“鲤鱼科学”的“传奇故事”，真实地证明另一个世界的存在，而它们却认为“胡说八道”，荒谬绝伦，违背它们的“自然规律”。

杨洋：我们认为，作者想通过“鲤鱼科学家”对世界的认识说明“自以为是”的人类和“鲤鱼科学家”有相似之处。一是人类“一生就在我们自己的‘池子’里度过”，只要“超出我们的理解力”的自然存在，就“拒绝承认”。二是“科学家发明像力这样一些概念……”，是因为他们只愿意承认“那些看得见摸得着的事物”，不肯改变思考问题的方式。三是“不能在实验室里便利地验证”的理论，他们就加以“鄙视”，表现出思想上的保守和固执。

王燕：对爱因斯坦未竟事业的向往，使作者产生对统一场理论的兴趣，好像侦探一样找到故事的线索和结局；在作者心中，“理论物理学家”的工作是抽象、枯燥的，受实验条件的限制，自己的学说很难得到实验的证明，甚至可能到死也得不到成就。这样的人必须耐得住寂寞，必须有奉献精神。“在所不辞”意味着“理论物理学家”道路的艰辛。

韩燕：我们第四组研究总结认为，一是想象力，科学是需要想象力的，想象力能带来创造力。作者正是从对鲤鱼世界的想象中，认识到人类观察空间的局限性，间接感悟到高维空间存在的可能。二是乐趣，科学不应该是枯燥的，而是应该充满乐趣的。三是实验精神，有了想象力，有了乐趣，那只是成为科学家的最基础的因素，不去踏踏实实地做实验，就不能得到基本数据，假说就不能确立。一味地空想，不去做基础工作，不可能达到真理的彼岸。这三方面对成为优秀科学家最为重要的素质。

二、课堂学生动手

1. 学生动手画

见图 15。

2. 学生动手写

课堂还未结束之时，我留给学生 7 分钟的时间，让学生动手写自己学了本文的感想或体会，或者对作品进行有针对性的评价。以下《让兴趣做主》就是马燕在课堂上所写的作品。

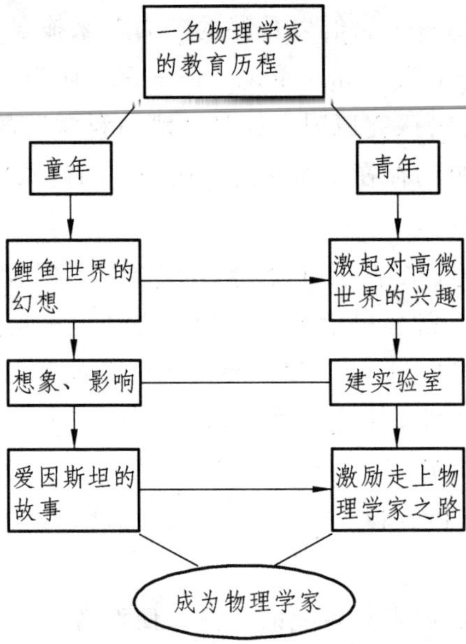

图 15 《一名物理学家的教育历程》思维导图

让兴趣做主

高一（6）班　马燕

在童年时期，爱因斯坦就对科学产生了浓厚的兴趣。他并没有只让自己的兴趣停留在浅层次的兴趣上，他让兴趣做主，把自己的终生志向和兴趣紧紧联系起来，一直向着自己的事业努力追求和发展下去，最终取得辉煌的成果。

他的故事让我深受感动。

在现实生活中，人们在确立自己志向的时候，又有多少是让自己的兴趣做主呢？多数人考虑的是所谓实际的谋生问题。于是乎，以后为之“奋斗”之时，坚持不了多久，就会生出种种不满情绪。消极的思想占据他的心灵，从此对事业努力追求的兴趣就没有了。于是整天忙碌无所事，最终将是一事无成。追溯其原因，是没有让自己的兴趣做主，奋斗时没有全力以赴。

正当自己风华正茂之时，却把自己心爱的事业放弃了，这难道不悲哀吗？

作为当代高中学生，我们更应该懂得这一点。我们马上就要面临高考，面临选择学校、专业。常言道：兴趣是最好的老师，你的兴趣是什么？你做好选择自己的职业了吗？

同学们，希望你们一定记住，事业是自己的，只有根据自己的喜好与兴趣，选择好自己的职业，要真正体现出自己的喜好，不能凭借别人的经验替你做主，让自己的兴趣替你做主吧！

三、课后反思

这篇科普文章，我只用了 1 个课时。从教学的情况和课堂上学生的反应来看，教学效果还是很好的。这主要归结于课前我让学生提前了解了有关作者的作品和为人，了解了课文涉及的一些宏观宇宙学理论，了解了一点相关的理论知识。

本节课最大的亮点有几点：

（一）课前准备充分

在课前，我先让学生阅读一遍，把文章的字、词、句都弄清楚了，对不懂的地方已做好标注，通过从网上下载的相关资料获得参考。最后看看这篇文章的说明顺序和说明方法。

（二）学生参与率比较高

为了提升课堂教学效果，我还特地从网上下载了爱因斯坦的相关资料，在课堂上让学生欣赏，然后结合课文进行探究，这样把学生的兴趣调动起来了，学生对积极探索宇宙的兴趣就比较深厚。

（三）自主性学习用得恰到好处

在课堂上，我完全采用自主式的教学方法，把问题摆在黑板上，然后把学生分成 4 组，由各组展开讨论，然后由各组委派一名代表上台发言，其他人可以补充。这样一来，各组自然形成竞争机制，都不想落后于其他组。所以，课堂的展示可用精彩来形容，课堂气氛一下被推向高潮。

课堂刚进入高潮阶段，我又让学生画思维导图，然后又到黑板上去展示。所以整节课我都是在指挥，在协调，在配合。学生在动手、在动口、在动脑。

课堂快要结束时，我又让学生动手写感想，就从爱因斯坦的故事所受到的启示写篇 300～400 字的小文章，之间针对兴趣问题、自由问题、理想问题等展开的深层次研讨，为写感想打下了坚实的基础。

第八章　人民教育出版社高中语文必修四

【第一单元】

谁来替窦娥平反

——《窦娥冤》教学反思

元杂剧作为一种新型的完整的戏剧形式，有其自身的特点和严格的体制，形成了歌唱、说白、舞蹈等有机结合的戏曲艺术形式，并且产生了韵文和散文结合、结构完整的文学剧本。

《窦娥冤》是元代杂剧代表作家关汉卿的代表作，写一个弱小无依的寡妇窦娥，在贪官桃杌的迫害下，被诬为“药死公公”，斩首示众。窦娥的冤狱有巨大典型意义，通过窦娥的血泪控诉，引起人们对封建社会的现实秩序与传统观念的怀疑。窦娥的形象，是具有独立意义的戏剧人物，她既屹立于舞台又深入于人心，承载着深厚的社会内涵。面对这样的课文，我的教学非常慎重，现将我的教学反思如下：

一、指导学生研读课文

研读一部作品时，我们要学会带着问题去深入，重视在阅读中质疑，这样就能不断地在“读通——读懂——读透——读出自己”的过程中有所收获，从而获得情感体验与审美熏陶。本课的教学目标是：（1）引导学生利用网络平台，自己动手、动脑，和伙伴讨论，研究窦娥人物形象塑造的艺术性，分析窦娥人物形象塑造的社会内涵；（2）指导学生用比较的眼光来看待人物形象塑造，开阔眼界，拓展思维视野，激发学生比较阅读的兴趣；（3）初步了解元杂剧常识。

为了提高学生阅读和探究课文内容的积极性，我还从网上下载《窦娥冤》戏剧视频让学生观看，结束之后，又让学生听朗读录音。学生面对现有的丰富资源，冷静地选择，有效地整合，理性地分析，个性地创造，同时积极地合作，深入地探讨。

二、课堂互动探究

左银滢：通过【端正好】中“没来由”“不提防”可以看出，窦娥是冤枉的，“动地惊天”表明她冤屈之深。所以，窦娥临刑前不禁要将天地埋怨。她开始是信赖天地，随后是怀疑天地，紧接是控诉天地，最后是悲愤。

杨洋：窦娥和婆婆在生活上相依为命，年仅二十的她只想安安分分地守自己的寡，苦度青春，但做个顺民而不得，真冤啊！冤之极，怨天地。明为怨天地，实为诉说自己蒙受了冤屈。

王燕：还有，面对邪恶势力，窦娥敢于反抗，最终屈招是怕婆婆受刑。在临刑时不走前街走后街，只是怕婆婆伤心。窦娥的善良还体现在临刑前对婆婆的叮嘱上。这是一个多么善良而又富于牺牲精神的女子啊！

当然，窦娥越善良越显冤屈之深。善而蒙冤又忍冤，令人悲痛啊！人们不得不为三岁丧母、七岁离父做童养媳、二十岁即守寡三年、遵守礼法又苦度青春的弱女子一洒同情之泪。

王磊：窦娥不想不明不白地死去，于是她发下三桩誓愿。雪溅白练、六月飞雪、亢旱三年。窦娥发三桩誓愿，是在鸣冤，让世人知道她蒙冤、忍冤，并且表达出了她的愤怒之情。窦娥还希望感动天地，惩治邪恶。被毁灭的过程，就是抗争的过程。

韩燕：窦娥勤劳、善良、孝顺、安分、刚烈，这样一个有价值的女性被毁灭，都是官吏梼杌太守、流氓无赖张驴儿等一手造成的。在元代那个动荡不安的社会里，官吏昏庸无能，是非不分，流氓横行霸道，谋财害命。黑暗的社会滋生了他们，并纵容他们，他们相互勾结，构成了虐民的罗网。这张网下，人的生命没有什么保障，哪怕她是有价值的。因此，窦娥的冤狱不是个人的悲剧，而是时代的悲剧。

三、学生动手写

我为窦娥的精神点赞

高一（6）班　左银滢

学习了《窦娥冤》之后，我为窦娥敢于反抗和斗争精神点赞，更为善良孝顺的女子高歌。

文中窦娥三岁亡母，七岁离父，十七嫁人，十九亡夫。她的一生可谓与幸福无缘，但她丝毫也不怨天尤人。她积极乐观，她在第一折中唱道“我将这婆侍养，我将这服孝守。”本来像她这样的女子应该要活得更平安，可她碰上了张驴儿父子这样的流氓无赖。张驴儿错把自己的父亲药死，又将矛盾推向了一个新的高度，张驴儿想借此来胁迫窦娥，可刚强的窦娥却选择了“公了”这一形式。本来以为到了官府一切都能得以澄清，可黑暗的官府无疑让苦命的窦娥雪上加霜，最终落得冤死狱中。主人公窦娥的性格与黑暗的现实之间不可调和的矛盾最终导致了悲剧的发生。

一个正直善良的人被杀了，而昏庸无能的官吏与无赖的凶手却逍遥法外，这是让人悲叹的原因之一。而文章最大的悲哀之处却是当一个人有了能力，却已无法挽回悲剧的结局。当窦天章能够为女儿谋求幸福，能够为女儿伸张正义时，可能见到的只是窦娥的冤魂。

古代女子以贞洁敬孝为德，善良温顺为美。美德是这个世界上极有价值的东西，而课文中，主角窦娥便是这类女子的典型代表。她年轻守寡，恪守贞洁，敬仰婆婆，在被张驴儿逼婚后，态度坚决，不肯相从。在公堂上，为了婆婆不受罪，她含冤招供，然后血洒断头台。课文写了一个具有许多优秀品德的女子，一步步被黑暗腐朽的社会所吞没却呼告无门，无能为力。我觉得这就是课文最大最具震撼人心效果的地方。

四、课后反思

对这样一篇饱含情深的戏剧，我的教学是非常慎重的。重点采取生态课堂的教学理念及原则组织教学，旨在实践研究新的途径，培养学生独立思考与分析问题的能力。因为本篇文章的教学点比较多，我总觉得不怎么好把握。所以在教学过程中，我用了整整 3 个课时，但教学效果还是不好。

首先我的设想就是按传统步骤进行教学，即先介绍相关元杂剧的知识，再引导学生概述情节，把握戏剧冲突，分析人物形象，最后总结主题，分析写作特色。可我觉得这样上会把文本割裂开来，好像屠宰一样，把文章一块块切下来让学生进行理性技术性分析，学生对文字的感受力、鉴赏力还是不会得到提高。

《窦娥冤》是中国十大悲剧之一，这篇文章之所以有这样恒久的魅力，在于悲剧产生的震撼力。所以我决定抓住“悲”字作为教学的切入点，引导学生来感受文本，鉴赏文本。

果不其然，当我抛出这个问题之后，学生进入了深层的阅读，有些学生在课本上圈圈点点，有些学生在本子上记下自己的阅读感悟。我知道，学生与文本有了充分的对话。而紧接着学生之间的对话也让我欣喜不已，当然，有部分学生的语言还很稚嫩，但都来自于学生对文本的解读，但有些同学的发言真让我惊喜。

在对话中，学生不仅把握了人物形象，还很好地抓住戏剧的矛盾冲突，很准确地把握了文章的主题。其中还有一位同学分析“悲”时谈到了窦娥的“三桩誓愿”的不可实现性。在点评中，我与学生探讨了作者之所以这样构思的原因，谈到了浪漫主义的手法及其作用。教学目标就在这样的引领下得以突破。

上完这堂课，我很有成就感，真的！

要为自己的命运抗争

——《雷雨》教学反思

《雷雨》（节选）里全日制高中语文必修四戏剧欣赏单元的第二课。这个单元的教学目的是培养鉴赏戏剧作品的能力。学习的重点是分析剧中主要人物的思想性格，把握尖锐集中的戏剧冲突，品味人物的语言。如何实现长文短教，让现代中学生喜爱戏剧，学会鉴赏戏剧。教学实践中，我作了这样几方面的构想：一是确立了知识、能力、情意三重目标；二是将课型确定为品读鉴赏课；三是构设了“情境导入——审美感知——剧情表演——品读评析——延伸探究”的教学流程。通过品味人物语言，探测人物的内心世界，进而探究作品的艺术魅力。教会学生揣摩人物语言、鉴赏人物的方法，培养学生的探究能力，进而提高学生的审美品位和审美能力。

为了让学生积极的阅读剧本，了解剧情，把握其中的矛盾冲突，了解人物的性格，我让学生反复阅读和分角色朗读，品味戏剧作品丰富多彩而又富有个性化的语言，然后组织学生观看电影《雷雨》，在课堂上点拨，品读一词、一句，比较与鉴赏相结合，激发学生欣赏戏剧文学的兴趣。提高学生鉴赏戏剧文学作品的能力。

感受作者借助浓重的戏剧氛围及富有诗意的语言所传达的悲剧意识。

一、学生说剧情

韩燕：《雷雨》是曹禺先生的处女作，也是他的成名作。《雷雨》是一部杰出的现实主义悲剧，写的是一个封建资产阶级大家庭的矛盾。这些矛盾的酝酿、激化，在一个“天气更阴沉、更闷热，低沉潮湿的空气，使人异常烦躁”的下午走向高潮，最终这个罪恶的大家庭崩溃了。这一切都是在雷电交加的狂风暴雨之夜进行的，整个故事的背景、情节都和雷雨有关。同时，作者以象征的手法告诉人们：在半封建半殖民地社会沉闷的空气里，一场大雷雨即将到来。这就深刻地反映了酝酿着一场大变动的中国社会的现实。

王磊：这是一个令人心酸的悲情故事。三十年前，一个风雪交加的大年夜，替周家少爷周朴园生下第二个孩子（鲁大海）才三天的鲁侍萍，竟被周朴园一家凶狠地逼着留下其长子（周萍），抱起奄奄一息的新生儿走向河边……

三十年后，在畸形情爱中挣扎的周萍，自知罪孽深重，为摆脱后母繁漪的苦苦纠缠，拼命地引诱了使女四凤。而四凤其实是周萍同母异父的妹妹。此刻“恨人像一把刀，爱人像一把火”的繁漪妒心大发。恰好，鲁大海又正在周朴园的矿上做工，并作为罢工工人的代表，与周朴园进行着一场针锋相对的斗争……待一切真相大白之后，一场罪恶的悲剧不可避免地发生了：四凤羞愧难当，雷雨之夜仓皇出奔，不幸触电身亡。单纯、热情、充满着幻想的周冲（周朴园与繁漪之子）跑去救四凤，也遭不测，周萍开枪自杀，繁漪疯了，鲁侍萍痴呆了……

二、课堂互动探究

我们第一组探究认为周朴园的矛盾冲突主要与鲁侍萍和鲁大海有关。周朴园和鲁侍萍矛盾冲突的发展过程：周朴园最初对自己以为已“死去”的侍萍是“怀念”的，后来知道侍萍还活着是惊慌的，最后看到站在眼前离开了自己三十年的侍萍时是冷酷的。要体会这一情感变化的过程。

第二组探究总结：课文中四个人之间有多重矛盾。一是以周朴园为代表的资本家和以鲁侍萍为代表的下层劳动人民之间的矛盾冲突。这是根本利益的冲突，也是父与子的矛盾冲突。二是鲁大海与周萍兄弟之间的矛盾冲突。三是鲁侍萍与周萍母与子的矛盾冲突。四是资本家的冷酷、虚伪、自私和下层劳动妇女的善良、正直、坚韧两种思想性格的对立冲突。这是根本性质的冲突。

第三组的杨洋：周朴园与鲁侍萍有矛盾冲突。周朴园与鲁侍萍的矛盾冲突中所表现出来的所谓“怀念”、惊慌到冷酷的心路历程，表现了周朴园虚伪、冷酷、自私的真面目。作者的意图是将戏剧的矛盾冲突最终依附于戏剧语言，特别是戏剧中人物的语言。此环节选取周朴园的语言作为鉴赏的突破口，通过品读一词，品析一句子，去探寻周朴园对鲁侍萍的真实情感，从而获得揣摩人物语言的基本方法具有重要意义。

第四组马兰：《雷雨》一天之内让三个人死掉、两个人疯掉的剧情未免让读者和观众太过紧张了，于是作者安排了“序幕”和“尾声”来舒解与安抚人们的情绪。所以，我认为这是一个典型的悲剧。曹禺说，“我用一种悲悯的心情来写剧中人物的争执。我诚恳地祈望着看戏的人们也以一种悲悯的眼光来俯视这群地上的人们。”

三、课后反思

采用生态课教学的自主性原则，追求独立、和谐、民主的生态课教学形式，取得较好的教学效果。

《雷雨》是曹禺老先生创作戏剧中的一部经典之作。虽然我对戏剧很陌生，但是我想挑战一下自己，把这篇戏剧完美地传授给学生，让学生有所收获。作为老师就要不断学习、不断研究、不断提升自己，敢于挑战自己。这节示范课，我用了 1 个课时，教学效果非常好。最大的亮点主要体现在如下几个方面：

（一）重视自主学习

我在执教《雷雨》时，改变了传统单纯接受性的学习方式，鼓励学生选择适合自己的学习方法和学习策略，收到了较好的教学效果。因为新一轮基础教育改革强调的是学生自主，强调语文学习是个性化行为，要尊重学生个性差异和个性化学习方式。

（二）重视基础知识的传授

这一课的重点是生字及词语。为了体现学生的自主、探究、合作、独立领悟能力，首先我让学生在预习时初步感知课文内容，学生在自由读课文时圈出生字，再让他们找出难写的字，并说出理由。从音、形、义三个方面将本课的生字重点进行归类，然后到讲台上进行解读，在解读过程中，其他同学认真倾听后进行补充。

（三）课堂表演非常精彩

学生预习之后，在课堂之上采用记者招待会的形式把课文内容串联起来。从班上抽取几名学生根据剧情编剧本，然后在班上进行交流、修改、完善、定稿，最后由几名学生上台进行表演。整个过程用了 30 分钟时间，加上 5 分钟的表演，虽然时间比较紧张，但几名同学的表演还是非常到位，效果非常好，赢得了全班的阵阵掌声，在场听课的教师个个称赞。

（四）有感情地朗读

通过朗读来欣赏雨前、雨中、雨后，不同的美景，是语言训练教学目标之一。在指导朗读描写雷雨前的片段时，让学生自己说说雷雨前都写到了哪些景物。例如：去品读“满天、黑沉沉、压、一动不动、垂”，能读出雨前的压抑、先动后静、电闪雷鸣的景象，带领学生去看“闪电”的动画图，听越来越响的雷鸣声。而雷雨中，让学生自己读，交流读懂了什么，引导他们从哪些地方了解雨很大，学生从“看不清”，从“哗，哗，哗”与“沙，沙，沙”的比较中，体会雨下得急，下得大，要读得重一点，停顿短一点。描写雨过天晴的自然景色的语言非常美，我将其变成诗歌的形式，再让学生扩展观看雨后的美景，让学生试着说一说“雨停了……”。这样的阅读，激发了学生的审美情趣。

今天的学生，对于纯文学，对于文学经典，已经有了隔膜。如何让他们接受纯文学的呈现方式，如何走进人物的心灵世界，是语文教师的职责。其难度很大，于是有效有益的尝试便显得弥足珍贵。

本课例，我勇于改变角色行为，将学习模式多样化，为学生搭建广阔的学习研究的平台，既有教师深入的品味鉴赏，又有学生广泛搜集内化提升的研究探索。教师引导得当，引出了空间；学生学得有趣，找到了文学的灵性，这才是有效的教学。

人文主义的英雄

——《哈姆莱特》教学反思

文学评论界有一句名言："有一千个读者就有一千个哈姆莱特。"哈姆莱特是英国著名诗人、剧作家莎士比亚著名悲剧《哈姆莱特》中的主要人物。

面对这篇剧作，我的教学方法是先让学生阅读，理解剧中的重点字词，扫清文字障碍。为了增加学生的阅读兴趣，我还从网上下载视频让学生观看，又组织学生听录音朗读。

一、课堂学生说课文

《哈姆莱特》也译作《王子复仇记》，是莎士比亚的代表作，写的是丹麦王子哈姆莱特为父报仇的故事。

丹麦王子哈姆莱特在威登堡大学读书期间，突然遭遇了一系列不幸和家庭变故：父亲暴亡，叔叔克劳狄斯篡位，母亲改嫁给了叔叔。这一切使他陷入了巨大的痛苦之中。后来父亲的鬼魂告诉他，自己是被他的叔父毒死的。哈姆莱特认为他现在为父复仇不只是为了他自己，而是整个社会、国家的问题。他自己要肩负起这个重整乾坤的重任。他考虑了问题的各个方面，又怕泄露心事，又怕鬼魂是假的，怕落入坏人的圈套，他心烦意乱，忧郁寡欢，只好装疯卖傻以迷惑仇敌，等待时机复仇。克劳狄斯觉察到了危险，想方设法除掉他。而哈姆莱特为了进一步弄清事实真相，也授意戏班进宫演了一出恶人杀兄、篡位、娶嫂的戏剧。克劳狄斯果然惊恐万分，仓皇退席。哈姆莱特的母亲企图劝说他忍让，却受到了他的指责，激愤中哈姆莱特误杀了情人奥菲利娅的父亲。狡猾的克劳狄斯这时派哈姆莱特出使英国，背后命人暗地将他处死。哈姆莱特察觉内情后中途逃回丹麦。回来后知道情人奥菲利娅因父死、爱人远离而发疯落水溺死。哈姆莱特悲愤交加，中了奸王的毒计。奸王利用奥菲利娅之兄雷欧提斯为父复仇的机会，密谋在比剑中用毒剑、毒酒来置哈姆莱特于死地。结果，哈姆莱特和雷欧提斯都中了毒剑，王后饮了毒酒，奸王也被刺死。王子哈姆莱特临死嘱托前好友传播他的心愿。

这段王子复仇的故事情节取材于12世纪的一段丹麦史，作者用人文主义的观点，把这个只是单纯为父复仇的故事，改写成一部深刻反映时代面貌、具有强烈反封建意识的悲剧，通过一个古老的宫廷仇杀的故事，对以克劳狄斯为首的封建专制王朝进行了无情的揭露，对王子哈姆莱特为代表的人文主义者所进行的反封建暴政的斗争，给予了热情的赞赏和深厚的同情。哈姆莱特的形象代表了当时进步的人文主义的思想和愿望，是世界文学名著中著名的艺术典型之一。

二、课堂互动探究

我们首先来分析剧中人物语言，概括人物艺术形象。

在第一部分中哈姆莱特对霍拉旭讲述脱险时说："当时在我的心里有一种战争是我不能睡眠；我觉得我的处境比戴了脚镣的叛徒还要难受。我就鲁莽行事。"表现了哈姆莱特对自己所处境况的高度敏感性。"我既然感觉到危机四伏——我还没有向我的脑筋商量一段序幕，脑筋就把全戏安排好了。"面对如此险境，他却能如此果断，如此"一点没有露出破绽"地处理，这充分表现了哈姆莱特的聪慧机智。在此部分最后，哈姆莱特对霍拉旭说："你想我是不是应该——他杀死我的父王，奸污了我的母亲，篡夺了我的嗣位的权利，用这种诡计谋害我的生命，凭良心说，我是不是应该亲手向他复仇雪恨，如果我不去剪除这一个戕害天性的蟊贼。让他继续为非作恶，岂不是该受天谴吗？"此次对话表明了哈姆莱特眼中的克劳狄斯的阴险毒辣的形象，也可以看出哈姆莱特延宕的性格和自己内心的矛盾冲突。

我们可以从哈姆莱特和奥斯里克的对话中可以看出他们各自的性格特点。例如：奥斯里克："殿下欢迎您回到麦来。"哈姆莱特："你认识这只水苍蝇吗？"一庄一谐，相映成趣。"那是你的运气，应为认识他是一件丢脸的事。他有许多肥田美壤：一头畜生要是做了一群畜生的主子，就有资格把食槽搬到国王的席上来了。他'咯咯'叫起来简直没个完，可是——我方才也说了——他拥有大批粪土。"表明哈姆莱特对奥斯里克的嘲讽，而这种嘲讽沉淀出对人生的冷峻态度。

奥斯里克说："谢谢殿下，天气真热。"哈姆莱特："不，相信我，天冷得很冷，在刮北风哩。"奥斯里克赶紧说："真的有点冷，殿下。"哈姆莱特又说："……我热。觉得这一种天气却是闷热得厉害。"奥斯里克马上附和："……真是说不出来的闷热。"从这一段关于"冷"与"热"的对话，看出奥斯里克阿谀奉承的特点。

哈姆莱特说："他在母亲怀里的时候，也要先把他母亲的奶头恭维几句。"这个夸张生动地讽刺了奥斯里克的虚伪和繁文缛节，幽默风趣，多用比喻、拟人，寓于哲理

三、课堂学生感悟

充分体现其个性

高一（6）班　张兰燕

学习了《哈姆莱特》这篇课文之后，我对剧中的主人公哈姆莱特表示敬佩。虽然《哈姆莱特》中塑造了一个犹豫、懦弱、多疑、没有决心的人物。但是我有自己的解读，剧中通过哈姆雷特的性格缺陷，上演了一出文艺复兴时期人的性格悲剧。因为他的性格，哈姆雷特制造出了一出人性的悲剧，让人反省。这正如鲁迅在论及悲剧社会性冲突时则指出："悲剧是将人生有价值的东西毁灭给人看。"也许《哈姆莱特》就是最好的阐释！

俗话说"一千个读者就有一千个哈姆雷特"，每一位读者对于哈姆雷特的形象，都有属于自己的独特见解。而我认为哈姆雷特有几次很好的复仇机会，都因为他的犹豫而错失了。最后在比剑中，随同克劳狄斯、皇后、雷欧提斯的死，自己也因中毒死去。悲惨的气氛笼罩着丹麦的王宫，阴森的风吹出血腥的气息，四具王公贵胄的尸体躺在横流的血泊中。悲剧的产生不仅仅在于人的道德伦理、人的性格或者某种外在的必然性，所以，哈姆雷特的悲剧结局不能简单归结为悲剧主人公性格上的弱点。作为一个人文主义者，哈姆雷特对人类的命运有着强烈的关怀，之所以迟迟没有复仇，在于他看到了人类命运的普遍性，但是即使这样，主人公仍怀有希望，这就是我们从悲剧中所感受到的悲剧精神和力量，即为崇高。

悲剧冲突的结局走向了敌对双方的失败和毁灭。由此，我们也不难发现，正是这种正义力量与敌对势力的抗争演化的具体形态——行动和对抗主体的最终毁灭构成了悲剧哲学的主要内容。

四、课后反思

《哈姆莱特》是文艺复兴时期极具代表性的悲剧之一，是莎士比亚的

伟大作品，是从中世纪的神学阴影下透出的一线亮光，是人初次发现“人”时的狂喜，是人文主义世俗精神的狂欢。

所以，面对这一部宏大的剧著，我采用生态课的教学理念，通过此文进行实践研究。我用了 2 个课时才完成教学任务，但其效果还是不错的，教学步骤如下：

第一步：我先是让学生去认真阅读，分析剧中的人物性格及人物语言，体现出人物性格悲剧的特殊性。

第二步：问题的设置有针对性。

例如，问题 1：哈姆莱特在这一场变故中失去了什么？他此时会是什么样心情，他不断强调“还不到一个月”表现了什么样的心理感受？他想到“自杀”这个词意味着什么？

问题 2：哈姆莱特此时最强烈的感受是什么？“这是一个颠倒混乱的时代，唉，倒霉的我却要负起重整乾坤的责任”这句话该怎样理解？

抛出这些问题，能激发学生积极探索文本的兴趣，从而达到认真阅读探索的效果。

第三步：是让学生品味语言。对语言的品味以及交流讨论，使学生逐渐形成了自己对人物性格的评价，或许有些失之偏颇甚至肤浅，但在阐述的过程中大都理直气壮且言之有据。由于学生的阅读能力不同，个性有别，对人物性格的分析的深度和褒贬也就不同，写出来的文章不再是千文一面，而是各有千秋，一定程度上体现出了学生的个性，摆脱了强势的解读言论对他们个性的颠覆。但由于课堂上我在引导过程中带出自己的阅读体会来，所以没有真正实现学生独立阅读。

第四步：自主学习是课堂的主体。在阅读的过程中尊重学生的感受，鼓励学生以自己的经验来理解人物，有利于培养学生解读经典的自信。哪怕学生的理解并不深刻或全面，但学生只有拥有了自我，理解能力才有成长的空间，这样我才有可能实现培养学生良好的阅读品质、培养其个性化阅读能力的目标。由此看出，对经典名著的导读采取放羊式的做法，让学生自己阅读并参照文学评论来理解作品也是不现实的。尤其是对高一的学生，更需要具体实在引导，在学生通读作品，了解情节的基础上，教师通过设计思考题等方法，引导学生对作品的精华部分进行细读鉴赏，有利于学生贴近文本体验。

【第二单元】

求取功名失利，成就文坛巨星

——《柳永词两首》教学反思

《柳永词两首》是必修四第二单元的第一课。本单元主要涉及宋词，而柳永在宋代词人中有着非常重要的地位。他是词史上第一个大量创作慢词的词人，他是婉约词派的代表人物。所以教材把他安排在本单元的第一课，也是高中课本宋词的第一课，凸显了其重要性。通过本课的学习，有助于进一步提高学生的诗词鉴赏的能力。《望海潮》和《雨霖铃》是柳永的代表作品，我在教学时把《雨霖铃》放在第 1 课时，因为学生有先入为主的思维，而这首词更能体现词人的婉约风格。《雨霖铃》这首词感情细腻，可分析的内容较多，理解了这首词，对于《望海潮》的分析就变得简单而且水到渠成了。我的教学反思如下：

一、课堂学生动口

1. 学生读课文

为了增添学生阅读的兴趣，在课堂上，我特地利用多媒体展现钱塘海潮图片，让学生感受钱塘海潮的壮观、海潮那迷人的境界。一是指导学生诵读《望海潮》要注意节奏、情感等把握，找出描写景色之句、找出些繁华之句。二是组织学生对比诵读，要求各小组推荐一名同学上讲台诵读，读出诗情画意之境；读出钱塘山水美丽、城市繁华的脚步声。

对《雨霖铃》的阅读，我先让学生自己默读，找出关于写离别的词语，以及表现离别的具体景物、意象，然后要求学生互相交流，体验别离是何种滋味，通过品味词语而获得初步的感受。

2. 学生说课文

《望海潮》词调始见于《乐章集》，为柳永所创的新声。这首词写的是杭州的富庶与美丽。艺术构思上匠心独运，上片写杭州，下片写西湖，以点带面，明暗交叉，铺叙晓畅，形容得体。其写景之壮伟、声调之激越，与东坡亦相去不远。特别是由数字组成的词组，如“三吴都会”“十万人家”“三秋桂子”“十里荷花”“千骑拥高牙”等词的运用，或为实写，或为虚指，均带有夸张的语气，有助于形成柳永式的豪放词风。

这首词一反柳永惯常的风格，以大开大阖、波澜起伏的笔法，浓墨重彩地铺叙展现了杭州的繁荣、壮丽景象，可谓“承平气象，形容曲尽”(见陈振孙《直斋书录解题》)。这首词，慢声长调和所抒之情起伏相应，音律协调，情致婉转，是柳永的一首传世佳作。

柳永才情卓著，但一生仕途坎坷不济，更多的时候是跟歌妓们一起过着依红偎翠、浅酌低唱的生活。他深深了解这些歌妓们的生活，深切同情她们的不幸遭遇。在他的作品中，很多是反映和她们在一起的悲欢离合。《雨霖铃》便是其中为世人所传诵的一首，被称为“宋金十大名曲之一”。本词写的是他离开都城汴京时与一位红颜知己缠绵悱恻、哀婉动人的别离情景。

二、课堂探究互动

我们第三组对《雨霖铃》中的一些语句进行探究：例如：“寒蝉凄切，对长亭晚，骤雨初歇。”描绘了“寒蝉凄凉悲切地鸣叫着，面对着长亭，正是傍晚的时候，一阵急雨刚刚停歇”这样的景象。此句既点明了天气和季节，又交代了送别的地点。起笔用融情入景、以景衬情的手法写出诗人心境的凄寒，渲染了凄凉伤感的气氛。

再如：“都门帐饮无绪”，既然有长亭，为什么还要设帐？对这句在鉴赏时要展开合理的想象和联想：可能是之前的雨太急了，风太大了。也可以体现恋人对词人的用心和不忍分别之情，精心设帐。

我们第四组的研读过程中，认真体会词句更显示柳词的特点。

“执手相看泪眼，竟无语凝噎”，情人的离别，照我们当下的情形，一般采取怎样的方式？为什么作者在这里用“执手”？为什么不用“吻别”“拥抱”“话别”或是“挥手告别”甚至是“挥着手绢”等方式。

一般情况之下，我们可能只会注意到作者的时代没有现在开放，不可能“吻别”“拥抱”。但这种理解是浅层次的，从中华民族文化心理角度去理解，“执子之手，与子偕老”相当于现代汉语中的“牵手”，此处“执手”一方面写出其“不舍”，另一方面，“执手”这一动作大胆直接，充分体现了柳词“俗”与“直”的一面。

“今宵酒醒何处？杨柳岸，晓风残月。”这是这首词中千古传诵的名句。跟“寒蝉凄切”一样，是融情入景的写法。

它把杨柳、风、残月这三件最能触动离愁的事物集中到一幅鲜明的画面里。古诗中这些意象也有较多使用。比如《诗经》中“昔我往矣，杨柳依依”、李白《春夜洛城闻笛》中“此夜曲中闻折柳，何人不起故园情”。因为“柳”与“留”谐音，所以常抒写离别的伤感与不舍。曹植也曾写过“愿为西南风，长逝入君怀”。苏轼有“月有阴晴圆缺，人有悲欢离合，此事古难全”。这样的凄清画面使离人勾起对往事的回忆，深感眼前的孤单，并渴望再次的团聚，言有尽而意无穷。

这样的画面又是出现在一个特定时刻里：“酒醒”之后。离人饮酒，“醉不成欢惨将别”，为的是消愁，然而“举杯消愁愁更愁”，更何况是酒醒之后！李清照有词“扶头酒醒，别是闲滋味”，其实正是愁滋味。试想此时的柳永不过是离开心爱人的第二天早晨，面对眼前的凄凉景象，却还要继续前行，离自己心爱的人更远，怎能不心酸啊？

这两首词我用了 2 个课题，但每一个课时我只能组织学生分析一首，但教学方法是相同的，都重视学生的自主性特点，教师只能起到组织指导，学生共同探究。我认为这种教学方法很好，真正体现了学生自主学习特点，让课堂显得很有活力，学生积极的求知欲望被激发。

三、课堂学生动手写

不幸中的万幸

高一（6）班　罗兰

学习了《柳永词两首》后，我对柳永的才能佩服有加。人们都说，官场上少了一个柳永，但文学坛上却多了一颗星星。幸好他没有考取功名，否则我们今天就欣赏不到他的词了。

听了罗老师的一番介绍，柳永第一次参加科举考试失败后，一气之下便写下了一篇名作《鹤冲天》，宣称“忍把浮名，换了浅斟低唱”。表面上看，柳永对功名利禄不无鄙视，有点叛逆精神，但是骨子里还是忘不了功名。

因为，他在科举初次失利后，从来就没有气馁，反而更加努力。于是他重整旗鼓，第二次参加科举考试。这一次算是考得不错，应该没有问题，但是就是因为他所写的《鹤冲天》一词传到禁中，上面的达官看了之后有些生气。等到临轩放榜的时候，仁宗以《鹤冲天》词为借口，说柳永的词在政治上不合格，没有政治立场，太俗气了，于是就把他给刷落了。并且还指示："且去浅斟低唱，何要浮名？"柳永的从政之路以再度失败而告终。

这一下把他气坏了，一气之下干脆就自称"奉旨填词柳三变"，从此无所顾忌地纵游于舞馆酒楼会所之间，致力于民间新词的艺术创作。在此期间，柳永创作了大量的新声和新词，传遍大江南北。柳永在官场的不幸，反倒成全了他才子词人的美名，使他的艺术天赋在词的创作领域得到充分的发挥。

四、课堂教学反思

我对柳永的这两首词，在教学之前就进行了充分的准备。对于诗词的教学，我的观点是重在阅读，只有在阅读的基础上解读。要从深层次地挖掘作者在诗词中所表达的思想感情，引导学生学会欣赏古典诗词的阅读与欣赏能力，我的教学方法还是采取生态课的自主性教学法，其效果还算很好。具体方法反思如下：

（一）我先与学生一起回忆了有关"词"的知识，然后介绍柳永和这两首词的写作背景。采用的还是之前我惯用的方法，我让学生自己阅读和背诵，然后提出问题共同讨论。《望海潮》《雨霖铃》，本来那么优雅生动两首词，竟然讲到有那么多学生对所提出的问题相互展激烈的讨论，我真的很高兴。这样的一节课，真是开心。

（二）我的组织有序。诗词应该多给学生时间去理解，少讲多读，老师多组织，学生多行动。我是一节课上一首诗，共用了 2 个课时。在课堂上，我除了学生自己所提出的问题之外，我还特别提出几个有针对性的问题，这样就把大家的话题打开了。课堂显得轻松自然，学生收获很大。

具体应运是把预设的每个环节都让学生来完成，采用小组计分的形式，每组一个问题，只给一个学生发言的机会，也只给另一组一次补充和订正的机会。然后教师作适当的点拨。

还要注意的问题是，学生要讲什么都应该有非常详细的规定，问题越模糊，学生就越无从下手。

这类诗词，我从两个方面让学生分析，一是思想和感情，二是表达技巧。思想感情包括文字表面提到的关键词句，也要根据作者和背景进行分析。表达技巧主要包括好词妙句的赏析，使用修辞的效果，以及表现手法的妙处。这二者往往是相辅相成，互有融合。所以，可以单独来讲，也可以融为一体来说。

学生可以以资料为依据，更可以有自己独立的见解，但要言之成理，句子通顺。如果评分，那么后者要给加分。

（三）问题多数由学生自己设计。我让学生自己设计问题，自己解答，问题有创意，答案有个性，可以给加分。设计问题的原则如上所说，要紧扣思想感情和表达技巧。这样做起来可能很难，可以让学生先一步一步走，教师再一步一步引导和纠正。避免教师给示范，学生照着来，这样会固化学生的思维，扼杀他们的创造力。这样的形式更开放，更有利于学生阅读能力的提高。

始终不要忘记的是，除了语文素养的提升，最重要的还是面对高考，因此，必须把每篇古诗词当作试卷上的诗歌欣赏，让学生从命题和答题的规范上去应对这样的题目，学会思考问题，组织答案，并完美表达。

总之，这样的课，只有采取生态课的教学理念及原则，才能杜绝一言堂，因为我们不是百家讲坛，一定要让学生人人都是发言人、主持者。这样才能使诗词的课堂变得充满生机。

失意是幸福，洒脱更是福

——《苏轼词两首》教学反思

教学《苏轼词两首》，重点是要欣赏《念奴娇·赤壁怀古》之景、事、情，揣摩《定风波》词义，了解作者经历，理解苏轼在黄州的心境变化，感受苏东坡特有的人格魅力。苏轼的诗词，从初中到高中已经学习了很多苏轼的作品，但是，针对这两首词，我还得认真备课、组织教学。

面对古典诗词的教学，还是老办法组织学生阅读，只有在阅读理解的基础上，才能更好地探究和解读词的内容及作者所要表达的思想感情。为了增加学生们阅读及背诵的兴趣，我在教学前要求学生自己阅读，理解每首词的意思。在课堂上，我先给学生范读，然后学生自由读，读出抑扬顿挫，读出感情。

一、学生课堂说课文

《念奴娇》是一首怀古词，主要是通过对古迹的描写和对古人、古事的记叙，来抒发自己的思想感情。这首词写于神宗元丰五年（1082 年），作者在“乌台诗案”之后被贬到黄州时期。黄州附近有个“赤鼻矶”，相传即三国时周瑜大败曹操的赤壁。作者在词中写的就是游览这个“赤壁”的所见、所想，借咏史表达了词人对古代英雄豪杰的缅怀和对周瑜的仰慕之情，又联系到自己的现实处境，遂产生了年岁将老、壮志难酬的无限感慨。这首词写古迹、记古人、古事只是一种艺术手段，以古比今、言志抒情才是核心目的。

《定风波》也是苏轼贬居黄州时期的作品，记叙的只是出游时途中遇雨的一件小事，但从中表述了作者洒脱、旷达的人生态度。

二、课堂探究互动

左银滢：我认为《念奴娇》是一首怀古词，这首词的豪壮情调首先表现在对赤壁景物的描写上。一开篇就显示了词人的旷达视野：“大江东去，浪淘尽，千古风流人物。”这不仅写出了长江的非凡气象，而且将自古以来和这里有关的许多英雄人物都概括进来了，表达了词人对古代英雄的缅怀之情。于是词人开始寻找英雄的足迹：“故垒西边，人道是，三国周郎赤壁。”周郎是词人心中景仰的英雄，但是这里并不展开写，而是转而勾画古战场的险要形势：“乱石穿空，惊涛拍岸，卷起千堆雪。”一句“江山如画，一时多少豪杰”的慨叹，将江山之胜和怀古之情融为一体。这样的景物描写，读罢使人止不住内心情感的激荡，颇有“天风海雨逼人”之感。

王磊：是的，词中的豪壮情调还表现在对周瑜形象的塑造上。词的上片将周郎和赤壁并提，已经肯定了周瑜在赤壁之战中的决定作用，到下片再着力写周瑜的才干和功勋，英雄形象就格外鲜明了。“遥想公瑾当年，小乔初嫁了”，指挥赤壁之战时正是青春年少、春风得意之时，“雄姿英发，羽扇纶巾，谈笑间，樯橹灰飞烟灭”。赤壁之战对于吴军来说，是一场以弱抗强的战争，而作为吴军统率的周瑜不仅没有丝毫的畏怯，反而从容娴雅，沉着应战，谈笑间，巧用火攻烧掉了敌人的战船。这种指挥若定的风度令词人满怀崇敬。

江山依旧，人事全非，多情自扰，徒增白发，于是引发了“人生如梦”的感叹，只好以一杯清酒祭月，寄托壮志难酬的苦闷心情。中国古代知识分子普遍存在一种出世与入世的精神矛盾，而苏轼是其中最达观洒脱的一个。所以在他的词中虽然也常有消极苍凉的情绪，但是终究掩盖不了其豪放旷达的精神。

刘莉：我们第三组在研读《定风波》时，觉得《定风波》抒发了超凡脱俗的情怀。他野外出游，忽然遇雨，一般人都会慌张避雨，而词人却用平静的口气劝导道：“莫听穿林打叶声，何妨吟啸且徐行。”在风雨中漫步徐行，吟诗长啸，的确是一种不为环境所左右的自得境界。手持竹杖，脚踏草鞋，远比官服车骑来得轻捷、自在，已是“竹杖芒鞋”的装束，谁还会害怕失去什么？“一蓑烟雨任平生”，此时在词人眼中呈现的，已经不是自然界的这场短暂变故，而是人生旅途中的大风雨。这一句，充满艺术的张力，一下拓宽了全词的境界。苏轼一生坎坷，屡经政治风雨洗礼，但是这也磨练了他的顽强意志，面对风雨，不惊恐，不逃避，不哀伤，泰然处之，潇洒从容，这才是苏轼最具魅力的人格光辉。

夏于红：词的下片写雨过天晴后的心理感受。刚才还是风雨大作，转瞬间，“山头斜照却相迎”，人生的晴雨一如自然界的变化，反复无常，如何面对这样的现实呢？词人给出了自己的答案：“回首向来萧瑟处，归去，也无风雨也无晴。”当他回首走过的风雨历程时，竟达到了一种宠辱偕忘、超乎物外的旷达人生境界。

三、课堂学生动手

1. 学生动手画

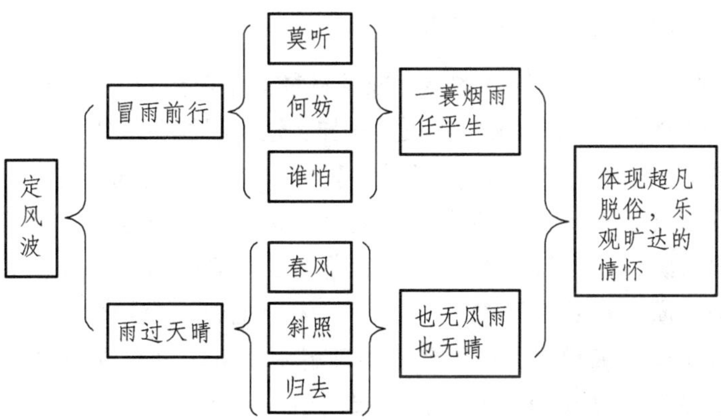

图 16 《定风波》思维导图

2. 学生动手写

苏轼被贬谪之幸

高一（6）班　杨洋

我阅读苏轼的诗词相对比较多，所以对他是比较了解的。

乌台诗案是他人生的巨大的转折点。可以说这样的打击拯救了他，虽然在监狱里呆了120天，像他这种豪放洒脱的性格何尝不是一件好事呢？

我个人认为，他出狱后被降职到黄州团练副使，这是他最好的归宿。一般而言，一个真正官场的人，并不都像他这样的人，如果真正像他这样的人当上了大官，反而证明社会是有问题的。这个职位虽然低，并无实权，而此地的苏轼经此一段变故之后变得心灰意冷，这说明他还没完全认清自己。

苏轼到任后，心情郁闷，他在赤壁整天与朋友喝酒聊天，吟诗作赋，岂不乐哉？于是经常穿越在林间小道，不再计较仕途上的得失，他的眼界已经由平面的当下扩展到立体的古今。终于认清自己，看清社会的真实面目。所以才吟诵出“竹仗芒鞋轻胜马，谁怕？一蓑烟雨任平生”，他坦然地在山路上行走。

四、课后反思

对古典诗词的教学，我的观点之一还是如何引导学生去进行鉴赏。教师作为引导者应该“授人以渔”，如果只是一味告诉学生一首诗词的背景及相关的思想情感，只能是“水过地皮湿”，不能让学生获得一些实质的东西。因此，我觉得在诗词教学中应注意以下几个方面：

（一）阅读是教学的重点

读是培养学生养成语感的最有效的途径。学习任何一门语言，读都是一个必不可少的环节，诗词学习更是这样。这个阅读要从四个方面去进行：

一是读通。在课堂上，可以以各种形式组织学生诵读课文，全体朗读，个别朗读。在这个阶段主要是通过读，使学生体会诗词的美好，体会诗词的意境，体会诗词的底蕴，为进一步理解诗词做准备。

二是读懂。在这个环节，其实可以大胆把诗词交给学生，让他们根据书上的注释和工具书，在边默读边理解中，整体感知诗词的大体内容。老师主要在学生自我理解的过程中起到引导作用，强调诗词中的一些较难理解的地方。

三是读明文意。在已经把握住全文内容大意的基础上，通过反复阅读，通晓诗词的思想内容。

四是读出自我见解。这需要学生在自读的过程中，发现问题，并通过讨论来解决，在讨论和思考中读出自己的见解。

（二）重视督促检查

督促检查是促进学生学习的一种重要手段。可以激发起学生的学习热情，让学生有一种无形的学习压力，这种压力应该是一种有益的压力。在以前很多时候，我是把检查这一环节放在课后而不是课中，但我意识到这是一种错误的做法，因为课后学生在课堂上的紧张已经荡然无存，对于课文的重视性也减弱，所以不会用心去落实一些知识的复习和背诵。因此，检查工作放在课堂上更高效，也使得学生干劲更足，掌握所学内容也更牢固。

（三）明确课文的重点

在诗歌教学中，有很多知识可以教授给学生，但是一味灌输知识就违背了教学主体的原则。既然诗歌教学重点是感知，那么就没有必要花大量的时间让学生去理解诗词的微言大义，也没必要着重分析文章的写作技巧。教师最主要的任务是教会学生如何读懂一首诗歌，以点拨式的词语教学带动整个诗词的教学，思想内容把握即可，表达技巧明了于心。例如，在苏轼这两首词的教学中，首先要让学生读懂具体写了什么景色，这些景色有什么特点，再理解诗歌表达这样的特点，再结合写作背景和作者的经历具体理解思想情感，当然还需平时学习一些表现手法所带来的思想情感变化。

我对诗词鉴赏的教学基本上应该沿着这一模式，但在教学中我发现，如果掌握作者作品的整体特点，也许对处理文中一些看似不好理解的东西会有不少益处。苏轼这两首词中都涉及酒，如果结合上学期学过的《赤壁赋》中酒的作用，就能比较容易理解这两首词表达的思想情感。

伟大的人格魅力在哪里？

——《辛弃疾词两首》教学反思

针对这两首词，我的教学方法与前面《苏轼词两首》的教学方法是相同的，引导学生以真挚的感情去品读，培养爱国主义情感，只有通过反复诵读，感知作品内容和思想感情，掌握咏史怀古词的特点。

一、学生课堂阅读理解

课堂教学采取自主式、探究式，开拓知识面，丰富教学内容，提高诗歌鉴赏能力。在组织学生阅读过程中，一是自由朗读；二是齐声朗读；三是指名朗读；四是熟读背诵；五是配乐朗诵；六是范读。同时还配备CAI课件，MP3朗读文件。《辛弃疾词两首》，以体味语言特色、体会作家的创作风格为主。

《水龙吟·登建康赏心亭》作于孝宗二年，作者辛弃疾回归南宋的第十二个年头。此词是辛弃疾最负盛名的早期作品之一。赏心亭是当时建康城的游览胜地，然而这里在作者眼中不是一般文人墨客笔下动人心弦的良辰美景，不是一幅幅醉生梦死的歌舞升平画面，却是满目“献愁供恨”，是红巾翠袖难以挥去的英雄之泪。

《永遇乐·京口北固亭怀古》作于宋宁宗嘉泰四年（1204年）秋天，那年三月，辛弃疾被宰相韩侂胄任为镇江知府，到达京口。当时，韩高谈伐金，不作实际准备，同时继续过着奢靡荒淫的生活。北固亭，一名北顾楼，取不忘中原的意思，位于京口西北北固山上，面临长江，形势险固，是历来用兵之地。辛弃疾登上此楼，面对着破碎的山河，感慨着历史的兴亡，忧虑着复杂的形势，不禁百感交集，写下了此词。

二、课堂探究互动

王磊：还是让我来翻译这《水龙吟·登建康赏心亭》吧。“楚地的天空，千里弥漫着清爽的秋气，江河水流向天边，秋色无际。远望遥远的山岭，有如插着玉簪的螺髻，向人们呈献愁恨。流落江南的游子，在落日的时候，在失群孤雁的哀鸣声中，站在楼上眺望。把宝刀吴钩看完，把栏杆拍遍，但没有人领会我登临楼台的用意。不要说鲈鱼正好可以切碎煮熟品尝，秋风吹遍大地，张季鹰怎么还没有回乡？如果只想像许汜一样，买田置屋，怕会羞于看见才气横溢的刘备。可惜年华如水流去，忧愁风雨，树木尚且如此。请谁唤来身穿鲜丽衣服的美女拿着红巾，揩拭英雄流下的眼泪？

韩燕：我们第二组在研究这首词时，总结这首词在情思上，词人借眼前之景和昔日之人，抒发了自己抗金爱国的激情和壮志难酬的愤懑。在内容上，上阕写景，即景抒情，描绘出了苍凉、空阔、悲愤的意境；下阕用典，以古人之事抒今人之怀，表达了自己的雄心壮志与无可奈何。在表达技巧上，词人的写景和用典都具有明晰的层次，如镜头移动，一步一景，逐层渲染了内心的复杂情感。作者的胸怀，作者的志气，作者的无奈，作者的执著，这一切一切在词中表露无为。

马燕：我来翻译这《永遇乐·京口北固亭怀古》：“江山依旧，却无处觅求像孙仲谋一样的英雄豪杰。昔日繁华的歌舞台榭，英雄的业绩风流，总被历史的风雨吹得化为乌有。一抹斜阳映着丛密的草树，平常的街巷，人们说刘裕曾在这里寄住。想当年，他指挥金戈铁骑，气吞万里，威猛如虎。元嘉年间，刘义隆草草出兵北伐，梦想如霍去病在狼居胥山封坛祭天，作为全胜的纪念，却不料只落得惊慌败北狼狈逃窜。义隆北伐失败至今已四十三年，我遥望中原，扬州路上烽火杀敌的情景历历在目。哪堪回首，而今侵掠中原的拓跋焘祠庙香火盛烧，一片神鸦鸣噪，社鼓喧闹！有谁来问我：将军年老，饭量可好？”

杨洋：这首从整体上分析，词中一方面缅怀古代抵抗外侮，收复中原的英雄，表达了对南宋苟且偏安的不满以及力主抗战、收复失地的爱国热情，一方面援引历史教训，对要草率用兵的决策者提出警告，并抒发了自己壮志难酬的感慨。这首词最重要的特点就是用典，词中五个典故的运用，体现出辛词的“以文为词”的特点。

所以，明代杨升庵认为这首词应列在辛弃疾词的首位，其最大特点是借古人事抒自己情，一句一典，由古及今，由人及己。从古人的建功立业，到今人的急躁冒进，自己不忘国耻却无用武之地，给人一种苍凉悲壮之感，体现了词人高超的用典技巧和满腔的爱国情怀。

三、课堂学生动手画

这一环节是课堂的又一精彩片段，也是课堂的主要部分。

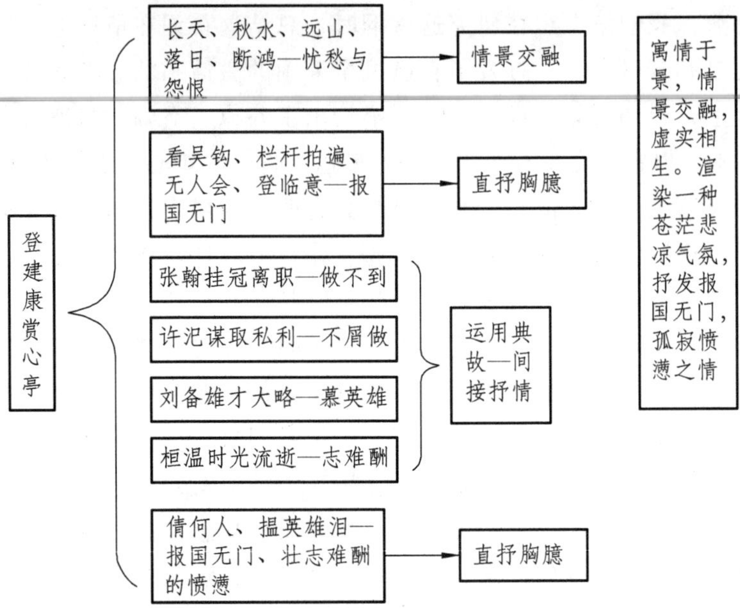

图 17 《水龙吟·登建康赏心亭》思维导图

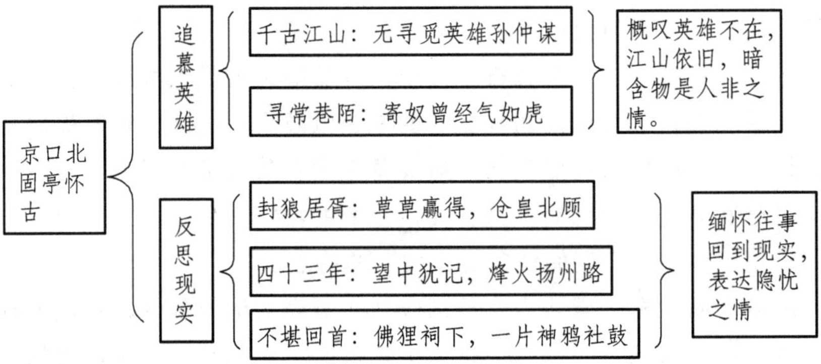

图 18 《永遇乐·京口北固亭怀古》思维导图

四、课堂教学反思

我在教学这两首词的时候，提前做好了充分的准备。因为这两首词体现辛弃疾这位伟大的爱国主义词人的情怀。如果准备不充分或者组织得不当，都会影响学生对这两词的整体把握与解读。

这两首词中含有较多典故，在典故中体现作者的思想感情。所以，我在组织教学时用了 2 课时才完成。1 课时完成一首词。但最终的效果还是很好的，最大的亮点体现如下：

首先，我让学生自己阅读，分组朗读，要求学生读懂、读透，读出词人真实的情感。才让学生找出词中所选择的意象，理解这些意象的意义，作者选择这些意象的目的是什么，“一切景语皆情语”这些景物描写又牵动了作者怎样的心绪？

接着，引导学生理解作者运用的特殊词，例如《水龙吟·登建康赏心亭》中上片的“看、拍、会、登”这些动词，让学生明白，此时作者思潮澎湃、心情激动，但作者不是直接用语言来渲染，而是选用具有典型意义的动作，淋漓尽致地抒发自己报国无路、壮志难酬的悲愤。

再者，根据下片中的典故，进一步让学生找出作者写了哪些历史人物及历史事件，他写这些历史人物的用意是什么？通过一步步地引导及结合作者生活的时代背景，学生能够理解这首词，我的教学目标就达到了。

还有就是组织学生探究、画课文结构导图、动手写作，这三个环节是我课堂教学的三大部分，也是课堂教学最有效的部分，更是课堂教学最精彩的部分。通过我的组织与分配组织，学生们在有限的时间里面完成这三大步骤是有些难度的，但我的每一节课都是这样操作，慢慢地就形成程序了。

不足的地方仍然存在，没有完全体现生态课堂的教学要求，离生态课堂评价标准相离甚远。例如：在课堂教学过程中，我所用时间没有完全把握好，特别是在研讨环节用时过多。还有就是课堂教学结构不太清楚，逻辑性不强，从而导致课堂有些乱。

希望在以后的教学过程中加以改进，多借鉴优秀教师的教学方法。努力提升自己的教学技能，尽量使课堂教学更完美。

浓浓家国情怀

——《李清照词两首》教学反思

要想组织学生领会作者的思想感情及创作风格，感受古典诗词的音韵美节奏美语言美，关键还在于引导学生品味词的意境与语言，体会词人的情感，理解词人的内心世界才是最重要的。针对这两首婉约词，教学时一定不能够马虎了事，还得认真对待。

一、阅读是教学的重点

阅读是对古典诗词教学的重点，面对李清照的这两首词同样如此。我让学生自读、分组朗读、范读、听录音朗读，最后要求学生能达到背诵，这才是我的教学目标。我要求学生在阅读的时候理清词的重点字词，弄不清楚的查字典或词典，更多的就从网络上查看资料，了解李清照的身世及词的特点。

李清照，字易安，宋代杰出的女词人，居婉约派之首。她的词在词坛中独树一帜，称易安体。让我们走进李清照，走进她的内心世界，触摸这位旷世才女的情感世界，轻嗅她的芬芳，倾听她的叹息。李清照婚前婚后都生活在书香世家，其父李格很有学问，其夫赵明诚是著名的金石考据家。李清照夫妇雅好辞章，常相唱和。靖康之乱，李清照随家颠簸南下，后来丈夫病死，李清照亡国继以亡家，余生孤苦，郁郁而终。

李清照经历了南北分裂之乱，在南渡前后，她的词风变化很大。南渡前，李清照的词多描写少女、少妇的闺中生活，如《如梦令·常记溪亭日暮》，于轻快活泼的画面中见作者开朗欢乐的心情和轻松悠闲的生活；婚后生活到南渡以前，与丈夫经常分居两地，她的很多词表现的是一种相思之愁，对丈夫的思念，如《醉花阴》；南渡后，生活的苦难使她的词风趋于含蓄深沉。《菩萨蛮》《念奴娇》《声声慢》等词表现了词人长期流亡生活的感受、国破家亡之愁。

二、课堂探究互动

王磊：《醉花阴》写于宋徽宗大观二年重阳节，赵明诚至仰天山罗汉洞观月，流连忘返；李清照独居青州归来堂，重阳赏菊，无人相伴，故作此词，以抒发寂寞无聊之感。从词中“佳节又重阳，玉枕纱厨，半夜凉初透”一句可看出，重阳佳节，传统的家人团聚之日，而作者却孤身一人，相思之情油然而生。愁的具体内容是思念丈夫，表现的是一种孤寂难耐之情。

杨洋：诗人将薄雾、浓云、瑞脑、金兽、玉枕、纱厨、西风、黄花这些意象聚合在一起，构成一幅清冷萧瑟的画面。薄雾笼罩，浓云密布，室内香气氤氲已尽，天气转凉，而夏天的器物仍在。欲举酒浇愁，怎奈触景又生愁，飒飒西风中，佳人瘦菊孤影相映，只能叹息惆怅。作者在自然景物的描写中，加入自己浓重的感情色彩，景为情设，情因景生，使客观环境和人物内心的情绪融和交织。

韩燕：我们从上片中体会到一个“愁”字，从下片可体现一个“凉”字。“凉”一语双关。从表面上看，重阳秋夜，天气转冷。玉枕纱厨，难御风寒。但从更深层面的理解，独居家中，爱人不在旁侧，内心感觉孤独凄凉。这个字暗含了词人内心难以言说的情绪。由此我们更加明确了愁的内容，就不仅是空泛的“愁绪”，而具体成相思而成的“寂寞之愁”。

王燕：我从资料上了解到，李清照把这《醉花阴》寄给了在外地做官的赵明诚，寄托自己的一分相思之情。赵明诚先是很感慨，赞叹，看了半天之后又生出几分惭愧来，再看一阵子，就惭愧之后生出一些嫉妒之心，怎么能让老婆比我写得好呢？那不成，我现在好歹也是国家干部，在外做官，是不是？我也得写几首词，让老婆看看，在才情方面也绝不让巾帼，看看，人家是巾帼不让须眉，他只能须眉不让巾帼了。痛下决心，请假不上班了，把自己关在小屋里，三天三夜废寝忘食，在那儿编啊，编了五十首词。编完了，赵明诚动了个坏脑筋，他就把那个李清照的《醉花阴》混到他这五十首词里头，然后找他好朋友陆德夫，老陆，你来看看啊，最近我写了一批作品，你看看我这些作品怎么样，陆德夫也是个实在人，左看右看说：老赵啊，说实话，就三句写得好。那赵明诚问哪三句啊？“莫道不消魂，帘卷西风，人比黄花瘦。”正是《醉花阴》末句。

三、课堂学生展示

家国情怀

高一（6）班　李强

我认真阅读了李清照的这两首词，再结合罗老师的讲解，我多次研讨，才真正理解李清照心中那种愁绪真是一言难尽啊！

我为李清照的才学所折服，她的才学远远超越自己丈夫赵明诚。这不是无中生有，这是不争的是实。

回想起我在初中时候，品读她的词，觉得李清照青年时代的词，充满了活泼的情调。

就是这样一个绝世才女，就在靖康之难以后，她的丈夫故去，他们精心收集的金石文物丢失殆尽。词人漂泊江南，由一个无忧无虑的贵妇人，一下就变成了流落街头、无依无靠、形影相吊的寡妇。这前后的变故实在让人很难理解人生的多变性，真是物是人非啊！

国破家亡引起她的国恨家怨之苦，像铅块一样重重地压在她的心上，在这样一位女词人的心里点燃了爱国思想的火花。这是女词人在一个秋天的黄昏里的生活感受，一行行写的都是冷冷清清的秋景，一行行反映的都是孤独凄凉的心境。

有时候我常常替她这孤独凄凉的心情及遭遇感到难过与同情，但更多的是对这样的才女的敬佩。

“生当作人杰，死亦为鬼雄”的雄心气概，至今回想起来，我想会令很多人感到汗颜。这股豪迈之气根植于那强烈的爱国情感，那份深深爱国情结是我们很多人无法比拟的。

四、课堂教学反思

李清照的两首词，一首是《醉花阴》，另外一首是《声声慢》，这是我第三次上这两首词。应该说，教这两首词是顺理成章的事，没有什么难度。但是，我的教学虽然取得较好的教学效果，仍存在一定的问题。

（一）课前准备阶段

首先我将这两首词认真研究了一下，能够有感情地背诵这两首词；其次我参考了很多比较优秀的教案，从中对自己没有能够掌握的知识点进行了补充，对自己的读法进行了纠正；再有就是把正式的教案拿到组上进行讨论，然后又与学生进行了交流，让他们对我的教案提意见和建议，自己修改。教案通过之后，我开始了一遍又一遍的演习，直到自己能够完全熟识上面的每一个环节，无论哪个方面在正式上课前我都能说出道理来。《醉花阴》我用的是教师提问，学生思考回答，教师适机点拨；《声声慢》我采用的是小组讨论法。

（二）课堂教学展示

在正式课堂教学过程中，我分两步进行教学，第 1 课时上《醉花阴》，第 2 课时上《声声慢》。让课堂循序渐进，与教师的教学应变能力、教学技巧是分不开的。在分析《醉花阴》时，我对“佳节又重阳”的“又”字，“薄雾浓云愁永昼，瑞脑销金兽”的“永”字进行深入分析。一个“又”字体现出时间概念，又过了漫长的一年了，再次到了重阳节。这说明词人内心的痛苦。一个“永”字，体现出漫长的白天，点出愁的长久。“瑞脑销金兽”，看出瑞脑在金色兽形的香炉里慢慢地燃烧。这样既表现出时间的漫长，烘托出了环境的凄寂，又写出词人的百无聊赖的愁情。

整个课堂都采用这样的方式与学生研讨，把词中所有问题都展示出来进行讨论。为了弥补没有讲到的地方，我又加入了一个课堂质疑环节，结果如想象当中一样，没有一个人有疑问，所以我只好自己问了，也就正好把自己讲漏掉的知识点又补充了进去。

（三）采用生态课的自主性学习取得较好的效果

我的教学是采用自主性学习方式，教师只能是组织者与引导者，学生才是课堂的主人。我把词的内容摆放出来，让学生在阅读中解读，针对问题大家一起共同讨论。然后由各组讨论画出思维导图，各组委派代表到前台展示。这一环节大大激发了学生的积极性，把课堂推向高潮。

存在的问题：通过这次教学发现，无论我准备多么充分，还是会有意想不到的问题或者事情发生，学生的思维是非常活跃的。因此，我应该真正将课堂还给学生，让学生自己去学，这或许比我单纯讲给学生要好得多。我在教学过程中，有一位学生突然问道："老师，我在有些参考书上看到的"佳节又重阳"是说的中秋节后又重阳节，这个又到底是什么含义呢？"幸亏自己当时灵机一动，才说出这样的话："当然也可以那样理解。但是你想想，哪种理解更好，哪种理解更能够体现李清照那种思念丈夫的愁苦？"当然答案是不言而喻的，后来我又查找资料，了解到"佳节"的出处就是王维的《九月九日忆山东兄弟》而且在很多的诗词作品中，佳节指代重阳节比指代中秋节多，因此后来我又给问我的学生补充了这个答案。真是活到老，学到老啊！另外呢，《声声慢》我上的是一节讨论课，其中有两个地方让我发现了学生的智慧。针对上片我提出过这样一个问题："乍暖还寒"好还是"乍寒还冷"好？我自己设计的答案，主要是围绕这个天气的变化来答的，结果学生们经过讨论分析得出不仅有天气变化这一层，而且还从南渡前后词人的情感角度来思考，真的是很出乎我的意料，这比我仅仅简单地从一个方面来思考更加全面、合理。

在下片当中，我提出对"大雁"这种意象的理解，我设计的答案主要是大雁是一种候鸟，能够南来北往，而词人李清照过着寄人篱下的生活，不能够回到家乡，从而表现出对国破家亡的一种感慨。我的学生不仅结合词人的身世谈到了我说的这个答案，还运用典故"鸿雁传书"来说这只大雁就是以前为自己和丈夫传书的大雁，从而表达自己对丈夫深深的怀念之情。

这是我上这两首词我的一些感悟：课前充分准备，课中灵活多变，不断充实自己的知识，将课堂还给学生。我想只要我做到这几个方面，在以后的教学中遇到再多的困难，也会处理得很好。

【第三单元】

兼收并蓄，开拓创新

——《拿来主义》教学反思

鲁迅先生的杂文有很强的针对性，文章针对的事情距今已久，所以，教学时必须介绍有关背景，以利于学生理解课文内容。即使如此，因为鲁迅杂文的语言很有特色，学生阅读文本有一定难度，唯有促使学生在课堂上积极思考，才有可能学懂这篇文章。所以，面对这篇杂文，我虽然教过三次，总结前面两次失败的教训，此次的教学必须改变传统的教学模式，才能让学生有所收获。

一、学生课堂说课文

《拿来主义》写于 1934 年 6 月 4 日。鲁迅在文中批判了国民党反动派的卖国主义政策和一些人对待文化遗产的错误态度，阐明了应该批判继承和借鉴文化遗产及外来文化。文章深入浅出、浅显易懂、耐人寻味。鲁迅以笔代矛，战斗一生，被誉为“民族魂”。毛泽东评价他是伟大的文学家、思想家和革命家，是中华文化革命的主将。“横眉冷对千夫指，俯首甘为孺子牛”是鲁迅先生一生的写照。《拿来主义》一文以小见大，通过细小的、人们熟悉的事物来比喻、阐明一个抽象深刻的道理，还运用鲜明的对比和强烈的反衬，使文章有巨大的说服力和感染力。

由此可以看出，当时在如何对待文化遗产的问题上，存在着种种错误思潮和糊涂观念。为了揭露和打击敌人，为了澄清认识，鲁迅先生写了这篇《拿来主义》，阐明了马克思主义批判地继承文化遗产的原理和方法，提出了实行“拿来主义”的正确主张。

我教学的重点是阅读。只有通过反复阅读才能较准确理解作者在文章里所表达的思想感情。所以，课堂上，学生自读，初步弄清楚文章重点的字和词，同时结合注释加以理解；二是细读，重点理解文章里面的句子和词语，初步了解作者的写作目的和意图；三是品读，针对文章里面作者提出的观点进行研究，寻找所提出的观点和最终目的。

二、课堂探究互动

杨洋：鲁迅先生最痛恨的是什么？我从鲁迅先生在文章中列举国民政府实行“送去主义”的媚外丑态的事实就知道这一切。例如：一是“先送”一批古董到巴黎去展览，“不知后事如何”，即有去无回，这是媚外的可耻行径；二是几位“大师”们捧几张古画和新画，在欧洲各国一路挂过去，“捧”何其郑重、恭敬，媚态可掬，几张画“一路的挂”，何其卖力，何其寒碜可笑，“发扬国光”，反语，讽刺不以为耻，反以为荣；三是“还要送梅兰芳博士到苏联去，以催进‘象征主义’……也可以算得显出一点进步了”，用这种方式来显示一点进步，多么可怜，暗示“学艺”上的东西已经相当贫乏。作者讽刺批判的锋芒不是对着几位艺术家，而是指向卖国媚外的反动当局及其御用文人，字里行间充满着憎恶和鄙视。

王磊：只“送”有哪些危害呢？我们再来研究几句话：“当然，能够只是送出去，也不算坏事情，一者见得丰富，二者见得大度。尼采就自诩过他是太阳，光热无穷，只是给予，不想取得。然而尼采毕竟不是太阳，他发了疯。中国也不是，虽然有人说，掘起地下的煤来，就足够全世界几百年之用，但是，几百年之后呢？几百年之后，我们当然是化为魂灵，或上天堂，或落了地狱，但我们的子孙是在的，所以还应该给他们留下一点礼品。要不然，则当佳节大典之际，他们拿不出东西来，只好磕头贺喜，讨一点残羹冷炙作奖赏。这里的“磕头”“讨”和“残羹冷炙”“奖赏”等词语，形象、深刻地写出了“送”的结果是我们的子孙后代无法立足于世界民族之林。

韩燕：我们共同来研究这“抛来”和“抛给”有何区别。抛来指把无用的东西抛弃掉，或者无代价地送人或施舍，一般不怀有什么不良的动机或目的。抛给指有目的的、带恶意的输出。

再来欣赏这句话：我在这里也并不想对于“送去”再说什么，否则太不“摩登”了。我只想鼓吹我们再吝啬一点，“送去”之外，还得“拿来”，是为“拿来主义”。但我们被“送来”的东西吓怕了，先有英国的鸦片、德国的废枪炮，后有法国的香粉、美国的电影，日本的印着“完全国货”的各种小东西。于是连清醒的青年们，也对于洋货发生了恐怖。其实，这正是因为那是“送来”的，而不是“拿来”的缘故。所以我们要运用脑髓，放出眼光，自己来拿！

“运用脑髓”指用脑筋独立思考，有主见；“放出眼光”指要看得清，有辨别力；“自己来拿”指要有选择，自己拿。我们要运用脑子，放出眼光，自己来拿！就是要有思考、有鉴别、有选择。

这就是课堂的第二部分，学生自主探究环节。这环节属于课堂教学的重点部分，学生先是分组讨论，然后各组委派代表发言，其他同学可以补充说明。

三、课堂学生动手

1. 学生动手画

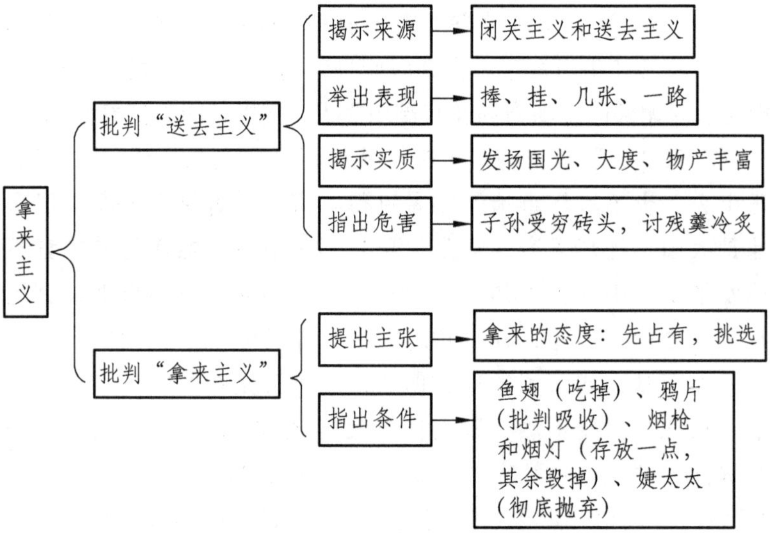

图 19 《拿来主义》思维导图

2. 学生动手写

为什么要采取拿来

高一（6）班　潘丽

学习鲁迅的文章算起来不少，但是，我总觉得鲁迅的文章难读。语言太生僻，语句难理解。经过罗老师的讲解，我总算是弄懂了一些。究其原因在于，鲁迅先生所处的环境非常特殊，所以，他的文章写得比较隐晦。还有就是我们现代中学生不太了解那段历史。

但是，我还是比较敬佩鲁迅先生，他在那样一个特殊的年代，亲眼目睹了国民党政府的一切丑恶行为，利用自己的笔当枪使，揭露国民党政府的种种丑恶面目，这需要多大的勇气啊！

“拿来主义”一词是鲁迅先生首创的。中国文化受外来文化影响最集中、最剧烈的莫过于“五四”前后，这次新文化的倡导者对旧文化几乎彻底发生了怀疑，传统中国似乎“老旧”得剩下了小脚、八股文和染缸似的大家庭，“全盘西化”因此一度一呼百应。可是没有过多久，新文化过分年轻、稚拙就让不少人大失所望。于是人们发现，一味地模仿西方文化是不行的，离开自家几千年的根基，这种模仿只能是邯郸学步。针对 20 世纪 30 年代这种“发扬国光”的复古潮流，鲁迅提出了他的“拿来主义”的主张。

文章中非常风趣地批判了国民政府只讲奉献，积极采取“送去主义”的态度，最终会导致国家贫穷落后，且让子孙磕头讨要，这是鲁迅先生反对的。

四、课后反思

鲁迅先生的文章，实际上学生并不陌生，对他的文章风格及特点都有所了解。我们总觉得鲁迅先生的文章很难理解，需要用生态课的教学理念，耐心品味才能解读，才能体会文章所要表达的思想情感。

所以，鲁迅作为伟大的文学家、思想家和革命家，作为中国现代文学的一面旗帜，他的作品一贯是我们语文教学的重点和难点。我每次讲授鲁迅的文章前，都要求学生预习，但每次检查预习情况时都发现预习结果不理想，学生普遍反映鲁迅的作品他们读不懂，根本不知道文章讲了些什么，要表现什么。这次我们学习鲁迅先生的《拿来主义》，又出现了类似的情况。为什么我们如此推崇的文学大家的经典作品，学生会敬而远之，甚至成为我们语文学习的负担呢？我想，原因有三。一是鲁迅的文章写得比较隐晦；二是时代背景不同；三是同学们不了解那段历史。因此，我的教学方法要与时俱进，方法要灵活多样，才能将这篇文章传授给学生，否则就违背了鲁迅先生的宗旨。

在教学之前，我就让学生先自学，认真了解课文的内容及写作特点，同时理清文章里的生僻字、词，不懂的查找字典，然后要求学生从相关资料和网上查找鲁迅写此文的时代背景，为后面的教学打下坚实的基础。

课堂上，我先让学生说课文内容、说课文背景、说作者。然后让学生交流讨论，加深对课文的理解。

随后我采用学生自主的原则，先让学生分组讨论，然后各组分别画思维导图，结束后各组委派代表到台上展示，并阐述其理由。这样一来，课堂教学显得非常活跃，第一、二组的同学还未展示结束就下课了。

第二节课我又让学生继续上一节课的内容，让第三四组的同学进行展示，结束之后，我立即抛出早已设置好的问题，让学生讨论。例如：为什么课文前半部分写"闭关主义"和"送去主义"？为什么要提倡"拿来主义"？采取"拿来的具体态度及方法是什么？对待中国文化遗产的态度是什么？这些问题的设置，大大激发了学生的求知欲，给课堂增添了活跃气氛，学生参与积极性逐步增加，课堂教学效果非常好，学生收获很大。

下课后，我看到同学们个个脸上荡漾着微笑，顿时我感到非常欣慰，觉得让学生自主、自觉地了解课文的时代背景、作家生平，将有利于学生更好地了解课文的内容，这才是我们语文教师应该遵循的"道"。

你与孩子之间的关系如何？

——《父母与孩子之间的爱》教学反思

《父母与孩子之间的爱》重点是为了解孩子爱的能力发展阶段及特征，理解父爱和母爱的特点与本质区别，了解作者关于健康而成熟的灵魂的观念；所以，在教学过程中，引导学生理解作者对父爱、母爱以及理想人格的分析；对"爱"的认识由感性层面上升到理性高度，从而对"爱"进入哲学层次的思考。结合教材与学生实际，经过我精心准备组织教学，取得了一定的教学效果。

一、了解作者的经历

弗罗姆是德国精神病学家、新精神分析学家。他是"新弗洛伊德主义"精神分析心理学派最重要的理论家、法兰克福学派重要成员，一生写下了大量著作，《父母与孩子之间的爱》选自他 1956 年所著《爱的艺术》一书，是其中第二章《爱的理论》的第二节。弗罗姆认识到父爱和母爱的不同，并从社会经济发展的角度分析父爱的性质，典型地体现了他的学术渊源——弗洛伊德主义和马克思主义的综合，既从心理角度分析，又从社会文化的角度考察“人”的存在。

由于本文理论性比较强，对大多数学生来说，一下子把握整篇文章的内容有相当的难度。所以，我的教学方法是以学生自主学习为主导，让学生自己阅读，初步梳理本文结构，并抓住关键句子，深入体会含蓄蕴藉的意思，把握文章的信息与作者的观点；然后再次进行品读，积极引导学生体会观点，探究作者对父爱与母爱及理想人格的分析。

二、课堂探究互动

王磊：我们在研讨过程中，重点对父爱与母爱的区别及特点进行了探究。母亲代表自然世界，是我们的故乡，是大自然，是大地和海洋，母爱是无条件的。但是有两个方面：积极方面是世界上最伟大的爱，是每个人内心深处最为渴求的。消极方面是不能用努力去换取，而且根本无法赢得爱。父亲代表思想世界，代表法律、秩序和纪律等事物的世界。这就父爱与母爱的区别。

李洋：我对“母爱是一种祝福，是和平，不需要去赢得它，也不用为此付出努力”句中“祝福”和“和平”的理解是这样的。“祝福”写出了母亲对孩子的真切关心与爱护，包含有无私的、纯粹的、不求回报的意味。而“和平”一词用得尤为巧妙，韵味颇丰。它不仅指出了母亲温柔、平和的特点，而且有一种博大、宽厚的感觉。

汪萍：文章提到两种爱的原则，一种是“我爱，因为我被人爱”“我爱你，因为我需要你”；另一种是“我被人爱，因为我爱人”“我需要你，因为我爱你”这两种爱的原则区别：前一句，“被人爱”是原因，“爱人”是结果。因为被人爱，所以我爱人。以自己为中心，强调先获得再付出，是幼稚孩童式的爱的方式。后一句爱人是原因，“被人爱”是结果。因为我爱人所以我被人爱。先付出再获得，是对爱成熟的理解。童稚的爱是单向的、简单的、自我中心的，而成熟的爱是双向的、相互的，更加复杂，也更加美好。

韩燕：作者最终认为，母亲是孩子的“自然世界”，父亲是孩子的“思想世界”。成熟的人就意味着他不是依赖父亲、母亲给他提供的世界，而是自己心中拥有这两个世界。

同学们在课堂上，根据文本进行有针对性的研讨，大家争论发言，表现积极，真算得上是一场辩论赛。通过对文本的解读，了解本文不是简单的对父爱与母爱的歌颂，而是为了构建健康、成熟的灵魂而对父爱与母爱以及孩子的发展进行剖析，也就是“人从同母亲的紧密关系发展到同父亲的紧密关系，最后达到综合”。就如同有人说“这个世界上所有的爱都以聚合为最终目的，只有一种爱以分离为目的，那就是父母对孩子的爱”，同学们现在是高中生了，如果像弗洛姆说的应该是“克服自我中心阶段，体验关心他人以及同他人的统一，感觉到爱、唤起爱的力量，爱比被爱更重要，爱更能使自己满足、快乐”的阶段，我们应该来想想怎样通过生活中的小事来培养训练自己对父母的爱？在享受无私而博大的父爱母爱的同时，请付出爱心给父母，让他们也能享受到我们对他们赤诚的爱，让生命因为爱而更加光亮。

三、课堂学生动手

1. 学生动手画

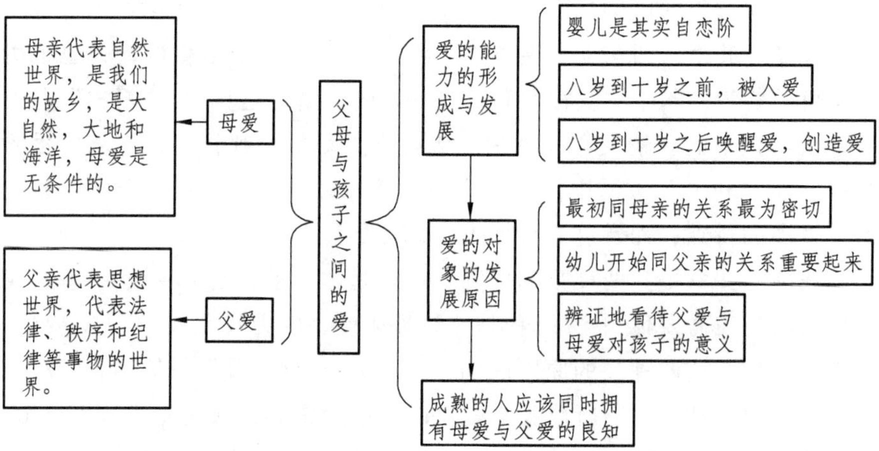

图 20 《父母与孩子之间的爱》思维导图

2. 学生动手写

父母的爱

高一（6）班　王敏

在没有学习《父母与孩子之间的爱》这篇文章的时候，我总是认为父爱与母爱没有什么区别，都是对孩子无私的，不需要任何条件就能得到的爱。现在看来我的观点是错误的，还得重新正视这两种爱。

母亲代表自然世界，是我们的故乡，是大自然，大地和海洋，母爱是无条件的，但是有两个方面，积极方面是世界上最伟大的爱，是每个人内心深处最为渴求的。消极方面不能用努力去换取，而且根本无法赢得爱。父亲代表思想世界，代表法律、秩序和纪律等事物的世界。这就是父爱与母爱的区别。

但是，我觉得父爱与母爱是没有区别的。

在我小的时候就会唱“世上只有妈妈好”这首歌，也听过“小时候坐在爸爸肩头”，我觉得把这两首歌送给普天下的爸爸妈妈是最合适不过了。

父爱如山，爸爸对我的学习要求非常严格，但对我其他方面的要求不高，只要学好课外的知识和老师讲的就行了。我非常了解爸爸的个性，他的伟大让我感动。小的时候，外面太阳把地给烤得火烫烫的，但是他还给我去买纸尿裤。见到爸爸时他已成了一个“黑人”。

妈妈是一个家务高手，每到考试时，妈妈便会给我和姐姐炒鸡蛋，并嘱咐我们一定要认真学习，仔细检查，不要马虎。妈妈反复叮咛上课不要做小动作。

妈妈工作十分辛苦，和客人讲得嘴巴上火，爸爸也很忙，记得有一次他工作到凌晨一点多，把他累极了。

爸爸妈妈对我恩重如山，我只想用上大学来回报他们对我的关爱，对我的付出，我爱他们！这是我发自内心的呼唤，我希望他们听见。

四、课堂教学反思

《父母与孩子之间的爱》是人教版高中语文必修四第三单元中第二课。这个单元是学习社会科学方面的杂文、随笔单元。通过学习本单元，将使学生学会思考社会、人生等与自己成长密切相关的问题，培养学生应用、审美与探究能力。因此，执教《父母与孩子之间的爱》这篇文章，我首先将其看成一篇随笔散文，同时也看成一篇议论文。因为这篇文章不是简单的对父爱与母爱的歌颂，而是为了构建健康、成熟的灵魂而对父爱与母爱以及孩子的发展进行剖析。根据课文本身的特点，我用生态课堂目标和教学设想等方面做了一些初步思考。

（一）指导学生阅读文本

在上课之前，我要求学生做好准备工作。一是要求学生学会从文段中读出有用信息，进而疏通文章思路。二是探究和评价作者对父爱与母爱本质的思考以及对理想人格的分析。三是引导学生把对“爱”的认识由感性层面上升到理性的高度，并且形成健康而成熟的心灵。

（二）烘托课堂气氛

在上课时，首先我向学生播放歌曲《世上只有妈妈好》，然后我将搜集到的许多组父母爱孩子的照片通过 PPT 进行展示，随后紧紧围绕“父母之爱”话题让学生讨论，谈谈自己父母对他们的爱的基本情况。他们对自己的父母的爱有何评价？

话题抛出之后，学生们的话被打开了，许多学生纷纷说出自己与父母交流沟通时的情境，有个别女学生还哭起来了。看到这一切，我又紧接着提问学生们，在你们眼里，认为父母的爱有区别吗？如果有，母爱与父爱的性质，优点与缺点各是什么？

（三）继续探问

请同学们来看看美国著名心理学家、社会哲学家、法兰克福学派的重要代表人物艾弗罗姆《父母与孩子之间的爱》这篇散文。他在文章中提出父爱与母爱有本质的区别，请你们从书中找出区别在哪里？“我爱，因为我被人爱”和“我被人爱，因为我爱人”，如何理解这两种爱？人如何过完自我成熟的一生？

这几个问题一提出，课堂显得非常热闹，学生们纷纷展开讨论。有的说父爱伟大，有的说母爱更伟大，有的说父母的爱是没有区别的。更有同学对父母的爱，在特点上进行了划分，找出课文中作者所提出的观点。思考如何发现爱、感受爱、实践爱，让爱充满人生。

（四）落实合作探究

学生是课堂教学的主体，只有学生理解了，课堂教育才算是成功了。在课前预习课时，我发现学生基础不同，对文本的理解也不同。分层教学很重要。所以在备课这个环节上，我设计了一份导学案，合作探究问题我便让学生分层完成。这样，不同层次的学生在课下都动了起来。课上分组展示也给他们提供了一个展示思想火花的舞台。而我只作为一个教学的引导者，有目的、有预设性地引导学生一步步投入学习。

（五）课堂教学的效果突出

第一，梳理思路清晰。对文本把握整体不错，先解决母爱及其本质，然后是父爱及其本质，最后是成熟的爱。做到了感性上升到理性。

第二，照片聚焦感动。联系了学生的实际生活，收集了学生与父母的合影，引导学生讲他们自己成长的经历来更好地理解父爱、母爱的区别以及在子女成长中的不同作用。

第三，小实践大收获。学习应是一种最大的实践，知识不光从书本得来，也该从实践体验中得来。在本课中，我更多的投入不是课本知识点的强化，而是对孩子进行情感教育，让学生有一种感恩，懂得爱，会去表达自己对父母的爱。我受益很大，也受到了启发。

尊严在于思想，灵魂在于追求

——《短文三篇》教学反思

要想认真落实生态课堂的基本原理，除了了解其开放性、自主性、创新性特征以外，还得了解它的多样性、生长性和循环性等特征。只有采用生态课堂的教学方法，才能有效落实新课改背景下的教学精神与实质。

《短文三篇》所选的三篇蒙田的《热爱生命》、帕斯卡尔的《人是一根能思想的苇草》、富尔格姆的《信条》，这三篇文章表达的都是作者对生命、生活等问题的思考和看法，内容学生并不难理解，而且他们的逻辑思维能力此时也已达到一定的水平，对此类文章也是有兴趣的，但他们阅读的思维习惯还不适应这种内在逻辑性很强的作品。我的教学方式主要抓住西方随笔的内在逻辑性这一方面，并试着运用这种逻辑思维方式来思考和表达问题。

为了让学生充分理解和掌握这《短文三篇》，了解西方随笔的文体特点和文章丰富的文化内涵，分析西方随笔的说理思路，理解其内在逻辑性，我在上课之前就让学生阅读这三篇短文，了解短文的内容，扫清文字障碍。

一、学生课堂说课文

王强：现在让我来说说这三篇课文，其中《热爱生命》主要讨论的是“生之本质在于死。”“乐于生的人才能真正不感到死之苦恼。”个体生命的存在都是短暂的、有限的，总是要死亡的，是人人所不能避免的。这句话从生命的终极归宿上来看待生命，由此引出珍惜生命的话题。

在《人是一根能思想的苇草》里，是“人只不过是一根苇草，是自然界最脆弱的东西，但他是一根能思想的苇草。”作者将“人”比作“苇草”，形象地指出人是脆弱而不堪一击的。接着作者转折一笔，在“苇草”这个喻体前加了“能思想”的修饰语，强调由于有思想，人就比宇宙还高贵，他知道“自己要死亡”以及“宇宙对他所具有的优势”，从而指出人要“努力地好好思想”。

而在《信条》里，是“智慧并不在高等学府的大山顶上，倒是出自学校里孩子们玩的沙滩中。”“当你们出门，到世界上去走走，要注意来往车辆，手拉手，紧挨一起。”“当你们出门，到世界上去走走，最好还是手拉手，紧挨一起。”

二、课堂探究互动

第一组的王磊：我们对文章进行研究总结，认为珍惜生命，热爱生命，认真而充实地生活，善于享受生活中各种快乐的人就感到死而无憾，就不感到死的苦恼了。如果一辈子懒散拖沓，萎靡不振，不能积极乐观地对待生活，留有好多遗憾，临死时必然感到苦恼。从哲学上说，人在追求自己的生命价值时可以超越死亡。在人类的历史上，饮鸩的苏格拉底，自沉汨罗的屈原，断头台上的谭嗣同，这些著名人物都把个体的“小我”融入人类的“大我”之中，实现了生命的自我超越。

杨洋：我认为《人是一根能思想的苇草》主要从三个方面归纳人生。一是从生理的层面来讲，人只不过像一根苇草一样，是自然界最脆弱的东西，一口气、一滴水就能使人致命；二是指人的全部尊严就在于思想。因为能思想，区别于顽石或者牲畜；因为能思想，比能置他于死地的东西高贵得多，比囊括了人并吞没了人的宇宙高贵得多；因为能思想，人囊括了宇宙；三是指强调人要努力好好地思想，这就是道德的原则。人不能求之于空间，占有多少土地都不会有用。总之，人的尊严在于思想，因此人要“努力好好地思想”。

韩燕：我们在研究读《信条》这则短文时总结，“怎样生活、怎样做事和怎样为人”是个容量很大的题目，作者却把复杂问题简单化，他举重若轻地以开列“信条”的方式来“大题小做”。这些“信条”不仅适用于幼儿园，也适用于家庭、社会；不仅适用于孩提时代，也适用于成年时期；人们在生活中，实际上只需要遵守那些在幼儿园里就学过的最基本的规则。作者诚恳地呼吁人们都来积极主动地实践这些充满人性光芒的忠告。

三、课堂教学反思

我对三篇短文的教学，用了 3 个学时，在每上一篇短文之前，我都要求学生认真阅读，初步掌握文章的内容及作者在文章里所表达的思想观点。

第一篇是要求人们要珍惜生命和热爱生命，要敢于面对生命，积极进取，直面人生。我在教学时，组织学生进行有效的讨论，追求人生的幸福和快乐，做创造自己生活的主人，并且强调“生命短暂，我愈要使之过得丰盈饱满”。

在研讨之后，有许多学生还写出自己的感想，在课堂上进行展示，赢得所有学生的称赞。这节课学生收获很大，我自己感到非常欣慰。

在上第二篇课文时，我同样让学生先阅读，深情地领悟《人是一根能思想的苇草》的内涵。

在教学第三则短文《信条》的时候，我先是让学生阅读，然后自己提出问题，我们一起在课堂上进行讨论。课堂教学非常好，学生收获很大。

这三节课最大的亮点：一是课堂教学结构清晰，目标明确，逻辑性强；二是采用自主学习的方法，学生参与率比较高；三是学生画导图环节和台上展示比较成功，学生相互争论把课堂推向高潮；四是完全符合生态课的教学理念及原则。

总之，这三节课是比较成功的课，主要在于课前准备充分，常言道：“凡预则立，不预则废。”所以，在以后的教学过程中，我要多加强学习，提高自己的教学技能，让自己的课堂教学上升一个台阶。

以国家利益为重

——《廉颇蔺相如列传》教学反思

《廉颇蔺相如列传》通过“完璧归赵”“渑池之会”“廉蔺交欢”三个故事，突出表现了蔺相如临危不惧、足智多谋、顾全大局，廉颇知错就改，以及他们两人为了国家利益团结协作。三个小故事叙述形式相似，各有中心，既有相对的独立性，又紧密相关。文章篇幅较长，语言简练，人物个性鲜明。

高中学生在文言文的学习方面已经有了一定的基础，特别是实词和虚词的积累，这个阶段，我的教学方法主要是引导学生自主探究、合作学习和学会学习。

我对文言文教学，一是以读代讲，采用读、议、辩等有机结合的方式，帮助学生感受课文；二是启发学生梳理故事“完璧归赵”矛盾冲突的发展过程，品读体会故事“渑池之会”的语言艺术，琢磨感悟“廉蔺交欢”的对比深度。

为了顺利完成教学任务，我特地从网上下载朗读视频播放，然后分组朗读，要求学生在阅读过程中，注重人物形象、思想性格的完整性和丰富性，深化对人物描写艺术手法的理解。

一、学生课堂说课文体现生态性

王磊：我现在通过多媒体向大家展示《史记》的相关知识。

《史记》诞生于中国空前强盛的西汉王朝，是中国第一部纪传体通史。它体例严谨，脉络分明，全书五十二万六千多字，分为八书、十表、十二本纪、三十世家、七十列传等五个部分，成为后世历朝修史的范本，史学成就居“二十四史”之首。

同时，《史记》还是一部杰出的文学巨著，它开创了中国传记文学的传统。它记录历史事件完整准确，语言运用平易简洁，描绘人物形象生动传神，注重在紧张激烈的矛盾冲突中刻画人物，注重在人物的对比反衬中塑造人物。鲁迅先生赞誉其为“史家之绝唱，无韵之《离骚》”。

杨洋：这篇课文节选自《史记·廉颇蔺相如列传》，原文记叙了战国时代赵国的四个重要人物廉颇、蔺相如、赵奢、李牧的事迹。教材节选的是第一部分，通过“完璧归赵”“渑池之会”和“廉蔺交欢”三个故事，描绘了蔺相如智勇双全、能言善辩、顾全大局、维护团结的思想性格，以及廉颇粗犷坦荡、知错必改的可贵品质，歌颂了文臣武将竭尽忠智、以国家之急为先的爱国精神。

二、课堂探究互动体现生态性

马燕：我们第一组研究认为，蔺相如是在秦国威逼利诱，赵国君臣左右为难、束手无策的矛盾中出场的。课文先写赵国君臣面临的“三难”：秦王求璧，赵国君臣给予又担心上当受骗，不给又担心秦国发难，这是两难；另外找不到适合出使的人，这是第三难。正是这样层层铺垫，再通过缪贤荐才之举，方使蔺相如露面。

杨洋：我们重点来分析蔺相如出使秦国之后，围绕着和氏璧，与秦王展开了一场怎样斗智斗勇的外交较量，由此又可见蔺相如怎样的思想性格。

第一个回合：献璧取璧。献璧之后，蔺相如敏锐地觉察到秦王“无意”偿赵城。章台接见，美人相伴，狂呼万岁，君臣上下，没有一点迎见外臣的礼貌和诚意。蔺相如略施小计，收回璧玉，然后，对比赵王的修敬和秦王的倨傲，面责秦王无意偿城，最后以人璧俱碎来威胁对方，利用秦王贪婪的心理，迫使他不得“辞谢”。

第二个回合：归璧于赵。蔺相如看出秦城“实不可得”，就一方面以“赵王恐，不敢不献”的话来迎合秦王的虚荣心，另一方面考虑到秦王急切不能得璧，被迫接受了条件，于是采取措施，暗中派人把璧送回赵国。

第三个回合：廷斥秦王。蔺相如在大庭广众之下，援引历史，揭露秦国历朝历代背信弃义的惯用伎俩，并理直气壮地告诉秦王，和氏璧已送回赵国，还把自己的生死安危置之度外，秦王无可奈何。至此，相如取得了“完璧归赵”的彻底胜利，化解了赵王的困境，打击了秦国的威风，捍卫了赵国的尊严。

这三个回合的较量，体现了蔺相如成竹在胸、从容应对的大智大勇的性格。

三、课堂学生动手画导图体现生态性

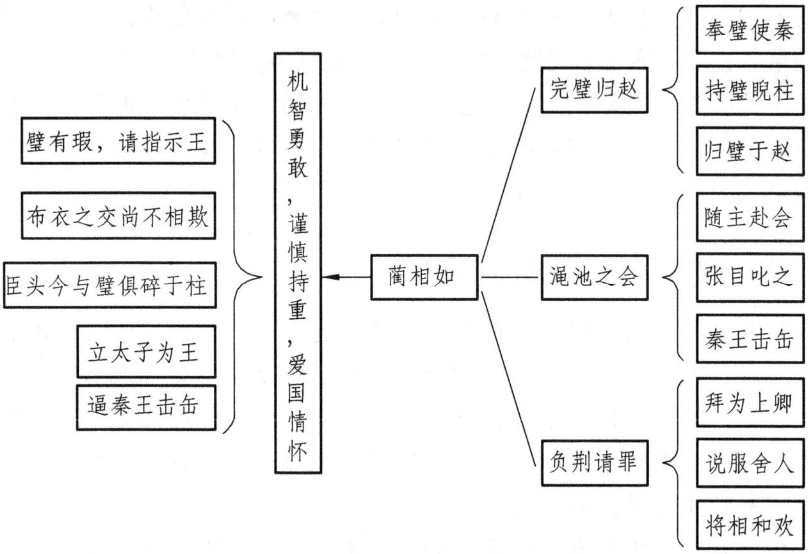

图 21 《廉颇蔺相如列传》思维导图

四、课后反思

我最好的习惯就是每教完一篇文章，都要写一篇教学反思。重点是反思自己教学的成功与失利，是否符合生态课堂的教学要求，好在以后的教学中改进。当然，我还喜欢听其他老师上课，无论老少，只要我有空闲时间，我都爱跑到别的教室听老师上课。

一篇课文教得好不好，不仅要看老师是否充分地备课，最重要的是看同学们接受的状况如何，教师们的评价如何。

现代教育心理学认为，激发学生学习的动机有种种诱因或手段，成就动机则是普遍的、有效的一种。实践证明，给学生创设成功的机会，体验成功的愉悦，就能大大提高他们的学习兴趣，强化他们的学习动机，使他们满腔热情地投入学习中。而学生参与课堂越充分，越有利于学生透彻理解、认识教学问题，掌握事物的变化规律和产生原因，提高学习的效率。

针对文言文，要想把学生们的积极性调动起来，并不一两句话就能解决的问题，特别是基础薄弱的学生，大部分学生对文言文没有兴趣。

于是乎，我得改变我的教学思路，调整课堂结构。

上课之前，我就要求学生自己去阅读课文，然后结合注释理解课文内容。《廉颇蔺相如列传》这篇讲读课文必须完成三个层面的任务：第一个层面属于过关性质，要求每一组的同学都必须把握好基础性的语言，如通假字、古今异义、一词多义等，找出来做好归纳，利用参考书、同学之间互相合作；第二个层面属于提升阶段，要求学生能就文中的一些相关知识点进行拓展。这个层面需要同学在课外查找相关资料；第三个层面要求学生能写出这篇文章的感想，如“凡事要以大局为重，以国家利益为重”“多一点宽容忍让”，需要联系现实，要求能出色完成好任务；第四个层面还要求学生理清课文的结构和故事梗概，在课堂上进行交流。

在课堂上，我用生态课堂教学的评价标准及理念去审视我的课堂教学方法及效果。根据我的观察，学生课后感言还是很少。因为每教学一篇课文都要求学生写感言，反思这篇课文的收获与不足。第一次活动的时候，有学生放不开手脚，缺乏自信，总想从老师身上得到答案，但是在第二次进行时，活动就顺畅很多，学生基本上都能明确分工，体会到合作学习的乐趣、自主学习的成就感。但是这样的活动耗时比较多，各个层面的学生都能体会到学习语文的乐趣，在活动中体验生活，形成能力。这样的操作，我认为是行之有效的。

高贵的民族气节，忠贞的爱国情怀

——《苏武传》教学反思

为了让学生理解课文，我让学生提前预习，积累文中实词、虚词及文言句式等文言文基础知识；初步分析苏武这一人物形象，体会文章鲜明突出的对比与细节描写，深刻领会苏武坚贞不屈的爱国精神与民族气节。为避免课堂流于枯燥的字词讲解，我课前让学生多读，以培养文言语感。

在教学时，我让学生再次朗读课文，然后又让学生听录音朗读，最后，以讲述故事的方式将重点由“言”转移至“文”上，吸引学生兴趣。

一、学生课堂说课文

王磊：请同学们再次来了解故事背景（PPT 展示），本故事发生在秦末汉初，北方匈奴凭借强大的军事力量，不断扩大控制地区。文帝、景帝时代，汉王朝采取和亲政策来加强民族联系。武帝时，汉朝国力逐渐增强，多次与匈奴作战，取得了几次胜利后，转而重视结盟，指望通过恩威兼施之策来解除匈奴对汉王朝的威胁，恰好匈奴单于有意示好，汉朝也想趁机和解，于是派苏武出使与匈奴修好。没想到匈奴发生叛乱事件，苏武被牵连。他两度寻死，慷慨陈词，终于消除了可能导致两国发生误解争端的危机，扭转了外交上的被动局面。但是不料匈奴公然违背两国通好宗旨，粗暴扣留了苏武等使节，要逼迫他们投降，以此来羞辱汉朝，卫律的威逼利诱最终以失败告终。这故事充分体现了苏武“富贵不能淫，威武不能屈”的精神。

二、课堂互动探究

李成强：我们第一组在研读课文时，认真分析了苏武出使匈奴后，一共两次自杀。其中第一次是张胜告诉苏武自己参与谋反的事实，苏武敏感地认识到自己定会受到牵连，因为不想国家尊严受辱，所以自杀。第二次是面对卫律的讯问，为了维护国家尊严，引刀自刺。但是，这两次都没有成功。第一次是被张胜和常惠阻拦下来，第二次是被卫律请医生救活。苏武的举动使我们深深地感受到他忠于国家、视死如归的精神品质。

王强：我们除对苏武的精神品质比较关注以外，从“单于壮其节，朝夕遣人候问武，而收系张胜”来看，匈奴的单于对待苏武和对待张胜是截然不同的。朝夕候问，一来是怕苏武再出事，体现自己对苏武的关怀，目的试图收降苏武；二是对苏武人格民族气节表示肯定。

杨洋：单于为什么单独选择卫律来游说苏武？因为卫律也是降将。我们来看看卫律是怎样游说苏武的？共分两步，第一步威逼，一是剑斩虞常，震慑苏武；二是吓降张胜，有人带头；三是强加死罪，寻找理由。但是苏武仍然不动声色，还大骂卫律。第二步以自己的地位与财富做例子利诱，一是封官加爵，二是荣华富贵，但是苏武还是不答应。

王燕：没有想到的是苏武越是坚决，单于越是喜欢。于是用尽办法来折磨、摧残苏武，企图动摇他的意志。幽禁地窖，断绝饮食，放逐北海，不至廪食。

马燕：苏武这一去已近十年。短暂的抗拒固然可贵，但时间是检验一切意志的试金石。十年的艰辛与苦涩，是否会动摇苏武的信念呢？没有，于是单于又委派李陵来劝苏武。李陵是匈奴的又一位降将，他来到北海，试图以自己曾与苏武同僚的身份来说服苏武。卫律的策略是“威逼利诱”，显然失效，而李陵又会选择怎样的策略呢？

一是李陵先以苏武的家庭遭遇“母丧兄亡，妻离子散”来感化。说“太夫人已不幸，陵送葬至阳陵；前长君伏剑自刎；弟孺卿饮药而死；子卿妇年少，闻已更嫁矣；独有女弟二人，两女一男，今复十余年，存亡不可知”。

二是用国家对待苏武家人的态度劝说。以“郡主昏庸，法令无常”为由，大臣亡罪夷灭者数十家，李陵老母被系保宫，苏武两兄弟畏罪自杀，侧面可以看出皇帝统治的严酷。

三、课堂学生动手画

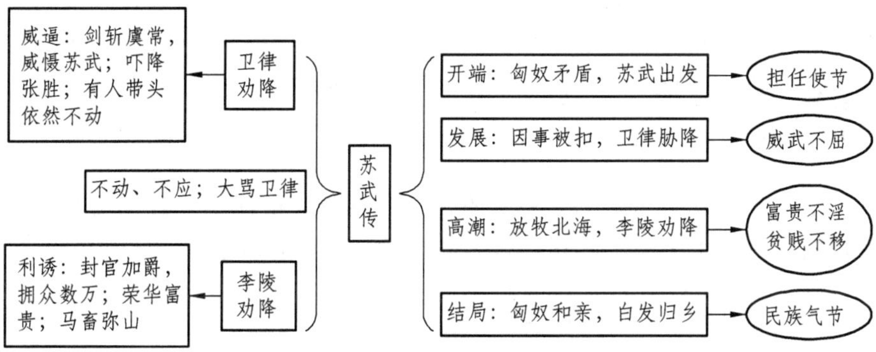

图 22 《苏武传》思维导图

这是学生在课堂上展示的思维导图。这环节是让学生分组讨论，各组根据课文内容共同画思维导图，然后各组委派一名学生上台展示。这也是课堂教学最精彩的部分之一。

四、课后反思

说实话我上这篇课文已经是第 3 遍了，对这篇课文的内容及情节是比较了解的。但是前 3 次的教学觉得并不理想，归结原因还在于没有准备好，课前下的工夫太少，没有认真研究课文和学生。

这篇课文篇幅较长，语句较生拗，学生比较难以进入情境。所以，这节课我提前做好了充分准备工作，教学效果非常不错，最大的亮点如下：

（一）重视基础

在讲课之前，我督促学生做了课前的译注，让学生自行翻译课文，并将难以理解的实词词义、虚词词义、一词多义、通假字、词类活用、古今异义、特殊句式等文言文知识点结合《优化方案》自行抄写一遍。虽然比较辛苦，但是我觉得便于学生更熟悉课文，而且能使自己的课程不再停留于字词句的释义层次，可以深入去挖掘课文内涵。

（二）立足于创新

这节课我还进行了一项创新，就是在串讲课文的时候，我不再是让学生读一句原文，讲解一句，而是以讲故事的形式来联系句与段，其间贯穿问题，启发学生思考。

（三）充分利用多媒体等现代教学手段

课堂上我给学生播放了京剧“苏武牧羊”的片断，通过直观形象加上听觉效果，充分调动了学生的学习兴趣，同时不忘插入文言知识点的教学，做到了寓教于乐，让学生轻松愉快进入课本。

（四）融会贯通

把苏武精神与孟子的“威武不能屈，富贵不能淫，贫贱不能移”巧妙挂钩，让学生由熟悉的内容进入陌生的课文，在耳熟能。

（五）自主学习比较成功

整节课都是让学生在动脑、动手画和动手写。最突出的是学生动口环节比较突出，把课堂推向高潮。

课堂教学的不足之处：

（一）创新没有发挥作用

非常可惜的是，我铺叙得过于详尽主观，占去了课堂的大部分时间，而学生思考讨论部分被压缩了，而且使得这堂课的重点及人物性格特点也未能突出。于是课堂显得很是沉闷，学生处于被动学习的局面，没有很好展开讨论，这对他们自学能力的培养很不利。

（二）朗读太少

学生分角色朗诵做得不够好，一是学生读得太少，二是文言语感未能培养起来。我为了赶课，朗读相对较少，其实这样的教学效果事倍功半。所以，以后要多让学生读，多让学生说。这样，自己也上得轻松，学生也学得活跃。

浓厚的家国情怀

——《张衡传》教学反思

《张衡传》的教学目标是让学生了解传记，掌握本文记人叙事详略得当的写法，熟悉文言词句知识和文史、文学常识，了解张衡的品格和他在科学、文学、政治各方面的贡献，学习他刻苦求学、科学务实、追求真理的精神品质。

为了教好这篇课文，我的教学方法是让学生去阅读。为了增添学生对人物传记的阅读兴趣，我特地从网上下载朗读视频播放给学生听。

一、课堂学生动手画

学生阅读之后，我就把学生分成四个小组，要求学生讨论画思维导图，各组选一名代表上讲台展示并陈述理由。实际上，这环节是比较精彩的部分之一，只要学生认真分析，然后展示导图，大部分学生已经理解课文的内容了（见图 23）。

二、课堂学生动口说

学生展示导图结束之后，我安排学生根据课文内容提出几个问题进行讨论。

1. 张衡的品质如何？

汪敏：我们通过研读课文，深刻理解到张衡那种“从容淡静，不慕当世”的品格。他做官后，哪怕“所居之官辄积年不徙”也无所谓，他还“不好交接俗人”，不满当时“王侯以下”的“逾侈”风气，经过十年苦思写成《二京赋》以讽谏当世。一任河间相，立即“治威严，整法度”，对奸党“一时收禽”。这些都反映了他“从容淡静，不慕当世”的品德。

杨洋：我认为他还有“无骄尚之情”的品质，年少时“善属文”“通五经”“贯六艺”“才高于世”，这些都反映了他不尚虚浮、谦逊朴实的品德。只有这样，他才能把主要精力用于科研，获得像“候风地动仪”那样大的成果。

马燕：我们研究认为，张衡文理兼通、基础宽厚、质朴谦逊、不慕名利、潜心治学、态度严谨、德才兼备，这些优秀的品质是张衡取得巨大科学成就、名垂青史的根本原因。

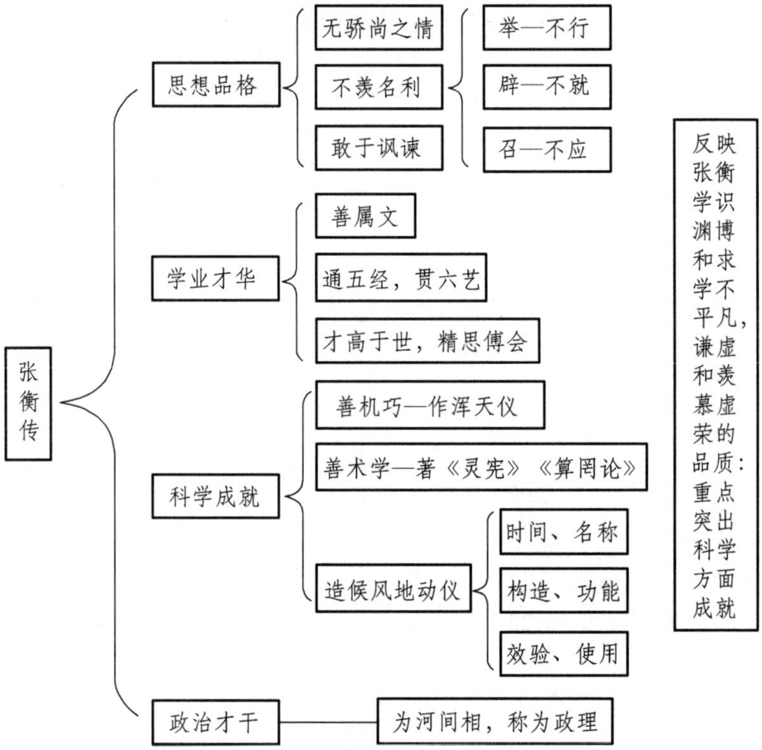

图 23 《张衡传》思维导图

2. 张衡的贡献如何？

张强：张衡在科学上的贡献主要体现在科学著作与科学发明两个方面。其中，作者依据事物内在联系，简明而具体地介绍了候风地动仪，包括制造时间和仪器名称、材料、尺寸、形状、装饰、机件、内部构造、功能和作用、精确程度和效果。

三、课堂学生动手写

我心中的张衡

高一（6）班　罗强

学习了《张衡传》这篇文章，我的感触颇深。特别是张衡渊博的学识和不平凡经历、谦虚和不慕虚荣的优良品质让我折服。

张衡生于南阳名门大族，后来家境逐渐败落。就是在这样的情况下，他开始研究天文。他制出浑天仪。浑天仪是一个大铜球，放在精制的架子上，铜球外有几道铜圈，加上复杂的漏水装置，令人赞叹不已。张衡说能看见的星共 2500 颗，据现代天文学者计算，也不过 2500 颗左右。可见张衡对恒星的观察达到了相当高深的水平。此外，张衡还制出地动仪，地动仪圆径八尺，像个大酒桶。在仪器的周围镶 8 条龙，向着 8 个方向，如果哪个方向发生地震，哪个方向的龙嘴中的铜球就掉下来，落在正对着龙嘴的铜蛤蟆嘴里，借此预测地震。而在欧洲，1000 多年后才有人制出类似的仪器。

张衡年仅 61 岁便去世了，人们为了怀念他，1990 年，国际上用张衡的名字命名了月球背面的一个环形山；1977 年，又把太阳系中一个编号 1802 的小行星命名为“张衡星”。

我应该学习张衡坚毅的个性、锲而不舍的意志，学习他刚正不阿、勇于向一切恶势力挑战、勇于革新，学习他肯献出一切、关心他人的高尚品质，多方培养自己爱科学和爱祖国的优秀品质，学习他获得成功不骄傲、失败了不气馁的品质。

四、课后反思

这篇课文是传记型文言文，我的教学方式要有新的突破，而且要在 1 课时内完成，到底是要侧重“文”，还是要侧重“言”，这的确是个问题。我对课文深入研究之后，重新调整思路，教学效果非常好。最大的教学亮点有以下几点：

（一）课前准备充分

在上课之前，我就采用生态课堂教学的自主性原则，先让学生自读，扫清文章的文字障碍，结合文章注释和身边的学习资料进行深入研究，对重点的字和词进行分析与归纳总结。

（二）查找资料预习到位

为了让学生了解张衡在学术科研和其他方面的成就，我先让学生在预习时查找资料，再结合文章内容进行归类总结，把不懂的问题梳理出来，在课堂上进行交流讨论，寻求共同解决。

（三）注重语文基础

为了注重创新，我改变了传统的教学方法，把课堂教学当作一次新探索。语文课就是要有语文味，要教给学生阅读和写作的能力，不要越俎代庖。所以，对文本的深入挖掘是有必要的，但是也不能为了追求所谓的华丽，过于延伸，架空教材。教师飘飘然，津津乐道，学生却是昏昏然，一无所获。语文课，老师要踏踏实实地上，让学生实实在在地学。

（四）鼓励学生抛下翻译书，自主完成

积极动员学生尽量脱离翻译书。在我以往的课堂教学过程中，发现许多学生都喜欢用翻译书。借助翻译书学习文言文已成了学生们的通病。乍看似乎卓有成效，提问起来，字字会译，句句精通，然而，从这句中抽出任何一字来问他们，都基本是一无所知。我感觉，这实在是翻译书惹的祸，试想，一个身体健全的人，若是每日都依靠拐杖生活，到最后，那一定会自己把自己“忽悠”拐了。同样，总是依赖翻译书，又怎能记住通过查字典才能获知的经验呢？若没有这种经验的积累，又怎能迁移运用到更多的文章中去呢？

总之，这次教学取得了较大的成功，归结于课前准备充分，教学方式得当。但从课堂学生的反映来看，我感觉在日常教学中自己忽略了诸多问题，也从中获得了许多新的启示。学无止境，我会继续改进自己的教学方法，完善自己的教学思路。尽量提升自己的教学方法，把课堂教学推向更高的层次。

第九章　人民教育出版社高中语文必修五

【第一单元】

高俅图谋害林冲，草料场前断敌魂

——《林教头风雪山神庙》教学反思

解读《林教头风雪山神庙》这篇小说，应从人物与环境、情节的关系入手，把握人物性格的形成、发展及典型意义。环境是人物性格发生的土壤，而小说中的环境包括时代背景和人物之间的关系。情节是人物性格发展的历史，林冲性格的变化发展正是通过故事的情节体现出来的。此外，还应指导学生通过具体分析人物的语言、动作和心理来把握人物的性格。给予适当的方法指导，由学生自主探究分析人物形象的套路和方法，有利于提高文学鉴赏水平。所以，面对这一篇大作，我进行了精心准备，总体用了 2 个学时，教学效果非常好。

为了上好这篇课文，第一步，我先播放《好汉歌》音频、视频，让同学跟唱，调动情绪，孕育其正直忠诚的人生态度。第二步，组织学生观看《水浒传》电视剧第七集《风雪山神庙》，帮助其熟悉文本，进入情境。第三步，再次让学生阅读，扫清小说文字障碍，结合注释，对重点的字词加以理解。第四步，请同学们细读，理清小说结构层次。

一、学生课堂说课文

《水浒传》是明代长篇小说，是我国文学史上第一部描写农民起义全过程的长篇小说，是在民间口头传说、艺人讲说演唱的基础上，由文人加工编撰而成。全书前半部写“官逼民反”，好汉林冲、鲁智深等一个个被“逼上梁山”。在宋江上山后，写了几场反土豪、打官军的仗；后半部写宋江被招安，攻辽，打方腊，最后以悲剧结局。作品充分表现了对起义英雄的肯定和热情讴歌，对封建阶级的黑暗势力则尽情揭露，从最基层的郑屠、西门庆等，到上层的梁中书、高廉之流，以及他们的靠山蔡京、高俅，将他们写得丑恶不堪，和梁山英雄形成鲜明的对比。

《林教头风雪山神庙》（节选自《水浒传》第十回）这一篇课文里，作者运用了多种艺术表现手法，着力描写了林冲从一个封建统治集团的依附者，因被宋徽宗的宠臣高俅陷害得家破人亡，最终投奔梁山，成为农民英雄的过程。其对人物性格的精细刻画、对故事情节的生动描写，以及对“风雪”环境的描写，历来为评论家所称道，因而应作为本文的教学重点。

《林教头风雪山神庙》的故事情节，主要有沧州遇旧、酒店密谋、小二生疑、询问实情、买刀寻敌、草厅割交、酒店沽酒、庙里借宿、真相大白、奋起杀敌过程。林冲是八十万禁军教头，所以他的思想观点、为人行事和一般的草莽英雄有很大的差异。

二、课堂探究互动

王世海：我们第一组研究认为，作品不是孤立静止地塑造人物形象，而是把人物放到特定的社会环境中，放到人物与环境尖锐的矛盾冲突中去表现人物性格的发展。作品把林冲置于两种矛盾中来表现：一是与以高俅为首的统治者之间的矛盾。高俅一伙步步紧逼，使林冲走投无路，终于走上了反抗斗争的道路。当时，封建统治阶级肆无忌惮地残害人民，使人民无法生活。为了活下去，人民群众才不得不起来反抗斗争，这就是“官逼民反”。二是林冲自身思想的矛盾。林冲是八十万禁军教头，有一定的社会地位，过着比较富裕、安定的生活。这种社会地位和生活状况形成了他安于现状和软弱动摇的思想性格。但是他武艺高强，富有正义感，侠肝义胆，嫉恶如仇，思想性格中有反抗黑暗、扶持正义的一面。这两种性格的矛盾斗争，构成了林冲的性格发展史。

王磊：是的，林冲性格的转变，关键是一个“逼”字。《水浒传》的主题就是“逼上梁山”，林冲则是体现这个主题的典型例子，这使我们认识到封建社会被压迫者走上反抗道路的必然性。

罗小敏：我认为，林冲的性格是随着故事情节的发展而起伏变化的。沧州遇旧时他表现出善良安分；买刀寻敌时，他先是表现出强烈的反抗意识，但不久又松懈下来，失去应有的警惕；接管草料场后，他有随遇而安的想法，说明他对敌人抱有幻想，软弱动摇；直到草料场起火，他亲耳听到了陆谦等人的对话，了解了高俅所策划的阴谋，才毅然杀死仇人，投奔梁山，走上反抗统治者的道路。从安分守己、逆来顺受、忍辱求安到忍无可忍、被迫反抗、奔向梁山，林冲性格发生了根本转变。

梁强：我觉得这篇小说在细节描写方面比较突出。细节描写对表现人物性格、推动情节发展起着重要作用。例如：开头细致地描写了陆虞侯等人鬼鬼祟祟的言谈举止，暗示他们是在密谋害人的事，而且和林冲有关系。这些细节描写推动了故事情节的发展，引出了李小二给林冲报信、林冲寻敌复仇的情节。还有就是林冲沽酒出门的一系列动作细节描写，一方面表现了林冲安分守己、办事谨慎的性格，另一方面也告诉读者，草料场起火的原因并不是因为林冲疏忽，使情节发展合情合理。

以上是各组几位同学对林冲人物性格的研究解读，是课堂教学最精彩的一个环节。我认为这样组织学生去分析课文、解读课文是最有效的方法，营造了学生合作探究、课堂辩论的氛围。

三、课堂学生动手

1. 学生动手画

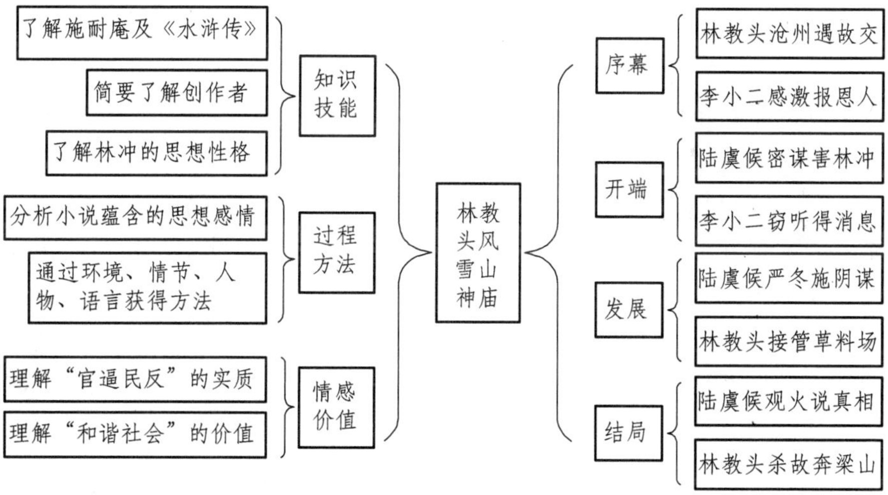

图 24 《林教头风雪山神庙》思维导图

2. 学生动手写

我为林冲喊冤

高二（6）班　潘丽

学习了《林教头风雪山神庙》之后，我为林冲所遭受的苦难及不幸感到同情，对其被逼上梁山表示无奈。

我想在那个官府黑暗，官员昏庸的封建时代，被冤枉死去的人何其多啊！想想看，林冲作为东京八十万禁军教头，武艺高强。其父做过提辖，岳父也是教头，家有贤妻，生活美满。在我看来，林冲还是有一定背景的人物，或者说是有头有脸的人物，可不曾想到的是他同样会受欺负，被高俅逼上梁山。他尚且如此，其他普通老百姓的生活就不难想象了。

实际上，林冲的社会地位和生活条件，使他安于现状、软弱妥协。妻子遭人非礼，他正要打歹徒的时候，一看是高衙内，提起的拳头又自行放下，慑于权势，忍辱负重；对头布下陷阱，骗他误入白虎节堂，刺配沧州，他仍然对生活抱有希望，不曾想反抗；两个奴仆在路途多次折磨他，让他受尽苦头和百般凌辱，野猪林内几乎人头落地，他仍反对鲁智深杀掉奴仆，仍然幻想能够“挣扎着回来”；被配发到沧州之后，本来安心服役，希望能够再回到东京，没有想到高俅派人在草料场结束他的性命。

从林冲的遭遇，我们可以看到忍让未必就能平息事端，懦弱往往使对手更加猖狂。

四、课后反思

这篇课文我用了 2 个学时，采用常态课的形式上完的。上完课程之后，我感觉还比较成功，教学效果很好。

（一）课前准备非常充分。在教学之前，我先让学生认真阅读课文，重点理解和掌握课文的字、词、句，同时还提前弄清文章结构和人物性格的区别。

（二）学生画导图环节比较成功。在课堂上，我要求各组根据文章内容和情节展开讨论，然后画出文章的思维导图，委派一名学生到台上演讲，其他同学补充。

（三）整个教学设计目标明确，重点突出，问题设置环环相扣，层层推进。课堂的教与学紧紧围绕“风雪”，抓住“风雪”这个关键展开研讨，使学生在一定程度上理解了本文的思想意义，了解了这部作品的艺术特色，体会到了环境描写在小说中所起的作用，进而提高欣赏古典小说的能力。由于教学设计比较合理，故本人在执教过程中较好地实现了教学目标。经过 2 课时的教学，我感到解决长文短上的关键在于选好突破口，选好关键问题，不要面面俱到，只求突破一点，再由表及里，再由点到面，实现目标。

（四）教学方法得当。我重点采取生态课的教学模式，追求自主性、追求实效性的原则，目的是让学生有所得。在知识、能力、思想认识、道德情操等方面，要有所收获。应该说，我在这 2 课时里做到了，学生基本上都动手、动口、动脑了。学生划出了相关语句，思考，且举手回答，体现出较高的积极性。有几个同学还提出了与众不同的看法。

我觉得教无定法，各种教法本身无优劣之分，各有所长，也各有所短，关键要使用恰当、有效。不管采用什么方法，不管是传统的，还是现代的、常见的，还是新颖的，只要是有效课堂，就是好方法。虽然是常态课，但我认为不能靠搞花架子，那样没有实际的指导意义。因而我没有过分追求形式的新颖，而是让学生读懂课本，理解课文。脱离教材进行空泛的延伸与拓展，看似热闹，似乎能培养学生的发散性思维，实际上常常是议无定论，议而不决，模糊了学生的认识，淡化了对课文的研读，反而助长了夸夸其谈的浮夸风气。而我只是设计了一些符合逻辑顺序的问题，根据学生的理解程度，把一个较难的问题分解成几个小问题，由易到难地引导学生解决。

常听语文老师感慨“语文教师太难当，语文最难教”。上完这 2 节常态课后，我这种感受更加深了。本次教学实践中也暴露出来一些问题，需要在今后的教学中加以改进。

本人在执教过程中，对于教学节奏的控制还是欠佳。

一是“让学生用自己的话来表达风雪在文中的主要作用”这一活动未能充分展开，学生的理解较浅显，我担心学生不能说到位而又影响时间，有些问题教师说得过多。

二是内容的拓展也没有时间完成，只能匆匆展示出题目来，将其临时作为课后作业来处理了，一定程度上削弱了课堂的完整性。

三是课件的使用与制作在细节方面没有把握好，出现了漏字的现象，幻灯片展示时间也过快，学生跟不上速度，大部分老师也没看清。

四是学生学习的积极性没有充分发挥出来。我的引导没做到深入浅出，学生要回答完整有一定难度，这在一定程度上减弱了学生的热情，影响了教学效果。

五是不太符合生态课堂教学的具体要求和评价标准。

以上是本人上了这篇课文后的一些反思，不一定正确，提供给各位老师参考，以促进本人教育教学水平的提高。

摆脱套子，认识自己

——《装在套子里的人》教案反思

本课是人教版高中语文必修五第一单元第二课，写于19世纪末。无产阶级革命前夜，工人运动逐渐展开，沙皇亚历山大二世被刺身亡，三世即位后加强了恐怖统治，警察和暗探密布俄罗斯，大批革命者被流放，进步报刊被查封，政府对舆论的钳制日益加深，告密之风日益盛行，许多要求自由的人惨死于政治迫害。在这种禁锢得比罐头还严密的专制制度下，沙皇政府的忠实卫道者也极力维护沙皇的反动统治。他们死守着旧有的阵地，仇视和反对一切新鲜事物，这种人不但出现在官场上，而且出现在知识界，契诃夫的《装在套子里的人》描写的就是这样一个人物形象。

现在，别里科夫已成为顽固守旧、害怕变革、阻碍社会发展的代名词。学习本课，要体会作品中的讽刺意味，领悟小说语言的言外之意，认识沙皇专制统治的黑暗，认识因循守旧的危害性及改革创新的重要性。

通过阅读，学生应掌握运用肖像描写、语言描写、细节描写来塑造人物的方法。学会结合社会环境分析作品中的人物形象，从人性的角度去理解小说的主题思想，探讨别里科夫的精神缺失和人格异化，体会漫画式的讽刺手法。

为了增添学生的阅读兴趣，我特地从网上下载视频让学生观看，然后又让学生默读，划出关键语句，并加上旁批。我还让学生思考，别里科夫身上有哪些有形的和无形的套子？从中可以看出什么思想性格特点？

一、课堂互动探究

王磊：我们在研读课文的时候，我眼里的别里科夫是沙皇制度忠实的拥护者、卫道士。他守旧、落后、严守规矩，害怕出乱子，害怕变革现有的一切，而他的所作所为在客观上起着助纣为虐的作用。他用僵化的思想模式、道德规范辖制着大家，他既是受害者，又是害人者。他是一个被沙皇专制制度毒害的可怜又可悲、可憎又可恨的人。

杨洋：王磊分析得好。作者还通过一些特殊行为、思想、服饰等来塑造人物形象。一是服装套子式，例如雨鞋、伞、棉大衣、表、小刀、脸、眼、耳朵；二是思想套子式，例如告示、报纸、法令、常规、规矩；三是行为套子式，如摇摇头、低声说、心慌、一个劲、慎重、多疑、唉声叹气、垂头丧气；四是语言套子式，如千万别闹出什么乱子；五是环境套子式，如卧室、床、帐子、被子、门、炉子、厨房等。

罗兰燕：杨洋解读得非常有道理。但我认为，他用套子套己也套人。有他在，人们不能自由言论，因为他把一切不合“规矩”的言行报告校长。此外，他反对一切新生事物。同事骑车郊游，他认为大逆不道；怕教室吵闹出乱子，他就建议开除彼得洛夫和叶果落。他就像是一只背着重重的壳的蜗牛，胆小、多疑、封闭、守旧，整天战战兢兢、六神无主，总是害怕生活中的新事物，害怕社会变革，害怕动摇了旧秩序，极力维护现行的秩序。当外界发生变化的时候，他就缩进自己的壳里。

韩燕：还有最让人感到奇怪的呢！全城的人为什么都怕这个胆小如鼠、弱不禁风的人？为什么他能管制全城？通过研究，我们终于明白了。课文第4段用了8个“不敢”，还有“全城人战战兢生活了10年到15年”。因为他的言行与思想都与沙皇专制制度一致，他自觉维护着旧制度、旧思想。周围的人没有勇气与他斗，所以都怕他，受他辖制。别里科夫的可恨在于，他不但要把自己装在“套子”里，而且还想把周围的一切也装进“套子”里。这两种“怕”表面上是矛盾的，但只要我们结合当时的情况想一想，就会发现总根源都是沙皇专制制度。别里科夫所依附的沙皇王朝，一方面极力加强反动统治，在全国造成沉重压抑的气氛；另一方面又即将灭亡，摇摇欲坠。革命的风暴还未到来，大多数人还感到迷茫，不敢起来斗争，所以别里科夫还能“辖制”全城。

二、课堂学生动手写

套中人的悲哀

高二（6）班　马强

学习了《装在套子里的人》这篇小说之后，我对契诃夫塑造了这样一个性格孤僻、胆小怕事、惧怕变革，想做一个纯粹的现行制度的“守法良民”的别里科夫，感到吃惊，在对别里科夫的行为与做法表示愤慨，同时也对他的悲惨遭遇表示同情。

一个人在生活当中应该与时俱进，积极寻求新生事物，探求创新与发展途径，说白了就是要有创新精神，不能顽固和保守。

别里科夫的可悲之处则在于，他千方百计地用一层套子式的方式把自己隐藏起来，却没有想到，自己的这些隐藏，反而将他更赤裸地暴露在众人面前。当他已经被异化成套子的时候，这套子却又将他牢牢地锁定在人类的耻辱柱上，使他成为一个被嘲笑、被批判的对象——保守、反动、因循守旧、诚惶诚恐的典型——装在套子里的人。

这一件多么可悲的事啊！

有时候我为他感到悲哀，更多的还是对他表示同情。

我想在我们现实生活当中，这种套子式的生活方式和生活事件是有的。

人虽然有时候离不开套子，但也不能完全愚昧无知地被套子套住。人应该要有理性，要敢于怀疑，敢于反思，跳出藩篱，破除封建迷信和权威，摆脱奴性意识，改变陈旧的思维模式，用开放式的眼光去看世界，认识世界，提升自己的判断能力，不要像别里科夫那样，整天战战兢兢，作茧自缚，自欺欺人地过日子。

三、课后反思

《装在套子里的人》的作者契诃夫是俄国 19 世纪末期的批判现实主义作家，以短篇小说和戏剧著称于世。《装在套子里的人》的艺术特点在于以简练的手法、幽默的笔调，从平凡的日常生活事件里反映出重大的社会问题。

是否引导学生有效学习是衡量课堂是否成功的标志之一，为此，我精心设计了《装在套子里的人》导学案，希望提高学生在课堂中的参与面，努力增加课堂的温度和高度，力求构建“以学生为主体，以问题为主线，以活动为主轴”的课堂教学模式，通过学生“自主——合作——探究”，完成导学案，发挥自学、对学、群学功能。上课时以小组为单位，推荐代表展示预习成果，让学生自行纠错，老师或点拨，或启发，或引领，引导学生进行研究性学习、体验式学习。但是，从实际的教学效果上看，预设的任务没有完成，课堂生成的东西偏少。一堂课下来，总有意犹未尽、无从着力之感。经过反复思考，我的反思如下：

（一）学情分析不足，备课过程中着重研究教材和教法，忽视对学生进行学法指导

《课标》是教学工作的唯一指南。落实《课标》要求，培养学生的语文能力和语文素养，为学生的终身发展奠基是语文科教学的基本任务。培养学生的自学能力，落实“三维”目标，积极实施新课程理念，使教学工作健康有序地进行，是衡量一节课成功与否的重要指标。

根据教学目标要求，我决定采用“导学案”的形式，通过让学生“自主——合作——探究”来组织教学，通过研究教材，个性处理，厚积约取，大胆剪裁，来精心设计学案。但是课堂上学生的反应不佳，欲言又止，欲说还休，究其原因，一是课前预习不够充分，简单的题目大家都会，综合性题目基本没有研究的兴趣；二是单打独斗现象普遍，不能进行合作学习；三是课前情绪疏导工作不够充分，面对十几个听课老师，部分学生有怯场现象，影响到整体课堂氛围。

（二）预设太过详尽，为完成教学任务，学生活动的空间和时间受到挤压，致使学生缺乏有效的生成

虽然学案仅设计四个问题，但是两个表格的信息量还是比较大，加上学生预习不够充分，时有“冷场”现象，教师的点拨、启发、引领花了较多时间。“套子”的引申义是本课的亮点，也是授课的重点。为了把语文学习生活化、情境化，我着重讲解“无形”的套子。

学生在写作过程中常常有“套子”的痕迹，写记叙文开头总是那几句话：“往事浩如烟海，多如繁星，但是很多已经烟消云散了，只有一件事我难以忘怀……”；写美女必定是“沉鱼落雁，闭月羞花”；写才子一定是“才高八斗，学富五车”；社会上同样存在形形色色的套子思想、套子理论。再如人们思想上存在“不孝有三，无后为大”“重男轻女”的套子等。

（三）重心失衡，教学效果打了折扣，教学意图和教学设计体现不够充分

《装在套子里的人》属小说，因此“分析别里科夫这一形象的讽刺意义”成了我设计的教学重点之一，但是课堂上仅完成“别里科夫个人信息”和“别里科夫病历记录”两份表格，学生只知道别里科夫性格最突出的特点是“把所有的东西都装在套子里”，至于别里科夫形象的基本特

点及形象的意义、别里科夫这一形象产生的直接原因还未具体落实，没有完成预设的教学任务。

正如叶澜教授所说，“有待完善”是一堂好课的标准之一，公开课应该上成常态课，不能上成表演课，课前预先准备、演练，像演戏一般念台词是一种学术腐败，但也不能因为“有待完善”而放松对自己的要求。好课多“磨”，只有不断学习，不断超越自我，才能在课改的实践中昂首阔步，实现经验型教师向研究性教师转变，再从研究性教师向学者型教师转变，完成专业成长的华丽转型。

人伦社会之爱，自然诗性之美

——《边城》教学反思

《边城》这篇小说是诠释爱的，祖孙之爱、男女之爱、兄弟之爱、父子之爱、友朋之爱、乡邻之爱、乡土之爱组合成人伦社会之爱。《边城》是阐释美的，自然之美、人物形神之美、人事之美、人情之美、人性之美，还包括作品本身结构行文的诗性的美，无处不美。而这爱和美的背后无疑暗伏着一种缺憾，一是作者要描画的人生、社会本身的缺憾，比如“美丽的都不容易长存”的凄凉的故事结局，“人类灵魂的相互孤立”流溢出的神秘宿命气息。这爱和美在很久以前开始从现实中消失，这就是所谓“中国另外一个地方另外一种事情”。

我为了教好这篇课文，一是在课前先让学生阅读，提前布置预习作业，并布置《边城》读书笔记作业，以加深同学们的积极性和预习的力度；二是用竹笛和古筝合奏的民乐《月光下的凤尾竹》作背景音乐，用多媒体播放几幅湘西风景画面，同时用画外音朗诵；三是组织学生观看电影《边城》，了解剧情，加深对文本的理解与把握。

一、学生课堂说课文体现生态性

杨洋：课前大家已自读了整部小说，现在由我来说说小说的故事情节。小说所描绘的是湘西风光秀丽、人情质朴的边远小城，生活着靠摆渡为生的祖孙二人。外公年逾七十，仍很健壮，孙女翠翠十五岁，情窦初开。他们热情助人，纯朴善良。两年前在端午节赛龙舟的盛会上，翠翠邂逅了当地船总的二少爷傩送，从此种下情苗。傩送的哥哥天保喜欢美丽清纯的翠翠，托人求亲，而地方上的王团总也看上傩送，情愿以碾坊做陪嫁把女儿嫁给傩送。傩送不要，想娶翠翠为妻，宁愿作个摆渡人。于是兄弟俩相约唱歌求婚，让翠翠选择。天保知道翠翠喜欢傩送，为了成全弟弟，外出闯滩，遇意外而死。傩送觉得对哥哥的死有责任，抛下翠翠出走他乡。外公因翠翠的婚事操心担忧，在风雨之夜去世。留下翠翠孤独地守着渡船，痴心等着傩送归来。

二、课堂互动探究学体现生态性

汪燕：我觉得《边城》这部小说，重点突出的是翠翠和祖父的祖孙情：这是作品中最主要的两个人物。相隔着中间一代人，祖孙俩组成的家庭是残破的，所以在悠长的岁月中，祖孙二人不仅生活上相依为命，也在感情上相濡以沫。这种真挚亲情是植根于纯朴民风之中的。

王磊：我认为还有翠翠和天保兄弟的爱情：从课文节选的三章虽然没有直接写到几个青年男女相爱的动机，但却写到了他们表达爱情的方式，最动人的当然是傩送的歌声和翠翠梦里的虎尾草。傩送用整夜的歌声表达对心上人的爱慕，让人不由想起《诗经》《乐府》里咏叹爱情的美丽诗章，这是湘西古风犹存的明证，更是这里的人把爱情视作圣洁感情的表现。同样，翠翠在睡梦中受到歌声召唤，她摘取了一捧虎尾草，准备送给意中人，一个少女纤尘未染的心豁然眼前，让人感动。

左银滢：这就是一个处于情窦初开年龄的少女，“不见复关，泣涕涟涟。既见复关，载笑载言”。这种怀春少女的情怀总是十分微妙、细腻与变化莫测，而沈从文也乐意花笔墨对此进行十分细致、生动地刻画，其实沈从文有自己的目的的，他写此小说的目的就是，“我要表现的本是一种‘人生的形式’，一种‘优美，健康，自然，而又不悖乎人性的人生形式’”。

罗兰：我认为还有天保和傩送的手足情。

从课文中大量的语段显示，天保和傩送突然发现两人爱上的竟是同一个姑娘，眼看兄弟要变成情敌，他们没有反目成仇，也没有像流行小说写的那样，其中一个慷慨“出让”。他们懂得，姑娘不是财产，感情没有价格，你必须接受姑娘的选择，而不能代替姑娘做出选择。于是他们公平地、正大光明地竞争，哥哥走了车路占了先，就一定让弟弟走马路先开口，结果一唱定乾坤，这里没有裁判，没有评委，没有公证人，只有良心和道德，再加上血浓于水的手足深情。为了成全弟弟，哥哥带着失恋的忧伤远走他乡……

三、课堂学生动手画体现生态性

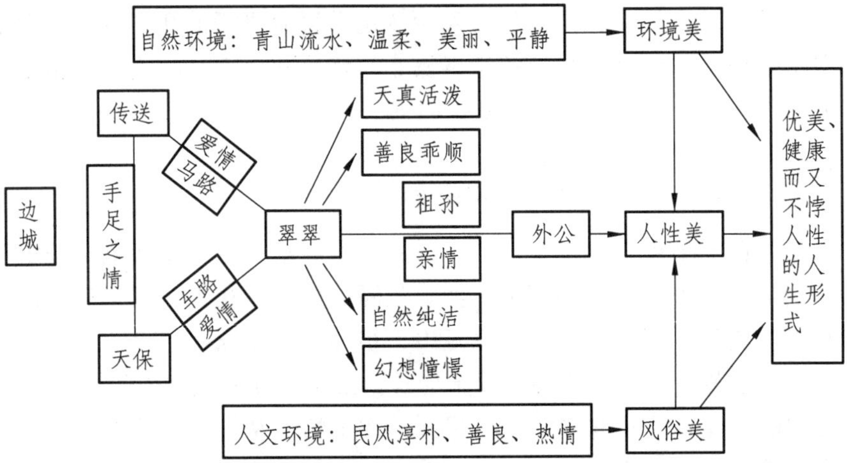

图 25 《边城》思维导图

四、课后反思

《边城》是一篇自读课文。我的教学方法并不按照讲读课文的方式教学，而是先设计了学案，提前发给学生。结合学生的认识程度，我在学案上设计了几道思考题：1. 课文节选部分提到几个端午节？先写的是哪个端午节？2. 概括每个章节的大意。3.《边城》中的人们是生活在一个怎样的环境中？用原文中的话来回答。4. 阅读课文，画出描写自然风景的语句，从中选出一个词来概括本文的自然风景。

实际上，这篇小说的环境包括自然风景、社会风俗、人文情怀。本文的环境美，不仅体现在自然风景上，还体现在风俗美和人情美上。所以，我要求学生在阅读的时候，分别从文章中勾画出相关的语句，加以分析总结，然后在课堂上进行交流。

在课堂上，我又要求学生再次咏读最后一节，从人与自然和谐统一的角度，体会作者这样写的用意和情感。

我给学生留 15 分钟时间完成学案里的问题，之后我开始检查，发现大部分同学基本完成了，但还有个别问题存在分歧，大家不能够很好地回答。于是我帮助大家一起分析问题的原因：一是对课文没有深入理解；二是同学们没有认真思考和及时翻阅相应的材料；三是学生的态度问题，对语文学科不重视；四是部分学生只是完成了老师布置的书面作业，缺少对一些文章的深刻理解，认识上缺乏高度。

从这一点可以看出，学生的阅读量较少，读书的视角不开阔，效率就差，收获就少。所以，在课堂没有完全放开，没有挖掘沈从文《边城》的写作目的、文中所表现清新的故事情节、如画的自然风景、淳朴的民风等。

课堂教学虽然完成了，感觉这样教《边城》多少有些不负责任。因为有无数的文人学者都以谨慎的态度，对沈从文先生的这部作品给予高度评价。而我却没有把先生这部伟大的著作精髓传授给学生，没有让其真正体会和领悟文章里所表达的人文情怀。

如果你是一个有心的人，只要听爷爷叫一声“翠翠”，翠翠叫一声“爷爷”，就足以让你泪流满面。在教学中，如果带着对《边城》全部的感情引领学生去看湘西那翠翠的山、清清的水，还有如这山这水般纯良质朴的边城人。这山水之畔的人们生活在“无法形容的单纯寂寞”里，这也正是先生所期望建造的“希腊小庙”里面鲜活的“人性”美。

【第二单元】

痴情乡土歌手，守卫心灵净土

——《归去来兮辞》教学反思

《归去来兮辞》是魏晋文学的重要篇章，是作者要脱离官场、归隐田园的宣言书。其为守卫自己的精神家园，不与世俗同流合污，坚决归隐田园的思想引起许多文人学士的共鸣，可以看成是陶潜的思想总纲。领悟本文，有助于正确理解陶潜的人文精神，有助于学生积淀一定的人文关怀。

一、学生阅读与说课

在教学之前，我首先让学生自由朗读。一是要求一字一词读，读准字音，了解词义，理会文义；二是结合注释，疏通文义，不懂的地方做上标记，教师循环指导；三是找出所有押韵的字，在换韵的地方做出标记，反复朗读换韵的段落和层次；四是要求学生根据思路韵脚，朗诵诗歌，初步感受陶渊明的归隐情结；五是增加学生的阅读兴趣，让学生听录音朗读，分组朗读，背诵课文。

《归去来兮辞》是高中语文教材人教版必修五第二单元的第一篇课文。它描写的是诗人辞官归隐时自由、喜悦、闲适的心情。重点理解作者辞官归田，不与当时黑暗上层社会同流合污，表现出对田园生活的热爱，树立高洁的理想志趣和坚定的人生追求。

诗歌这种文学样式，偏重于抒情言志。情绪和感情是诗的基础，但这种情感、情绪很多时候是模糊、朦胧而不确定的，即使是情感指向十分明确的诗歌，由于读者的年龄、阅历、知识储备甚至性格等方面的原因，每个人也会产生不同的感受，甚至同一个人在不同的时间、情绪下阅读同一首诗，也会有不尽相同的体验。

二、课堂互动探究

刘莉：陶渊明归隐的真正原因是“田园将芜、心为形役、已往不谏、迷途未远、今是昨非”。为什么呢？请大家想想看，在封建社会，人们要建功立业，要“大济苍生”，实现人生价值，往往是和仕途紧密联系在一起的，而陶渊明在少年时就有“大济苍生”之志，踏入仕途大可实现他年轻时的理想，但此时的陶渊明为何要辞官归乡呢？因为他追求自由，认为做官是误入歧途。

左银滢：我们从“乃瞻衡宇，载欣载奔。僮仆欢迎、稚子候门”可以体会到他初进家门的快乐心情。看到自己简陋的老屋，就高兴地奔跑，虽贫尤喜，41 岁的诗人如同孩子一样天真。因为他奔向的不只是老屋，更是自由。再看“三径就荒，松菊犹存”，“三径”代指隐士居住的地方，这里乃自己隐士生活的象征，故荒芜的不只是昔日常踏的小径，还有自由不受束缚的内心。“松菊”乃高洁的象征，犹存的不只是傲然荒径的松树和菊花，更是自己不与世俗同流合污的高洁本性。

夏于红：从“引壶觞以自酌，眄庭柯以怡颜。倚南窗以寄傲，审容膝之易安”看出作者饮酒开怀，斜视庭柯，大有“休将凡心愁俗世，且放闲眼看庭花”之感。倚窗寄傲，陋室易安。精神上的富足与物质生活的清贫形成鲜明的对比，作者看重的是自己傲岸的情怀而非物质上的富足。这也表现了他“富贵非吾愿，帝乡不可期”，追求真实的室中之乐。

“园日涉以成趣，门虽设而常关。策扶老以流憩，时矫首而遐观”呈现的是园中之乐，园中日日散步，其乐无穷。拄杖或游或息，时时昂首远望。真是随意与轻松同在，闲适与自由共存啊。

潘丽：我不认同陶渊明的最主要的原因在于他与黑暗的世俗决裂，我否定他主要在于他对现实的逃避，是对社会的不负责任，甚至是一种孤傲、清高的表现。所以，当今社会，我们更应该敢于面对现实，积极追求自由幸福的生活。

三、课堂学生动手写

守护心灵的这盏灯

高二（6）班　杨洋

入仕为官、大济苍生是陶渊明的初衷，鄙弃官场、归隐田园是他的觉醒，淡泊名利、闲适自在是他的追求，躬耕田地是他努力实践，饮酒赋诗是他的生活乐趣，乐天知命、追求自由是他人生的真悟。

难怪有人说陶渊明是最干净的一位诗人。他衣袂飘飘，神采奕奕；他特立独行，傲霜凌雪；宁愿落拓，宁愿背负世人的万般不解，也不愿为五斗米折腰。他毅然辞去鼓泽令一职，挂印返回浔阳柴桑老家。

他的洒脱恬淡、质朴直率、超凡脱俗，他的崇尚自然的天性和努力实践，他对超然物外的自由生活和独立人格的追求向往，他对人生所作的哲学思考，连同他的作品一起，为后筑起一个精神家园——乡村生活。

他深爱着这一片片清净的乡土，悠悠的白云、潺潺的小溪、青青的禾苗、绿绿的小草也许令他魂牵梦绕，也许在他的眼里，它们都是最美的意象和诗歌，是永远守护这片乡土的灯。也许我们无法成为陶渊明那样的人，但我们的心中却可以保留一份生活的诗意。

四、课后反思

面对这篇课文，在教学时是将其作为一篇文言文来讲，还是作为一首诗歌来讲，我有些犯难。对课文的定性问题，关系到整个教学方法的设计，若是古文教学，难免更注重基本常识，若是诗歌，则侧重于意境的赏析与学生的感悟。

课堂时间非常有限，合理的配置处理往往会有事半功倍的效果。依据单元提示，本单元为汉魏晋散文赏析，但本文体裁为“辞”。根据辞的特点，虽然形式自由，句式散文化，但它仍然是诗。通观本文内容，不管是从句式、韵律还是意境来看，它都是一首美诗。

定位是诗以后，我的教学重点就放在对诗意境的欣赏，具体讲就是以朗读感知为中心，感受并体会本文潇洒脱俗而富于人情味的特点。让学生阅读是品诗的根本，读好了，字词便不是问题，意境也不再是难题。我希望通过“预读、初探——通读、质疑——精读、解疑——解读、练习”这几个环节，以一个愉快的教学过程顺利完成教学目标。

本着让语文成为学生求知的乐园、让语文教学既有趣味又有知识味的初衷，我采用生态课堂教学里的愉快教学的方式进行实践研究，以朗读为主，一是初读，注意音义；二是教师朗读，体会文章的情感，给学生思考空间；三是录音朗读与学生诵读结合。俗话说：“读书百遍，其义自现。”我打算通过诵读让学生细细品味，体会文章风格，探究作者心情及归田之由。

在教学的时候，我还适当作了课堂内容延伸，旨在营造情感氛围。因为用情教人，以情感为纽带，让学生心领神会，从而能够更好地理解和体会本文内容。

整堂课过程较为流畅，学生受到感染，气氛融洽，而且让学生评判老师的朗读，学生兴趣很高，听课认真，思考问题十分主动，学生的参与度很高。

但课堂教学同样存在不足之处：一是对学生引导不够；二是一部分学生理解不够深入，对所提出的问题只能表面回答，没有抓住文章的实质；三是朗读间隔时间过长，学生易遗忘，这一环节需要控制朗读速度。

老当益壮，宁移白首之心

——《滕王阁序》教学反思

王勃是绛州龙门（今山西省稷山县）人，祖父是隋朝著名学者王通。王勃六岁即善写文章，十四岁便科举中第。沛王李贤闻其名声，邀请他作王府修撰。后因一篇游戏文章触怒了唐高宗，被逐出沛王府。后又因杀官奴而犯罪，父亲也受连累被贬为交趾令。上元二年（公元 675 年），王勃前往交趾省亲，途经南昌，正赶上当地都督在滕王阁上设宴。王勃在宴会上赋诗并写了这篇著名的《滕王阁序》。随后，在前往交趾时渡海溺水，惊悸而死。本文遂成为他的“绝唱”。

据《唐摭言·卷五》记载：“王勃著《滕王阁序》时年十四。都督阎公不之信。勃虽在座，而阎公意属子婿孟学士者为之。已宿构矣。及以纸笔巡让宾，勃不辞让。公大怒，拂衣而起，专令人伺其下笔。第一报云‘南昌故郡，洪都新府’，公曰：‘是亦老生常谈。’又报云‘星分翼轸，地接衡庐’，公闻之，沉吟不言。又云‘落霞与孤鹜齐飞，秋水共长天一色’，公矍然而起，曰：‘此真天才，当垂不朽矣！’遂亟请宴所，极欢而罢。”

一、阅读探究

《滕王阁序》是一篇骈体文，其特点是：讲求对仗，一般是用四字句和六字句，平仄相对，多用典故，讲求藻饰。滕王阁在江西南昌赣江之滨，为唐太宗之弟滕王李元婴所建，历代屡有兴废。为三大名楼之首，现楼高 25 米，为明三暗五层结构。诗文以王勃的《滕王阁序》和《滕王阁》诗最著名。要想组织学生解读好这篇文章，我用了 2 个课时才完成，教学效果非常好。

背诵全文是教学的一个重点。学习、体会本文优美的语言及其表达方式，了解骈文的两个特征：对偶与用典。在教学之前，我要求学生预习阅读课文，扫清文字障碍；二是求读准，骈文的七字句和诗句节奏不同，诗句的节奏一般是四三，而骈体文七字句的节奏一般是三四、三一三、二五、四一二、二三二等。三是读通脉络，本文篇幅较长，把握文章脉络对于理解文意、背诵课文不无益处。理脉络时可以由句到层，由层到段，聚零为整。

二、课堂互动探究

李浩：我们在阅读过程中发现，本文在开头运用大量的溢美之词，这纯粹是一个幌子。原因很简单，在那样的场合，王勃是不可能提起笔来就大发牢骚的，既有失身份，也惹众宾不悦。“人情练达即文章”，王勃的前半篇文章主要目的是为了应景，说白一点，就是让大家高兴。阎某人重修滕王阁，至少是为了说明当时的洪州物阜民丰、太平乐业的政治，而集会群英，自然是一种标榜。王勃清楚地了解这种心理，就在文章中大唱溢美之词，例如“闾阎扑地，钟鸣鼎食之家；舸舰迷津，青雀黄龙之舳”展现人烟繁盛，祥和富庶的景象映入我们的眼帘；还有“人杰地灵”“胜友如云”“高朋满座”“雄州雾列”“俊采星驰”“腾蛟起凤”，面对人才辈出、贤士如云的洪州，赞美之情溢于言表；再如“渔舟唱晚，响穷彭蠡之滨；雁阵惊寒，声断衡阳之浦”体现百姓乐业、天清气净的风俗画卷。

王磊：但王勃同样有悲伤的一面。他在自己的锦绣文章的关键之处用“遥襟甫畅，逸兴遄飞”，一语转入对自己内心世界的描绘中来；又如“天高地迥，觉宇宙之无穷；兴尽悲来，识盈虚之有数”表达了宇宙没有穷尽；“关山难越，谁悲失路之人？萍水相逢，尽是他乡之客”“嗟乎，时运不济，命途多舛”表达人生难免失意之情。一种孤独无依中的悲凉心境彻底透露出来。举目无亲，无人理解，这种感受岂止一天两天？“勃，三尺微命，一介书生”“有怀投笔”却“无路请缨”，表达作者壮志难酬的痛苦心情。他一方面只能为冯唐、李广、贾谊、梁鸿等人的不得志而叹息，另一方面，又只能以孟尝、阮籍自况，或者把自己比作涸泽之鱼以强作乐观开朗，或者以“酌贪泉”而仍然能够保持纯正本色来自勉。这是多么无奈和痛苦啊!

杨洋：可能还不仅如此，他还要把自己的痛苦隐得更深，带着满脸欢笑说自己“喜托龙门”，说阎某人是自己的知音，“杨意不逢，抚凌云而自惜；钟期既遇，奏流水以何惭”，王勃作序，可谓曲尽衷肠。

马燕：我对“落霞与孤鹜齐飞，秋水共长天一色”的解读是，这一句是写景名句，青天碧水，天水相接，上下浑然一色。彩霞自上而下，孤鹜自下而上，相映增辉，构成一幅色彩明丽而又上下浑成的绝妙好图。该句在句式上不但上下句相对，而且在一句中自成对偶，形成“当句对”的特点。如“落霞”对“孤鹜”，“秋水”对“长天”，这是王勃骈文的一大特点。

课堂上学生们在相互研讨讨论，各组都在发表自己研讨后的感想和理解，这样的课堂真是精彩，课堂气氛活跃，学生的思维被激发，我认为这样的课堂才是最有效的课堂。

三、课堂学生动手画

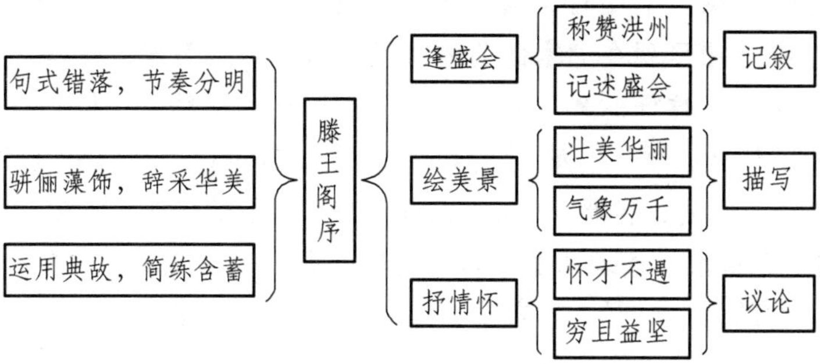

图 26 《滕王阁序》思维导图

这一环节，重点是让学生阅读课文后，分组研讨后共同完成课文思维导图，然后到台上展示并陈述其理由，这是课堂教学的亮点之一。

四、课后反思

这篇课文我用了 2 课时完成，教学效果很好。目前回想起来，教学的最大亮点在于几点：

（一）整个课堂教学的结构与时间安排都非常符合生态课堂教学评价标准，特别是问题的设置、课堂上的提问，学生的参与率都符合生态课堂的教学原则。

（二）课前准备充分。针对这篇课文，在课前我先让学生预习，自己阅读一遍，标注不懂的字词；二是让学生再次细读一遍，理解文章结构与层次，把握文章脉络，同时还可以提出疑点，在课堂上进行讨论。

因为《滕王阁序》是奇文妙文，又是一篇难文硬文。最怕辛辛苦苦教下来，学生的感觉不是很好。前两次我上《滕王阁序》就遇到了这样的情况。这次重新碰到它，静下心来仔细阅读课文，居然发现一条亦真亦假、亦明亦暗的感情线索。相对典故这些“技”的东西，更容易把握。那么能否以情感为“纲”，纲举目张，带动全文教学，让学生体会王勃的痛苦不安之情，成了我要探索的。

（三）采用自主学习。本课我重点采取自主学习方式。课堂上我让学生分组阅读一遍，然后又听录音朗读一遍，最后进行讨论，重点讨论文章的疑难点。讨论结束之后，我请学生根据自己的理解画思维导图，各组委派一名代表上台进行展示自己作品，并阐述其理由。

由于本文确实在文字理解上有难度，在教学之前，我先让学生画一幅课文思维导图，上课时让四个学生在黑板上展示，学生还是非常感兴趣。当思维导图呈现在大家面前的时候，接下来的教学就简单了。一问文章结构是不是这样的，二问为什么会有这样的情感，三问这样的情感变化说明了什么，哪种情感是最真最根本的。经过讨论，学生概括出这么几点：盛地、盛宴、盛景、盛人。这样一来，王勃的“兴”就有了落脚点。

（四）课堂教学条理清楚。因为我提前做了准备工作，并抛出了几个很有针对性的问题让学生提前做好，然后在课堂上进行讨论。所以整个环节显得很有程序，逻辑性强，结构分明。

可以说，王勃在最初表现出来的逸兴只是浅显的感触，真的是“躬逢盛宴”而已，最后对宾主的客套寒暄也是表面文章，对《滕王阁序》而言，这些均不可观。可观的是“失路之人”在强烈地渴望“望长安于日下”，在热切地盼望“奉宣室以何年”；可观的是“时运不齐，命途多舛”之人在痛苦中慷慨地给自己加油鼓劲、呐喊助威，“老当益壮”“穷且益坚”；可观的是“有怀投笔”者“无路请缨”，只好“奉晨昏于万里”，无奈到绝望。我在引导学生深入体会那一个个典故背后真正的意图，体会笑脸背后不堪回首的坎坷经历，年轻后的沧桑，辉煌后的伤痕。只有这样的情感才是最真的，只有这样的千古同悲才是文章真正的魅力所在，也只有这样读出来才算对得起王勃。

这两节课，自己觉得上得较为轻松，也较为沉重。轻松的是纲举目张，一气呵成；沉重的是为王勃的失意与伤感，挣扎和自慰，为一颗不甘的灵魂。

用智慧驾驭潇洒的人生

——《逍遥游》教学反思

落实生态课堂教学的核心是追寻课堂的多样性、灵活性、循环性与创造性。要想达到这样的特点，只有在课堂上反复实践研究，才能找到其规律。

《逍遥游》是《庄子》的首篇，也是庄子的代表作，它比较集中地表现了庄子的人生观——“无待”之境，这种绝对自由的人生观对后世文人产生了极大的影响。庄子的散文，主要表现手法是寓言。《逍遥游》大量运用寓言，把“无所待”的思想寄托在生动的想象中。文中比喻之奇特，联想之丰富，意象之变幻，文字之跳跃，这也是学习的一个重点。

一、阅读与理解

在教学之前，先让学生阅读《逍遥游》，扫清文字障碍，让学生能借助工具书和相关资料，读通课文。然后让学习小组有选择地制作课件，以便调动学生学习的积极性和主动性。通过反复诵读，分析课文的结构与层次，培养学生对文言散文的感悟和理解。

《逍遥游》“汪洋辟阖，仪态万方”，文笔汪洋恣肆。诵读时，针对不同描述对象，应读出不同情感。诵读大鹏怒飞一层，要读出气势和力量；读“蜩与学鸠”一层，要读出其渺小；读“小年与大年”一层，要读出鲜明的对比；读“汤之问棘”一段，要读出对鲲鹏的赞美，读出对斥鴳渺小、短视的蔑视。第三段举例论证，读“知效一官……而征一国者”时要带不屑一顾的态度；对宋荣子、列子要有赞美之情，又要强调他们“犹有未树”“犹有所待”；结尾“故曰”一句是结论，要读得十分肯定。

《逍遥游》是庄子的代表作，比较集中地表现了庄子追求绝对自由的人生观。《逍遥游》全文分两大部分，第一部分是总论，论证世间万物都是“有所待”而不自由的，自己追求的是“无所待”的最高境界；第二部分通过一系列的寓言故事，论证第一部分提出的“至人无己”“神人无功”“圣人无名”的境界，以及通过“无为”达到这一境界的主张。全篇集中表现庄子哲学思想的一个重要方面，即虚无主义与绝对自由。

二、课堂互动探究

汪洋：作者在第一段中写了鲲、鹏、野马、尘埃、大舟、杯、芥、蜩、学鸠等事物，但是作者对这些事物的感情是不相同的，例如对鲲鹏作者抱赞美态度，对蜩与学鸠则明显表示嘲讽、贬斥。作者这样写的目的在于阐明世间万物，大至鹏鸟，小至尘埃，它们的活动都“有所待”，都是不自由的。

罗兰：我们在研读第一段进行归纳总结，认为本段阐明了“小知不及大知，小年不及大年”的道理。“不及”包含“不可达到”和“不能了解”两重意思。作者举出“朝菌不知晦朔，蟪蛄不知春秋”、冥灵“以五百岁为春，五百岁为秋”、大椿“以八千岁为春，八千岁为秋”、彭祖以长寿闻名于世为例，说明小知不能了解大知，寿命短的不能了解寿命长的，“小知”与“大知”，“大年”与“小年”的不同，实际上强调的是人的认识上的区别。在庄子看来，万物既有所待，又要人为地以小及大，是非常可悲的。

马燕：作者以“朝菌不知晦朔，蟪蛄不知春秋，此小年也。楚之南有冥灵者，以五百岁为春，五百岁为秋；上古有大椿者，以八千岁为春，八千岁为秋；此大年也。而彭祖乃今以久特闻，众人匹之，不亦悲乎”来证明“小知不及大知，小年不及大年”这个道理。我觉得课文引“汤之问棘”的一段话对前文是补充印证，并点明“小大之辩”。

韩燕：根据本段中的“小”“大”观点，第一段从时间上说，朝菌、蟪蛄是“小年”，冥灵、大椿是“大年”；与众人比，彭祖是“大年”，但他与冥灵、大椿比，又是“小年”；鲲鹏是“大智”，蜩、学鸠、斥鴳等见识浅陋，只能算是“小智”。所以在五彩缤纷，变幻无穷的大千世界里，有动物、有植物、有云气、有人类。其物种形状，其所占时间，所占空间，大者大，小者小，绝不相同。自然界如此，社会亦然。作者以上写的都是物，它们都不是自由的，即非逍遥的。

以上是学生在课堂上相互交流发言的部分内容，同时也是课堂最精彩的片段。这种完全由学生自己研究讨论，教师引导的课堂反而显得非常有活力，学生恰恰喜欢这样的课堂。

三、课堂学生动手画

见图 27。

四、课后反思

新理念下的语文教学不仅仅是知识传播，更重要的是指导和组织学生自主参与学习。“教”是为“学”服务的，因而，有效的教与学双边活动的设计成为重要课题。也就是说，如何让每一个学生最大限度地参与学习，并取得最大化的学习效果，这才是备课最关键之处。并不是每个学生都一定会跟着教师的教学设计走，稍不注意，就会出现与教师意愿相反的情况。这种情况一旦出现，如果缺乏课堂的掌控和应变能力，将很难应对。因此，在设计教学活动时，不光要吃透教材，建构教学流程，还必须尽可能从多方面为学生设想，考虑学生在课堂上出现的种种状况，力争保证教学过程的万无一失。

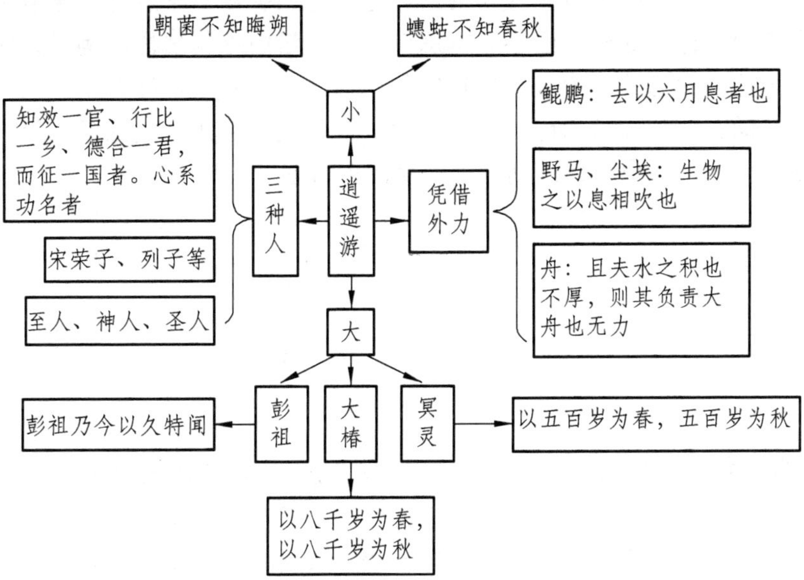

图 27 《逍遥游》思维导图

我在教学时，先让学生阅读，扫清课文的文字障碍，然后理清文章结构层次。

我反复研习教材，从学生的角度备了《逍遥游》的详案。教案设计的问题符合学生实际。在课堂上，我引导学生认真研读课文，让学生积极主动参与讨论，敢于提出问题，敢于发表自己的看法。

课堂气氛轻松，学生收获很大。本课优点在于把庄子的写作背景与文章内容有机地连接起来，让学生对庄子“逍遥游”思想有直接的感受和理解。鼓励学生要用新时代的眼光解读庄子，探寻对现实世界的指导价值，这才是教学要达到的目的。这样既增加了知识，又陶冶了情操，但同样存一些问题，如课堂上应该多留一些课堂交流时间，让学生与学生之间、学生与老师之间，可以更深入地讨论，这样课堂教学效果会更加显著。

对学生提出的问题，老师首先引导，然后全班共同探讨解决。例如在理解那种“至人”“神人”“圣人”的境界上，我从“三笑”入手，破解《逍遥游》，而第三笑是全文的关键。宋荣子笑“知、行、德、而（能）”

者，宋荣子达到的境界是“且举世而誉之而不加劝，举世而非之而不加沮”，怎么理解这一句？让学生结合语言环境来思考，不难找到“定乎内外之分，辩乎荣辱之境”这句话。经过讨论和引导，学生都能够得出较为合理的结论。这时，引导学生思考，在生活中寻找这样的例子，便可以开拓他们的思路，积极思考道家的“逍遥”境界。这样的生生互动、师生互动，才是和谐的课堂所需要的。这种教学方式，我感觉能较好地体现学生的主体地位，调动学生课堂的参与度。

让孝成为一种习惯

——《陈情表》教学反思

苏轼说：“读《出师表》不下泪者必不忠，读《陈情表》不下泪者必不孝，读《祭十二郎文》不下泪者必不友。”可见李密的《陈情表》具有相当强烈的感人力量。李密的《陈情表》最终把晋武帝感动了，皇帝不但准奏，而且“赐奴婢二人，使郡县供祖母奉膳”。要想组织学生共同欣赏这篇千古奇文的魅力。我得改变传统教学方法，先得让学生阅读。

一、阅读理解

先是由我示范朗读，学生边听边结合课文注释初步理解文句，并从整体上感受本文的感情基调。朗读后让学生自由发言，谈初读感受。第二次细读，学习和运用作者陈情的构思艺术以及骈散结合的语言艺术，体会作者感人至深的亲情，正确评价作者的忠孝思想。第三次听录音朗读，重点掌握文言实词，弄清陈情的层次和“辞不就职”的原因。

《陈情表》是李密写给晋武帝的一篇辞职信。此事发生在公元 263 年，司马昭之子司马炎（晋武帝）废魏帝曹奂，建立了西晋王朝。当时，东吴尚踞江左，晋武帝为了安抚蜀汉旧臣，同时也为使东吴士臣倾心相就，以减少灭吴的阻力，对蜀汉旧臣采取了怀柔政策，授予官职，以示恩宠。

以义学见称、曾多次出使东吴、历职郎署的李密当然被列为笼络的对象。然而，李密对蜀汉则是念念于怀，更何况司马氏是以屠杀篡夺取得天下，内部矛盾重重。李密乃亡国之臣，对出仕新朝就不能不有所顾虑，故而暂存观望之心。不幸的是他的这种想法，被晋武帝多少察觉到了，因此“诏书切峻，责臣逋慢”。这就使李密在“再度表闻”时，发生了困难。然而李密抓住了“孝”字大做文章，却又不从大道理讲起，而是委婉陈辞，动之以情，恰到好处地解决了“不从皇命”的难题。无怪乎晋武帝看了表章以后说：“士之有名，不虚然哉。”终于准如所请。

二、课堂互动探究

杨燕：我读后，感觉此文的情感基调非常真挚而又悲切。其中第一段有一种凄苦悲凉之感；第二段表达作者对皇帝的感激之情；第三段抒发了真挚而又诚恳的情感；第四段重点体现对皇帝的忠诚，感情恳切和期待。

杨洋：杨燕分析得非常好。在第一段中，作者表面是在自诉家境困顿多舛，祖孙更相为命之状，引起皇帝的同情之心；第二段作者明写感激朝廷之情，实诉屡不奉诏苦衷；第三段喻之以孝道之大义，明降臣之不矜名节；第四段解决忠孝两全矛盾，提出愿乞终养请求。李密这一委婉的陈述，深得人们的同情，确实难得。

王磊：通过课文中的“刘夙婴疾病，常在床褥”“供养无主”“愿乞终养”来看，李密在向皇帝陈述祖母刘氏年老多病，无人侍奉，请求辞官终养祖母的衷情。因为晋武帝主张“以孝治天下”，作者便利用这种心理投其所好，获得好感。李密在“表”中申明自己并非清高，仅仅是为了尽孝和报恩，以消除晋武帝对自己的疑忌，并陈述祖母的苦情，和自己忠孝难以两全、进退两难之情，以唤起同情。

杨涛：在我看来，李密反复强调孝亲，绝不是为其不奉诏仕晋而故意寻找借口。他是真心因终养祖母才难能应诏的。读完全篇，我可以清楚地体会到，他的孝心不是抽象的，而是充满了孙儿对祖母的一片真情。

在课堂上，组织学生欣赏这篇课文非常具有现实意义，讨论激发了学生的情感共鸣。忠孝是中华民族的传统美德。在今天重提忠孝，对独生子女这些“新新人类”来说，仍有现实意义。所以我在教学时，紧紧结合课文内容打亲情牌，巧妙渗透亲情教育和爱国主义思想教育。令人欣慰的是，通过反复的朗读体会和学习讨论，学生的亲情意识被唤起，许多学生通过日记和微信反思自己过去对双亲的不当言行，愧疚之情溢于言表，让人倍感欣慰。这是教学体现出的人文性最为成功的一次。

三、课堂学生动手

1. 学生动手画

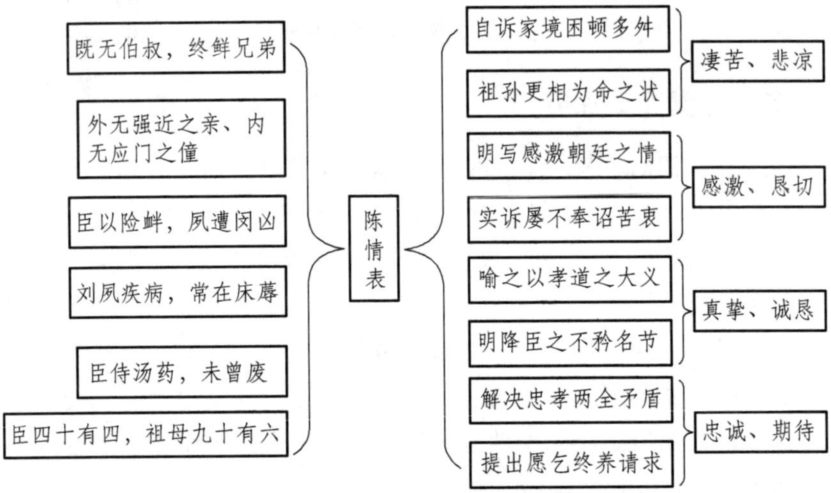

图 28 《陈情表》思维导图

2. 学生动手写

要懂得真情

高二（6）班　刘莉

读完李密的《陈情表》，我感触颇深。特别是像我这样的独生子，每天只知道饭来张口，衣来伸手。在李密这样的伟大人格前，我感到内疚。

李密从小境遇不佳，出生 6 个月就死了父亲，4 岁时母亲改嫁。他是在祖母刘氏的抚养下长大成人的。李密幼时体弱多病，求知好学，博览五经，以文学见长。李密与祖母感情甚深，孝心可表。祖母有疾，他痛哭流涕，夜不解衣，侍其左右。膳食、汤药，必亲自口尝后进献。晋武帝下诏征密为太子洗马时李密的祖母已经 96 岁，年老多病。于是他向晋武帝上表，陈述自己无法应诏的原因。

在过去，读书的主要目的就是做官，可李密却选择孝敬祖母，而放弃做官。对于我来讲，实在为他感到有些遗憾。

可他在表中，一方面感激朝廷的知遇之恩，一方面又要为病重的祖母尽孝，实为忠孝两难。他说，我是败亡之过的俘虏，身份卑微低贱，受到朝廷的提拔和委命，哪里还敢迟疑徘徊，有更高的希求呢？感恩之心、感激之情溢于言表。不过，自己与祖母相依为命，在她年高体弱的时候，实在不能弃她离家远行。在最后，他乞求陛下怜恤苦心，成全其愿，准允他为祖母养老送终。那样的话，生愿以生命奉献，死后也要结草回报，忠君之情与一片孝心，令人感动涕零。这种朴素、深沉、知恩图报的情感，散发着恒久而温情的人性光辉。

李密是懂得感恩的，他为了报答祖母的养育之恩，而放弃做官显达的机会；他又为了回报朝廷的知遇之恩，许下了“生当陨首，死当结草”的报国之心。最终晋武帝被其孝心打动，不仅同意其暂不赴诏，还赏赐其奴婢二人，并发给他赡养祖母的费用。

人，应该常常怀着一颗感恩的心。

人间真情——无论是亲情、友情还是爱情，都值得我们回味、留恋，让我们懂得感恩……

四、课后反思

说实话，我教学这篇课文很成功，教学效果非常好，课堂气氛活跃，思路清晰，逻辑性强，完全体现生态课堂教学的基本原则及评价标准，学生收获很大。我的成功点主要体现以下几个方面：

（一）重在阅读

面对这篇课文，教学的重点还在一个“读”字。所谓读，就是要读出味道来，读懂读透，要正确识别读语音、词汇和文段层次。在阅读中领会词意、句意、情感，这才是真正的阅读。我觉得古文教学尤其应该注重学生的阅读，让学生在阅读中正确断句，读懂文义，读出情感，读出属于自己的感悟，这是我课堂教学的出发点和落脚点。

本文是一篇情满笔端、措辞恳切的至情美文。文章委婉得体，悲恻动人。作者无论是诉自己的孤苦之情、自己与祖母相依为命的深厚亲情，还是述自己对朝廷恩遇的感激之情和对晋武帝的忠敬之心，都十分感人。这个特性，决定了它是最适宜用诵读法进行教学的课文。在整堂课中，齐读、抽读交替出现，边读边议，议后再读，学生们就在一次次的讨论与诵读中，加深了对课文的理解，缩短了与作者心灵上的距离，真正深入了李密的内心世界，理解了当时他进退两难的境遇，感受到了祖孙二人相依为命的深情。

除此之外，整个课堂还强调学生的积极参与和全程参与，给了学生边读边悟的机会。在文言文学习中，诵读可增强阅读理解能力和口头表达能力。通过诵读指导，引导学生认真地品味语言，不断地揣摩，许多字、词甚至句子的含义就会迎刃而解。学生从中感悟，得到熏陶，形成语感，读出了文章的感情和气势，表现出文章中抑扬顿挫、跌宕起伏的节奏感，起到了令人满意的效果。

（二）找准切入点

只有选择符合学生实际的切入点，才能以此引导学生深入课文思考探究，使之形成心得，有话可说。这篇文章虽然属于古文，但具有现实意义，只要让学生通过阅读，就能非常轻松地与学生达成共识。

在课堂教学之前，我的预设围绕两个问题展开：陈什么情？为什么陈情？让学生以学习小组为单位讨论，借此理清课文思路。在课堂上，我经过反复推敲，又把问题解决了。本文作为臣子写给晋武帝的表文，牵涉到三个主要人物：祖母，晋武帝和自己。围绕三人的关系，李密要陈述哪几种情？

学生很快就总结出一组系列词语：苦情、恩情、忠情、孝情、亲情、处境、心愿……我以此引导学生深入课文，理解“情”的内涵，进而展开讨论。由于问题很好地贴近课文和学生实际，而且又有详细的提示语，因此学生能很好地深入课文思考探究。课堂气氛非常活跃，整节课不是我唱独角戏，学生也充分诠释了演员的角色。

作为语文教师，我越来越觉得上好一节课是多么不容易。不仅要广泛涉猎群书，扩大自己的知识面，还要高度重视备课，特别要了解学情，选择符合学生实际的切入点，让学生能够深入课文，有话可说。当我们精心准备教学设计，引导学生展开有效的研读时，又不可过分拘泥这个设计，要善于抓住课堂的突发点，大胆地让学生展示自己，发表自己的心得体会，便会取得更好的效果。

《第三单元》

治学须严谨

——《咬文嚼字》教学反思

本文是人教版高中语文必修五第三单元的文章。这篇文章是朱光潜先生的一篇随笔，同时也是一篇短小精悍的议论文。他告诉人们无论阅读或写作，都要有咬文嚼字的精神，刻苦自励，追求艺术的完美。在教学过程中，我一方面让学生抓住议论文的特点，了解作者观点，理清论证思路；一方面引导学生培养咬文嚼字的精神，养成良好的阅读和写作时独立思考、质疑探究的习惯，增强思维的深刻性和批判性，并将这种思维习惯运用到自己的学习与工作中。

课前，我让学生初步阅读课文，理解文章内容和文中所选的诗词及故事背景。掌握文章写作思路以及作者严谨的治学态度，理解咬文嚼字的内涵。

教学过程中，我重点让学生阅读，分析实例，诠释道理，品味妙语佳句，培养学生自主、合作、探究的学习方法。

一、课堂互动探究

师：咬文嚼字，在表面上像是斟酌文字的分量，在实际上就是调整思想和情感。无论阅读或写作，我们必须有一字不肯放松的谨严。

学生 1：作者为了让大家接受这个观点，列举了郭沫若改字、王若虚改句、贾岛“推敲”、苏轼的诗、“套板反应”来证明咬文嚼字的道理。这些例子都是用心选择的。从选材的内容来看，一方面是关于文字修改，一方面是有关联想意义。从修改的效果来看，有成功的，也有失败的。

学生 2：郭沫若改字说明，同样是一种改法，却产生两种不同的效果，一个成功，一个失败。原因在于不同情感的句子不可以千篇一律地修改，应分析句子情感，把握句式特点来修改。大家再来看看唐代诗人宋之问《渡汉江》“岭外音书断，经冬复历春。近乡情更怯，不敢问来人”中“怯”能否替换成“切”呢？这很显然不可以。“怯”更能表达作者逃亡时的胆怯心情，既急切的心理，想知道家人的情况，又担心自己给家人带来灾祸，“怯”可以非常准确地表现当时那种矛盾的心情。所以，写文章时要求用词准确。古往今来有多少人在斟酌字句的道路上不断探索着。

学生 3：我们再来看看宋人欧阳修的《醉翁亭记》中的第一段，原本是“环滁四面皆山，东有乌龙山，西有大丰山，南有花山，北有白米山，其西南诸山，林壑尤美”，最后修改为“环滁皆山也”。这是修改得更简洁的成功示例。所以，文句是否简洁并不是最重要的，重要的是怎样表述才最符合原文的意味，也就是说，咬文嚼字的精髓是调整思想和情感。

学生 4：贾岛“推敲”这个故事，我想大家已经耳熟能详。请找出文中作者的理由和解释，到底应该用“推”还是“敲”呢？无论用哪个字好像都有道理，原因就在于，不同的字表现的意境不同，每个字所蕴含的意境又是合乎情境的，所以都是可以的。

课堂互动探究环节是课堂教学最精彩部分。学生在认真品读课文之后，提出相应的问题在课堂上进行讨论。这体现出学生自主意识、独立探求的意识，这对学生来讲是最有益处的。

二、课堂学生动手写

治学要学会严谨

高二（6）班　万芳

朱光潜先生的这篇《咬文嚼字》对我们中学生来说是非常适用。他的观点我认为非常正确，无论我们从事阅读还是写作，都应该要有咬文嚼字的精神，多思考，多推敲，尽量为自己的文章增添光彩。

咬文嚼字“必须有一字不肯放松的严谨”。虽然郭沫若、王若虚、韩愈都是名人，但朱光潜不盲从，发表了与他们不同的见解。郭沫若是一位语言大师，他要用好一个字也颇费心理，经人提醒后才知道在《屈原》中用“这”比用“是”要好。可他又不假思索，把这种语法移用到其他的文章里去，这说明郭沫若并未明白这样修改的道理，朱光潜先生纠正了他的说法，并提出了这样纠正的道理。

从这一点可看朱光潜先生在对待文字上的严谨态度。

是的，有时候在一篇文章里面，只需要改动一个字，意义就会发生改变。同学们，我真诚希望大家在以后阅读或写作中，咬咬文，嚼嚼字。我知道，品味语言是件很不简单的事情，必须要有一定的语言修养。要想提升我们语言修养，就非下苦工夫不可，要细细地琢磨，要有严谨的态度，这比什么都好。

三、课后反思

教学这篇课文很成功，原因主要有几点：

1. 立足文本

这篇文章在选材上独具特色，思路严谨，脉络清晰，论证缜密，方法多样。所以，我在指导学生学习这篇文章时，先让学生先找出观点句，然后概括出所举的例子，再将例子分类，引导学生分析把握论证思路，掌握这篇议论文的写作特点，为今后议论文的写作提供参考和借鉴。

2. 重视自主学习

《语文课程标准》指出：注重人性化的阅读，充分调动自己的生活经验和知识积累，在主动积极的思维和情感活动中，获得独特的感受和体验。学习探究性阅读和创造性阅读，发展想象能力、思辨能力和批判能力。

我组织学生分析课文，强调阅读的重要性，引导学生灵活运用各种方法自主学习，欣赏文中的特殊语句。最后从学生写的赏析文章可以看出，学生已经在有意识关注自己的阅读，并有一定的审美能力，喜欢思考并分析一些优美的语句。这些应该说是可喜的变化。

在平时的阅读中，有不少学生都比较马虎，对文中用词用句缺乏思考，自主探究意识不够，而朱光潜先生提出阅读写作中要有咬文嚼字的精神，正好给学生提供了一种读书的方法，也可以帮助学生逐渐养成创作和欣赏的习惯。

3. 重视拓展阅读

“兴趣是最好的老师。”兴趣对于学生的学习有着神奇的内驱动作用，能变无效为有效，化低效为高效。因此在课堂上，我补充了很多示例，力求激发学生的兴趣，活跃课堂气氛，让学生体会到咬文嚼字的乐趣，在轻松和愉悦的环境中完成教学任务。

总之，这节课，同学们学习了议论文的论证思路，领悟了咬文嚼字的精神，开始留心玩味文字，可以说是教学的最大成功。

处处留心皆学问

——《说“木叶”》教学反思

《说“木叶”》是林庚先生关于诗歌意象的一篇文化随笔，文章篇幅很长，引用的诗词很多，那么我们在学习这篇文章的时候就应该运用到上面所说的读书方法，整体把握，抓住关键，把书读薄。为此，我用了 1 个课时完成这篇文章，教学效果较好，算是一节成功的课。

一、阅读与理解课题

课前预习的时候，我让同学们先阅读一遍课文，处理了相关的生字词，并对文中的诗词做了大概的了解，同时要求学生抓住每一段的关键句。在研习课文之前，我先给大家补充了一些读书的方法，来自宋朝的心学家陆九渊。我认为这对于我们现在的阅读理解以及平时读书都是非常有帮助的。即“读书切戒在慌忙，涵咏功夫兴味长。未晓不妨权放过，切身须要急思量”。

这首诗的意思是：1.读书必须要静下心，心静自然能讲文章理解透彻；2.好好玩味其中的意蕴，所谓的意味深长；3.读不懂的地方可以先行放过，不要走死胡同；相反的，在重点之处则应该仔细思量、考虑。

这篇文章题目是“说木叶”，“木叶”是什么？就是树叶。我们生活中是不这样说的，那“木叶”和“树叶”有什么区别？其实这两个意象一个是生活中的，一个是文学中的。大家不能完全区别开这两个相似的意象，那我们就应该多读读像《说“木叶”》这类文章。

我认为这篇文章按文艺评论的对象属于文学评论；按表现形式属于论文式。文艺评论我没见过，但是议论文我很熟悉，既然这篇文章属于议论文，结构模式应该符合议论文的一般规律。我们来回顾一下，议论文的典型结构是提出问题、分析问题、解决问题。

二、课堂互动探究

学生 1：我在研讨课文时，总结得出“树”与“叶”都有繁密、湿润的意味，合起来并不比单用意蕴丰富。“木”与“叶”则不同，“木”有疏朗、干燥的意味，“木叶”暗示落叶的微黄、干燥，传递出疏朗的清秋气息。

学生 2：是的，就以曹植《美女篇》为例，“落叶”是春夏之交饱含着水分的繁密的叶子，而“落木”比“木叶”还进一层，不仅触觉上有干燥之感，而且连“叶”字所保留的清秋气息和一点绵密之意也洗净了。

学生 3：“落木”比“木叶”更显得空阔，少了“叶”便少了清秋的绵密之意，完全是一片悲凉、凄清。

学生 4：“木”在形象上有两个艺术特征。第一，“木”仿佛本身就含有一个落叶的因素。它有着一般“木头”“木料”“木板”等的影子，这使读者更多地想到了树干，而很少想到叶子，“叶”因此常常被排斥在“木”

的形象之外，这排斥暗示着落叶。例如，“秋月照层岭，寒风扫高木”里的“扫高木”显然是叶落的景况，显出“落木千山”的空阔。第二，“木”还暗示了它的颜色，可能是透着黄色，在触觉上它可能是干燥的而不是湿润的，我们所见的门栓、棍子、桅杆等，就都是这个样子。于是“木叶”就自然而然有了落叶的微黄与干燥之感，它带来了整个疏朗而清秋的气息。至于“落木”，则比“木叶”显得更加空阔。“木叶”中“叶”带有绵密的意思，“落木”则连“叶”这个字所保留的一点绵密之意也洗净了。

三、课堂学生动手

1. 学生动手画

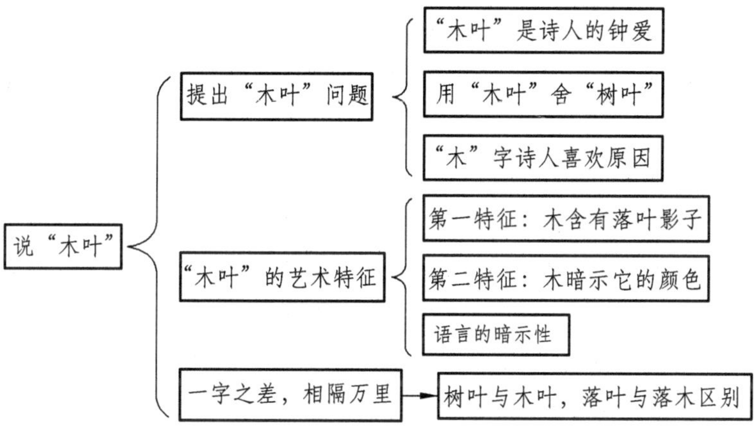

图 29 《说“木叶”》思维导图

2. 学生动手写

治学皆留心

高二（6）班　罗兰

《说“木叶”》揭示了中国古典诗歌用“木叶”而不用“树叶”，又由“木叶”发展为“落木”的原因，进而阐发了古典诗歌语言富于暗示性的特质。

文章对古代诗歌语言的无限表现力进行了精辟的透视，不但使我感受到艺术的魅力，提高了文学鉴赏力，还学会了“暗示”这一表达技巧，从中汲取了宝贵的艺术营养，感受到了中华民族深厚的文化积淀，增强了民族的自尊心和自豪感。

文学作品中，一个字精妙与否，足以决定作品是流光溢彩，还是黯然失色。尤其是我们中国古典诗词，用简短的几个字，造就的却是丰富的情感与博大的意境，使人读后满口余香。

诗歌的暗示性，仿佛是概念的影子，常常躲藏在概念的背后，我们不留心就不会察觉它的存在。所以，我们在阅读诗歌的时候，一定要注意这一点，细心品读，体会诗歌中不同的字所表达的意境，才能正确解读诗歌的内涵。

四、课后反思

《说木叶》作为一篇自读课文，内容比较单纯集中，所以，我采用常态课的形式教学 1 课时，其教学效果比较好，学生收获较大。课的最大亮点体现如下几点：

1. 课堂体现生态课堂的教学特点

课堂教学结构、时间的安排，问题设置、自主探究都非常符合生态课堂评价标准。

2. 重视品读

本文的教学重点是引导学生通过品味课文，体会作者所引用的诗文的准确和微妙之处，解读诗歌的内涵和抒情意蕴，真正感受诗歌语言的精粹。在教学过程中，我淡化教材，引入课外作品，让学生能够触类旁通，举一反三，真正提高学生独立分析鉴赏的能力，只把教材作为一个例子。

3. 注重自主性学习

教学过程中，充分利用文章中的“树叶、绿叶、落叶、木叶”等资源，让学生开展讨论，根据文章内容有效解析诗歌语言中的暗示作用，即诗歌中意象的传统象征意义。这样，就将一篇现代自读课文和古代诗歌建立起密切的联系，有助于学生更好地理解作者的写作意图，也有助于学生将本文所学与传统的诗歌意象结合在一起，更有助于学生发散性思维的形成。

4. 思路清晰，条理清楚

在课堂教学过程中，我先让学生阅读课文，理清文章结构与层次，然后设计教学方案，在方案中设置几个有针对性的问题，在课堂上组织学生分组讨论。所以，我在课堂教学过程中，只是将设计好的问题一个个提出，让学生讨论并解读相应的问题。

5. 充分利用多媒体手段辅助教学

首页设计“树叶”闪动画面，让学生进入教学情境，能够开启学生的想象力，可能会想到枯黄叶子表达什么情意。中间部分，我用了《登高》这首诗的配乐朗读，因为朗读能够渲染气氛，能够以情动人。从《登高》的朗读中，学生能感受到沦落他乡、年老多病的杜甫仰望茫茫无边、萧萧而下的木叶产生的无穷无尽的愁思，油然产生对杜甫这位现实主义大诗人人生遭际的同情，从而达到情感教育的目的。在拓展部分，用梅、柳、松、云等图像，营造视觉上的美感，使学生的思维处于活跃状态，从而极大地激发学生思考探究的兴趣，使学生主动探索诗歌意象所表达的情意。

此外，通过这一课教学，我还得到了一点启示，那就是所谓的方法是建立在学生有一定的阅读经验之上的，所以引导学生课外多读才是语文教学的方向。

中西文化各显其特色

——《谈中国诗》教学反思

《谈中国诗》是现代著名学者、国学泰斗钱钟书面向美国学者作的关于中国古典诗词特点的一篇学术性的演讲词，也是一篇学者论文，其核心是通过与外国诗的比较探讨中国诗歌的特点。本文作者用风趣的语言从体裁发展、形式、技巧、语言、内容等五个方面将中国诗与外国诗进行比较，既清楚地说明了中国诗形式上的特点，又形象地得出了“中国诗只是诗”的本质性结论。面对这样一篇优秀学术性论文，我采用生态课堂的教学方法，教学目标及教学内容都得重新调整。

本文写得典范古雅，但凡遣词造句、行文布局、言语妙喻都需要深入品味。学生要反复吟诵，从局部文句开始挖掘，特别是文中生动奇巧的妙言妙语，学生要要用心揣摩体会。通过文句分析，串通文义，学习文法，掌握文章的行文结构。把握钱氏的比喻笔法，引导学生咀嚼、鉴赏含义隽永的句子。从而了解中国诗歌与西方诗歌的异同，熟知中国诗歌的特点，提高解读诗歌的能力。

一、课堂互动探究

师：中国诗主要特征，一是讲求抒情性，并“一蹴而至崇高的境界，以后就缺乏变化，而且逐渐腐化”。西方诗歌的发展是先有史诗，最后才有抒情诗。纯粹的抒情诗的精髓和峰极，在中国诗歌发展初期已经出现，这种“早熟”的代价是“早衰”，以至影响了中国诗歌的健康发展。我对此的理解是，中国诗发展快，但基础不够扎实，这种早熟现象，有违诗歌的发展规律。

学生 1：是的，我认为中国诗讲求篇幅短小，“诗体”配适“诗心”的需要。西方也有人主张诗的篇幅越短越好，但他们所谓“短”的标准比我们所说的“短”要长得多。中国诗追求的是在简短的篇幅中包容着深远的意味。

学生 2：我认为中国诗富于暗示性，西方读者最看重中国诗的这一特征。中国诗的旨趣往往在字面以外，“字面”不过起到诱发和影射作用，诗句的可涵咏价值是很大的。还有就是“中国诗笔力轻淡，词气安和”。中国也有“厚重”诗，但比起西方诗歌来，还是轻柔得多。作者强调，中国诗并没有特别“中国”的地方，中国诗里有所谓“西洋的”品质，西洋诗里也有所谓“中国的”成分。总之，诗歌的本质特征在不同国别的诗歌作品中是共同的。

学生 3：通过研读课文后，我觉得文章最大的特点是语言轻松、幽默，大量运用比喻等手法，似随口而出，却机趣盎然。看似随意，实则深刻，颇具画龙点睛之妙，看似轻淡，实则味厚，如谈到中国诗的发展时，以中国绘画的特点进行类比，既使读者清楚地认识到中国诗发展的迅速，又拓深了文章的内容。

二、课堂学生动手

1. 学生动手画

见图 30。

2. 学生动手写

我心中的钱老

高二（6）班　李远强

前面我学习过周劼人的《寂静钱钟书》，今天又听了罗老师教《谈中国诗》。通过这两篇文章的学习，我对钱钟书先生有了更深入的了解。他真不愧为当今最了不起的大师。

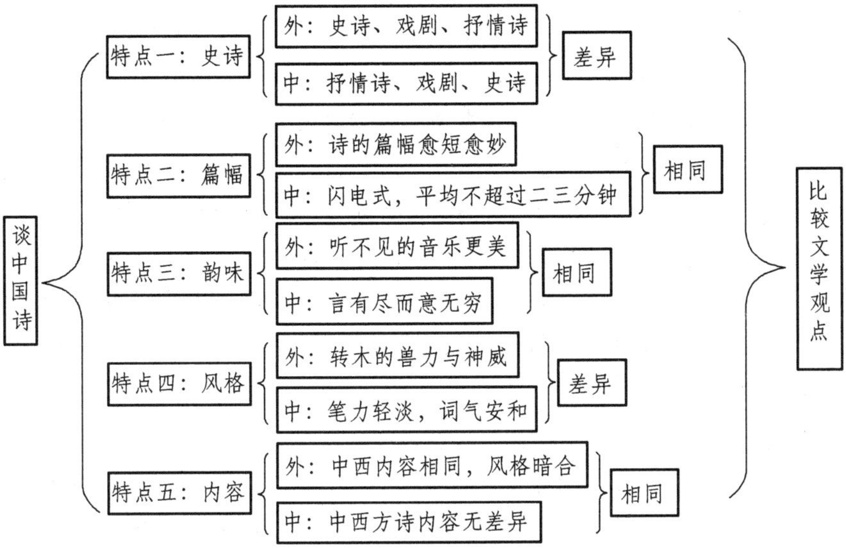

图 30 《谈中国诗》思维导图

钱钟书既深谙中国古典文化，又通晓西方文化，是能在学术与创作中同时凸显古典精神与“全球意识的学者”。他既是中国人文传统所凝聚之人，又是中西方文化的赫尔墨斯。

我在一些资料中查找到，钱钟书是博闻强记、埋头读书的神话，他有着“照相机式”的记忆力，被誉为“文化昆仑”。人们怀念他的《围城》，以及近乎天书的《管锥篇》，世人惊叹“大师风华绝代，天才卓尔不群”。

然而他却静静地坐在书斋里，照例埋头读他的书，做他的学问。图书馆内很多冷僻线装书的借书单上，只有他一人的名字。即使是身处困境，他也只是默默地埋头读书。

他的这份执着的情怀，确实给我们后人留下了光辉的一页。特别是我们当代中学生更应该牢记这一切，努力读书，力争让自己的事业发光发热。

三、课后反思

《谈中国诗》是人教版高中语文必修五第三单元的最后一篇课文。作为有浓厚学术背景的钱钟书先生的文章，这篇随笔的内涵与意义无论从哪个角度挖掘都大有可为。

所以，我在教学这篇课文时，非常重视阅读。我认为只有通过阅读才能理解文本的内涵，其中，钱先生在文中提到的中国诗与外国诗的异同点，需要学生在阅读的过程中去找出来进行认真分析才行，否则就无法教学此文。

（一）教学的亮点

1. 体现生态课堂教学的基本特点，符合生态课堂教学的评价标准

2. 体现合作探究式的教学方法

本课体现了教师和学生的合作与共同学习，教师起引领作用，学生在学习中占主体地位。教师教学问题的设计直接促使学生真正投入主动学习。《课程标准》在课程目标中提出："要注意观察语言、文学和中外文化现象，学习从习以为常的事实和过程中发现问题，培养探究意识和发现问题的敏感性。"

3. 在指导阅读与鉴赏过程中，提倡个性化阅读

在"阅读和鉴赏"的要求中，我更直接地提出"发展独立阅读的能力"和"注意个性化阅读"。总的来讲，在课堂表现上，学生思维比较活跃，对作者的观点能结合原文去思辨，或赞同、或补充、或存疑，并结合所学诗歌作出评价。

4. 课堂结构清晰，逻辑性强

从教学设计上看，本课教学重逻辑性，重启发性，循序渐进。本课难度较大，有些语言过于深奥，学生很难理解透彻。如果大家讨论的问题有启发性，有逻辑性，而且又循序渐进，这无疑对学生深入学习，形成独立阅读能力有极大的好处。

（二）教学的不足之处

1. 本课的教学难点挖掘得不够充分，比如对中国诗"富于暗示"的特征缺乏深入的剖析，学生的理解也比较肤浅。此处应该在作者观点的基础上，设置一些问题，深入理解中国诗歌"富于暗示"的表现方式。

2. 学生在哲学方面的积淀少之甚少，如黑格尔、爱伦·坡、魏尔兰、济慈等等，在学生的阅读视野里成为陌生的符号。而阅读由于缺少这些背景性知识的储备，是很难上升到更高的境界。教师要延展、扩充课本底部的注释，尽可能地给学生一个广阔的阅读环境，以便使得他们在阅读的舞台上收放自如，感受学习带给自己的幸福感。

3. 在外国诗歌的积累上，学生是有很大的缺陷的。如果提供一些具有典型意义的外国诗歌，引领学生进行鉴赏"预热"，再进入钱先生的比

较平台细致入微地品读、思考，也许会有意想不到的收获。

【第四单元】

优美的建筑是件艺术品

——《中国建筑的特征》教学反思

“中国建筑的特征”是偏正短语，简洁、严密、醒目、层次分明。中心词“特征”二字统摄全文，是关键的信息点，指事物作为标志的显著特色。定语逻辑严密，分为两个层面：“建筑”一词，界定了作者研究的专业学术领域；“中国”一词，气宇轩昂，视野宏观，表现了作者作为中国建筑学一代宗师开阔的视角和强烈的民族自豪感。

本文属于科普文，运用简洁、严密、明晰的语言，通俗易懂地阐明了中国建筑在世界各民族数千年文化史中的地位、地理分布、形成年代和历史意义。还重点概括了中国建筑在结构和装饰上的基本特征，提出了中国建筑学的“文法”理论，以及各世界各民族建筑之间的“可译性”问题，是梁思成建筑美学思想的具体体现。

学习这篇课文，有助于激发学生对我国古代悠久的建筑艺术的热爱之情，提高对我国建筑艺术的审美情趣。面对这篇课文，我采用自主探究式教学模式，以教师为主导，学生为主体，让学生通过质疑、探究、归纳、整合，进而获得知识技能和学习愉悦的方法。其教学效果非常好，学生收获较大。

我的教学方式共分两步：一是快速阅读全文，初步了解中国建筑的九大特征，哪些是属于结构特征，哪些是属于装饰特征，以及它们是按什么顺序一一展开的；二是采用读写结合式的模式，让学生反复阅读，在充分感悟文本的基础上，以此为素材对文本进行再创造。

一、课堂互动探究

学生1：中国建筑有九大特征，一是总体构成，单个的建筑自下而上一般是由台基、主体（房屋）和屋顶三个主要部分构成的；二是平面布置，一所房子由一个建筑群落组成，左右呈轴对称，主要房屋朝南，“有户外空间”；三是木材结构，中国建筑的以木材结构为主，由立柱和横梁组成的“间”字构架来承托上面的重量；四是有斗拱，是由一些斗形方木块和弓形短木构成的，它可以“用以减少立柱和横梁交接处的剪力”，斗拱的装饰作用也是中国建筑中最显著的特征之一；五是举折，举架，使用可以形成屋顶的斜坡或曲面；六是屋顶，具有装饰作用，是“中国建筑中最主要的特征之一”；七是屋身颜色，使用朱红和彩绘等装饰；八是交接构件外露，经过各种形状的加工取得了高度装饰的效果，例如“霸王拳”“三福云”“脊吻”“瓦当”“门环”等；九是材料的装饰作用，有色琉璃砖瓦、油漆、木刻、石雕、砖雕都有很强的装饰性。

学生 2：作者在文章中提出的“中国建筑的‘文法’”，我认为这是一种比喻的说法，借语言文字中“文法”这一术语来说明中国建筑的风格和手法。所谓“中国建筑的‘文法’”，是中国建筑几千年来形成并沿用的惯例法式，从建筑框架，到整体构成，从台基到屋顶，都有一定之规，有它的“拘束性”，但也有它的“灵活性”，体现在具体的建筑上，既表现出中国建筑的一贯风格，也具有独特的个性。

学生 3：作者文中提出的各民族建筑之间的“可译性”问题，我认为这也是用“语言和文学”为喻。各民族建筑的功用或主要性能是一致的，有相通性，但表现出来的形式却有很大不同，恰似不同民族的语言，表达同一个意思，语言形式却不一样。所谓的“可译性”，是指各民族建筑在实质上有“同一性质”，可以透过纷繁多样的表现形式显现出来。

学生 4：文章中提到建筑的“词汇”，我认为“词汇”指的是建筑的材料。用“词汇”比喻建筑材料，是为了让人们熟悉和理解建筑中的各种法式和材料的使用。

二、课堂学生动手画

这是课堂上学生根据课文内容所画的思维导图（见图 31），然后各组上台展示自己的作品，并陈述理由。实际上这一环节比较精彩，通过 4 位学生的展示与讲解，课文内容基本不需要进行过多的讲解，最后我只是作了一下简单的总结就结束。这样的课学生喜欢，且收获很大，这就是自主学习的优越性。

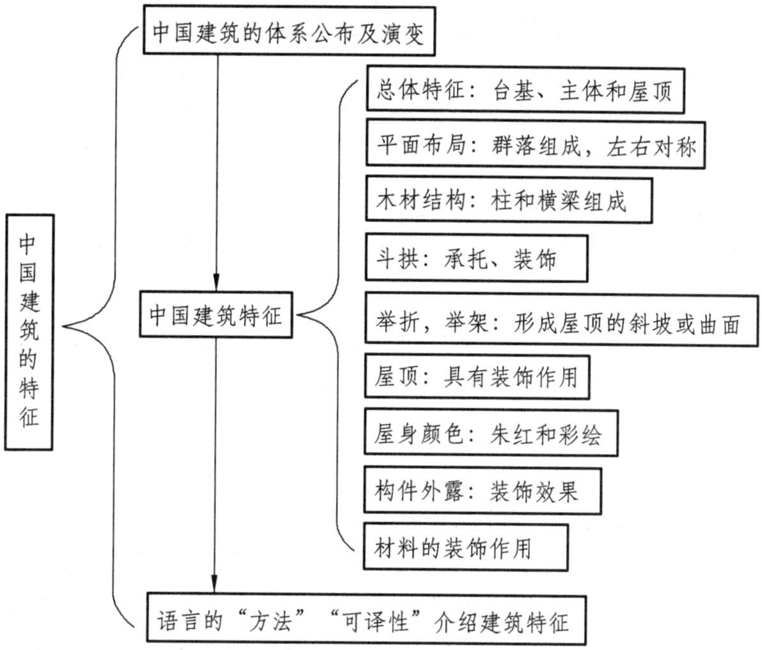

图 31 《中国建筑的特征》思维导图

三、课后反思

《中国建筑的特征》是我国著名建筑学家梁思成的一篇科普文章，对于高二的学生来说，内容比较陌生，他们平时也较少接触这样的话题，所以我设定了三个教学目标：一是引导学生理清作者的说明线索，列出课文的结构提纲；二是理解文中的建筑术语；三是激发学生对我国古代建筑艺术的热爱之情。

我在教学过程中，先让学生回答第一个问题，学生很快就把课文结构及提纲拟定出来，并在课堂上进行展示，效果很好，说明第一目标很容易完成。因为这篇科普文章层次清晰，学生很容易找到文章的重点部分，继而能很快理清文章线索。

针对第二目标，我让学生分组讨论，找出中国建筑的九点特征，然后由各组委派代表上台展示，不正确的，其他同学可以补充。这一环节同样比较容易，学生回答得非常好，课堂展示同样精彩。因此这部分我没有作为重点去讲解，主要是引导学生阅读。通过阅读，学生自己总结概括出了中国建筑的特征。

在这九个特征中的“斗”“拱”“举架”等建筑术语很难理解，因此我把这个作为重点去引导。我通过设计课件，借助多媒体展示，直观生动地展示了几张故宫的图片，图片分组几组进行，如“房屋结构”斗”“拱”“举架”等，分别让学生欣赏，我一一进行介绍。通过我的介绍，结合课文进行讲解，学生就明白了。

通过对九大特征的归纳和对建筑术语的理解，学生在阅读中发现，本文题材虽然陌生，但文章并不晦涩。随后，我又组织学生一起探讨梁思成教授在文章中所用的生动说明方法——比喻。作者借语言文字中“文法”术语来说明中国建筑的风格和手法。学生在探讨中既明确了作者在文章中提到的“文法”“词汇”“可译性”的含义，又领略到了作者的文字魅力。整个课堂环节安排合理，衔接自然。

我用1课时完成了《中国建筑的特征》，教学效果好的主要原因在于我抛弃了旧的“串讲”教学模式，完全采用自主性的学习方式，通过情景导入——自主阅读——合作式解读——探究式拓展等环节，在实施过程中以学生的自读、自学探究为基础，教师引导学习方式辅助，充分发挥师生双方在教学中的主动性和创造性，充分调动学生的参与意识，在讨论中发现中国建筑的独特魅力，从而较好地完成了教学任务。

尊重生物就是尊重自己的未来

——《作为生物的社会》教学反思

《作为生物的社会》是高中语文必修五第四单元第二课。这个单元是自然科学小论文。自然科学“小论文”重在引导学生积累科学知识，引起对科学的关注，弘扬科学精神。本单元的文章都出自科学大师之手，观点确实，论证严谨，文笔生动，兼有理趣和情趣，可读性极强。所以，面对这篇自然科学小论文，我改变了原来传统的教学方法，教学效果非常好。

本文选自刘易斯·托马斯的科学散文著作《细胞生命的礼赞》，无论从生物学角度，还是文学角度看，本文都是一篇佳作。它融知识性和趣味性于一体。阅读此文，既可得到科学知识的启迪，又可得到科学美感的陶冶。学习此文的目的，在于通过把握生物与人类社会的联系，了解人类唯有尊重生物，借鉴生物社会群体性生活的智慧，才能最大限度地推动人类社会的发展，让学生懂得“生物也和人一样是个社会”，人也应该像生物一样“分工明确，团结协作”。

在教学之前，我要求学生带着问题自读课文，理清全文思路，勾画重点词、重点句，然后采用小组合作探究法，把学生分成 4 个小组，要求各组用童话故事的形式概括自己的生活，并派代表发言，这样有利于激发学生的学习自主性，贯彻新课改“自主、合作、探究”的教育理念。

一、课堂互动探究体现自主性

学生 1：作者在文章中提到蚂蚁、蜜蜂、鲱鱼和黏菌细胞等。在作者眼里，它们好比是一个小型的人类社会组织，有组织，有纪律，能做到事半功倍。

学生 2：是的，我觉得蚂蚁这个家族人丁兴旺，是个大家庭。它们培植真菌，喂养家畜，把军队投入战争，动用化学喷剂来惊扰和迷惑敌人，捕捉奴隶。它们的同类织巢蚁还会使用童工，抱着幼体像梭子一样往返窜动，纺出线来把树叶缝合在一起，供它们的真菌园使用。它们利用智慧觅食，结合集体的力量搬动食物。在建造蚁穴时，它们会集体搜集树枝，作好统筹规划，通力合作，先砌墙，再盖顶，遇到障碍时随机应变，用智慧解决问题，它们的生活忙碌而充实。

学生 3：蜜蜂的主要劳动力工蜂会外出寻找花蜜，通过形态各异的优美舞姿向同伴传递信息。工蜂在筑巢时会共同协作，进行有条不紊的工作，当它们的家庭成员壮大到一定程度后，就会主动分化成两支数量相等的团队，一支追随老蜂王，一支跟随新蜂王，组建成两个和谐美满的家庭。

学生 4：别看黏菌细胞是微生物，力量可不小！在它们的幼年时期，是一个个独立的阿米巴状细胞，它们吞吃细菌，彼此疏远，不相往来。可是当它们的长官把一些特殊细胞放出聚集素后，它们就会闻令赶来，聚成一个星状细胞，彼此融合，构成一个动作迟缓而又结实的小虫子，生出一个富丽堂皇的梗节，顶端带一个实体，由它负责繁衍后代，此后，它们的子孙继续重复它们的生活方式。

学生 5：鲱鱼和其他鱼群一样，集体行动，共同抵御外敌入侵。当它们聚在一处时，它们的功能胜似一个多头组成的巨大生物。

以上是采用自主、合作、探究的学习方式，学生在课堂上展示发言的片段记录。实际上这是课堂教学最精彩的环节，师生的回答非常精彩，课堂气氛浓郁，学生收获很大。

二、课堂学生动手

1. 学生动手画

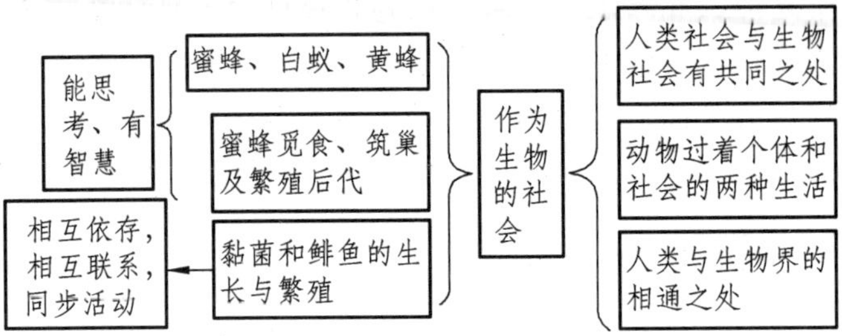

图 32 《作为生物的社会》思维导图

2. 学生动手写

尊重生物

高二（6）班　杨洋

我小时候喜欢玩小动物，如逗蚂蚁、黄蜂、蟋蟀等。我只觉得这些小动物蛮好玩的，但不知道小动物有它们自己的秘密。

今天罗老师组织我们共同研究了这篇《作为生物的社会》，我才知道生物界原来还有这么多我们不曾了解的秘密。那些看似不足道的蚂蚁、蜜蜂乃至细菌，都有着与我们人类十分相似的社会和高度的生存智慧。

如此看来，我们对生物还得重新认识，还得尊重生物的本性，积极探索它们的生活秘密，与它们相处。

人类千万不能盲目自大，要充分认识到自身只是大自然中的一员，要学会与我们的“同胞”和谐相处。我们不仅要认识生物，热爱生物，更要尊重生物，敬畏生物，甚至向生物学习。

我们既要像蚂蚁和蜜蜂那样，注重发挥个体的聪明智慧，也要重视群体的智慧，因为只有把这个群体融入到集体中，作用才能更大，生活才更有意义。

三、课后反思

（一）最大的亮点

1. 落实生态课堂教学方式与方法比较到位

课堂的整个教学流程、结构、时间安排都非常符合生态课堂教学的理念。

2. 课前的准备充分，了解教材

在教学之前，我先让学生自己阅读课文，并搜集相关资料，了解课文的内容及结构层次。该文选自美国生物学家、医学家刘易斯·托马斯的科学散文著作《细胞生命的礼赞》，这篇自然科学“小论文”论述的是生物的社会行为。

3. 教学方案有针对性

基于此，我设计的学习目标重在引导学生积累科学知识，把握作者观点；引起学生对科学的关注，弘扬科学精神；体会幽默风趣的语言风格，品味优秀科普作家的文字魅力。为了激发学生的积极性，完成教学目标，我在设计的时候有意识地抛出了以下几个问题：一是作者是如何分别描述人和蚂蚁的行为的？二是作者观察的几种生物（主要的），它们密集时有哪些行为？三是作者为我们介绍了许多小生物的一些行为现象，是要告诉我们一些什么呢？四是作者谈论生物的社会性，有什么深意吗？五是作者为了表达自己的观点，主要运用了哪些论证方法？设置这些问题的主要目：一是考查学生筛选主要信息的能力，二是培养学生的探究能力。

4. 问题要体现高考点

我从事高中教学多年，总是有意识地把平时的阅读课与高考接轨。根据我多年的教学经验，高考实用类文章重点考查的就是筛选主要信息、鉴赏语言特色、分析表现手法、评价作者观点态度和探究人生价值及时代精神等能力。我认为上述问题设计环环相扣，步步深入，切合考点，相当精巧。

（二）不足之处

课堂效果并未如我所料，也许是学生整体水平较低，也许是我引导不得法，总之感觉和之前上课的几位老师一样，学生未能积极投入，气氛沉闷，师生都未能体会到酣畅淋漓之感，留下了不少遗憾，也留下了许多思考。

一是我无视学生的审美情趣，在高一高二时就把一篇篇富于文学性、知识性和趣味的文学作品当考题来分析，是否太枯燥太功利？是否因此而扼杀了学生阅读的兴趣？

二是我自始至终按照课前精心设计的步骤进行，引学生跟着自己的思路，请君入瓮，这样的教学有没有发挥学生学习的主动性，扼杀学生的创造性？

三是面对基础不太好的学生，我没有鼓励他们大胆质疑，提出有价值的问题。课虽然上完了，但留给我思考的问题还有很多很多。

四是没有完全遵循生态课堂教学的基本原则，对生态课堂教学的理念与内涵解读还不够深入。

科学的智者，生活的强者

——《宇宙的未来》教学反思

这是一篇科普文章，从普通人对我们赖以生存的地球的关注，引出科学家对无限广阔的宇宙的关注。仰望灿烂的星空，我们会肃然起敬，产生无穷无尽的联想和想象。从古到今，人们对于宇宙的猜测和探索从来也没有停止过。

在课堂教学之前，我先让学生自行阅读，扫清文字障碍，然后要求学生勾画重点信息、文章结构和层次，阅读科技论文和科技说明文的目的，直截了当地切入本文的基本观点。教学方法是让学生阅读、讨论、交流，由教师指导、点拨、归纳。

一、课堂互动探究

学生 1：我研读完这篇文章之后，体会到这篇演讲词幽默风趣的语言特点。本文所谈是较为严肃的科学话题，文中运用了好多专业术语，容易使人感到沉闷。但是霍金的聪明之处在于他运用了许多幽默风趣的语言，使得这样一篇旨在说明科学道理的学术演讲，能够让人在一种轻松愉快的气氛中认真听下去。这样的语言是很多的，例如“你在实际上不可能预测出来数字，否则的话，物理学家就会在赌场发财”“即便宇宙将要坍缩，我可以满怀信心地预言，它至少在一百亿年内不会停止膨胀。我预料那时自己不会留在世上被证明是错的”“如果暴涨理论是正确的，则宇宙实际上是处在刀锋上。所以我正是继承那些巫师或预言者的良好传统，两方下赌注，以保万无一失”。

学生 2:从标题和开头都可以看出,文章要谈的是对宇宙未来的预测,初读文章就应该找出与这一预测有关的关键词语,最重要的应该有两个:“膨胀”与“坍缩”,然后进一步找到与这两个词相关联的其他关键词:“平均密度”和“暗物质”,即可把握文章大意。

学生 3:宇宙的膨胀和坍缩与宇宙的平均密度有关,如果平均密度小于某个临界值,宇宙就会永远膨胀;如果平均密度大于临界值,宇宙就会坍缩,时间本身就会终结。事实上,现在的密度似乎非常接近与把坍缩和无限膨胀区分开来的临界密度。但宇宙的未来是膨胀还是坍缩,仍尚难定论。

学生 4:我认为作者在阐明科学道理的时候,用了一些人们熟知的事例,有助于我们理解文章的观点,例如“如果你稍微改变一下你旋转赌盘的方式,就会改变出来的数字。你在实际上不可能预言出来的数字,否则的话,物理学家就会在赌场发财”……这些话非常贴切,形象生动,通俗易懂。

二、课后反思

针对这篇课文,我用了 1 课时,但教学效果还算可以,学生反应良好,评价很高。总结起来有如下几点:

1. 课堂教学目标明确,思路清晰,逻辑性强

在课堂教学之前,我让学生提前预习课文,理清文章结构与层次,勾画文章重点,对不懂的问题勾画出来在课堂上进行讨论。

2. 我的教学方案比较好

课前我认真阅读了课文,研究了教材与学生,然后设置了几个有针对性的问题,在课堂上结合学生提出的问题展开讨论,其效果自然就很好。

3. 采用自主合作的教学方法

一是让学生根据课文内容画思维导图,然后让各组学生上台进行展示,并阐明理由。这一环节效果非常好,可以说是课堂教学最精彩的部分。

二是让学生相互回答问题,有不对的地方,其他同学可以补充。

三是让学生写读后感想,有几名学生写的感想或评论文章非常好,在课堂展示时赢得了阵阵掌声。

参考文献

[1] 教育部师范教育司. 李镇西与语文民主教育[M]. 北京：北京师范大学出版社，2006.

[2] 王玉强. 新课程有效教学疑难问题操作性解读[M]. 北京：科学教育出版社，2008.

[3] 沈友明. 高中语文有效教学方法指导[M]. 北京：世界图书出版公司，2009.

[4] 沈友明. 初中语文有效教学方法指导[M]. 北京：世界图书出版公司，2009.

[5] 沈友明. 初中语文有效教学方法指导[M]. 合肥：安徽教育出版，2011.

[6] 沈友明. 高中语文有效教学方法指导[M]. 合肥：安徽教育出版，2011.

[7] 黄厚江. 语文课堂教学诊断[M]. 南京：江苏教育出版社，2011.

[8] 刘祥. 追求语文的"三度"[M]. 北京：教育科学出版社，2012.

[9] 罗华勇. 足迹——我和语文的缘分与故事[M]. 贵阳：贵州教育出版社，2015.

[10] 曹晓. 中学语文教学参考[J].语文生态之我见，2013（12）.

[11] 龚德民. 高中语文教学手记[M]. 桂林：漓江出版社，2015.

[12] 叶圣陶，吕叔湘. 大师教语文[M]. 桂林：广西师范大学出版社，2015.